Nuova Narrativa Newton

1327

Dello stesso autore:

Gli ultimi eroi di Roma
Il trono di Cesare (Combatti per il potere – Il prezzo del potere – Il fuoco e la spada)
L'ultimo giorno dell'impero
Il guerriero di Roma (Fuoco a Oriente – Il re dei re – Sole bianco – Il silenzio della spada – La battaglia dei lupi – Il trionfo dell'impero)
Il ritorno del centurione
I ribelli di Roma

Titolo originale: *Falling Sky*

Traduzione dalla lingua inglese di Vittorio Ambrosio
Prima edizione: marzo 2023

ISBN 978-88-227-7436-1

www.newtoncompton.com

Realizzazione a cura di Caratteri Speciali, Roma
Stampato nel marzo 2023 presso Puntoweb s.r.l., Ariccia (Roma)

Harry Sidebottom

Tempo di guerra

Newton Compton editori

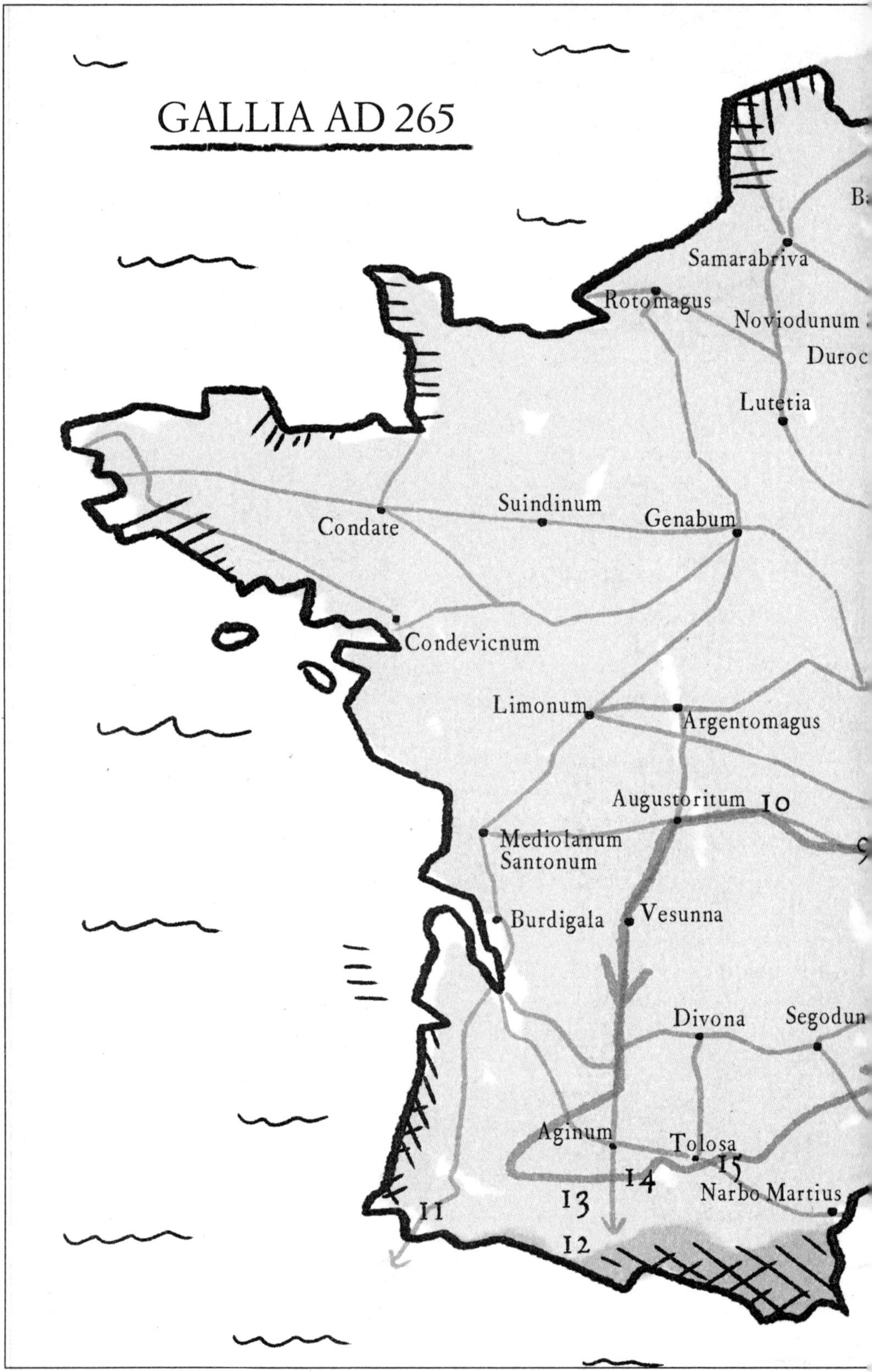
GALLIA AD 265
Samarabriva
Rotomagus
Noviodunum
Duroc
Lutetia
Suindinum
Genabum
Condate
Condevicnum
Limonum
Argentomagus
Augustoritum
10
Mediolanum
Santonum
Burdigala
Vesunna
Divona
Segodun
Aginum
Tolosa
15
14
Narbo Martius
13
11
12

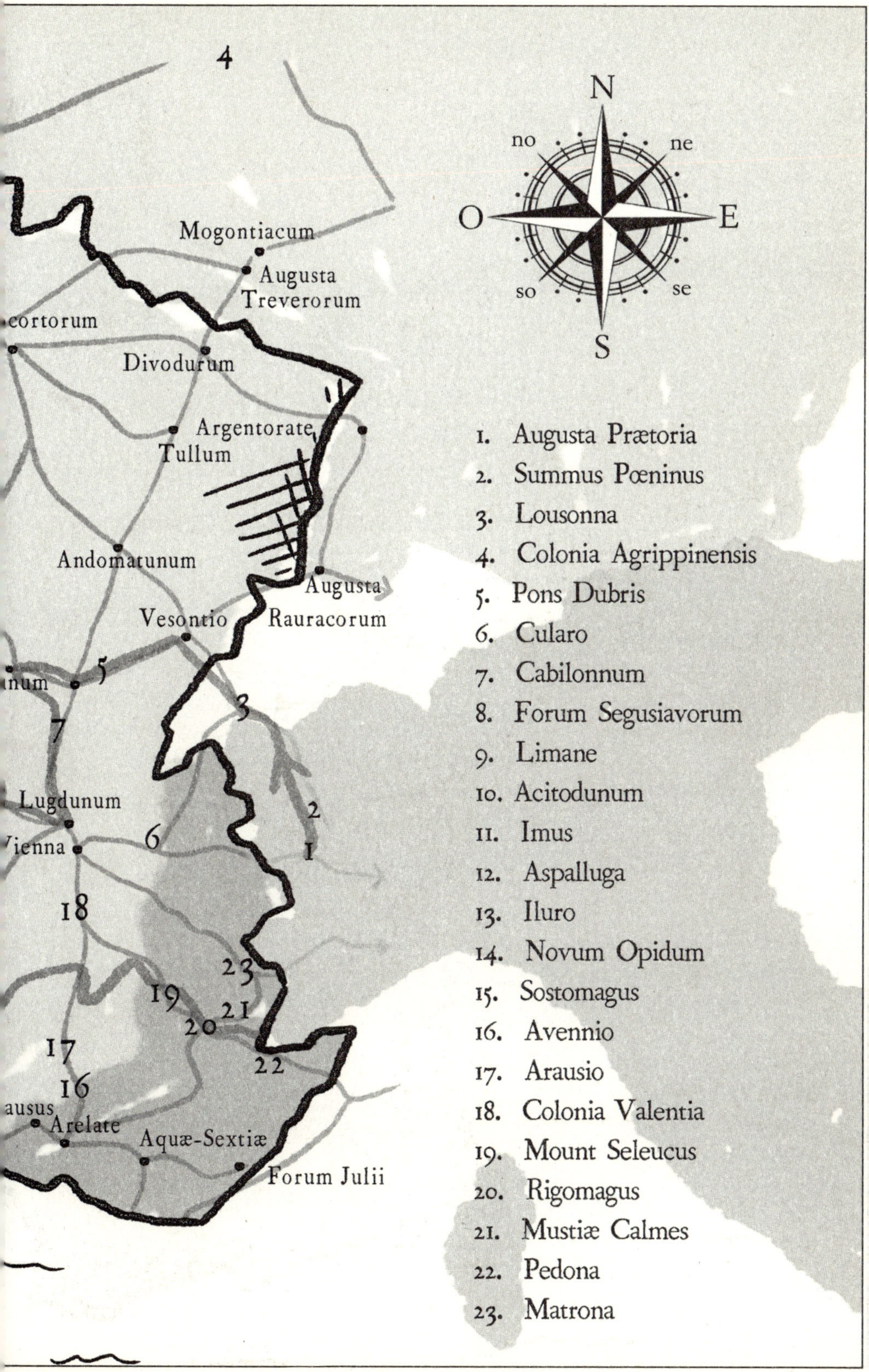
N
no
ne
O
E
so
se
S
Mogontiacum
Augusta Treverorum
Divodurum
Argentorate
Tullum
Andomatunum
Augusta Rauracorum
Vesontio
Lugdunum
Arelate
Aquæ-Sextiæ
Forum Julii
1. Augusta Prætoria
2. Summus Pœninus
3. Lousonna
4. Colonia Agrippinensis
5. Pons Dubris
6. Cularo
7. Cabilonnum
8. Forum Segusiavorum
9. Limane
10. Acitodunum
11. Imus
12. Aspalluga
13. Iluro
14. Novum Opidum
15. Sostomagus
16. Avennio
17. Arausio
18. Colonia Valentia
19. Mount Seleucus
20. Rigomagus
21. Mustiæ Calmes
22. Pedona
23. Matrona

Un'incursione di cavalleria è al suo apice un *gioco*
di strategia e rapidità, in cui la violenza personale è una
complicazione accidentale.
Le regole sono più o meno definite,
ma non assenti e di certo non vietano che i giocatori
si uccidano a vicenda.

S.A. Forbes, capitano della Compagnia B
del 7° Cavalleria Illinois

PARTE UNO
LE MONTAGNE

CAPITOLO UNO

Valico del Summus Poeninus, sulle Alpi
Il giorno prima delle calende di giugno

Era tutto sbagliato.

Balista osservò il nemico in cima al valico. Una coorte di ausiliari romani, circa cinquecento unità di fanteria ben armate, bloccava la strada stretta. A sinistra una spoglia rupe impossibile da scalare, a destra il burrone a strapiombo. Non c'era verso di aggirare il passo: sarebbe stato un massacro.

«Abbiamo ordini», disse Volusiano, il prefetto del pretorio.

Balista non si voltò a guardarlo, ma rimase a fissare il punto in cui il valico interrompeva la linea dell'orizzonte, il pendio roccioso vicinissimo, l'enorme massa della montagna più indietro. Doveva esserci una strada alternativa.

«L'imperatore Gallieno arriverà domani con il grosso dell'esercito, dobbiamo ripulire queste cime». Nel tono di Volusiano c'era rassegnazione, forse persino tristezza. Il prefetto era partito dal basso, conosceva il prezzo che l'impresa avrebbe richiesto.

«Puoi insegnare a una scimmia come si cavalca una capra, ma un barbaro del Nord non imparerà mai la disciplina romana». Acilio Glabrione si trovava a una certa distanza da Volusiano, in mezzo al gruppetto fermo in una piccola area pianeggiante al lato della strada, ma la sua voce arrivò forte e chiara.

Balista ignorò l'insulto alle sue origini, si voltò verso Volusiano e gli fece il saluto militare.

«Faremo ciò che ci viene ordinato e a ogni ordine saremo pronti».

«Che gli dèi posino le mani su di te», disse Volusiano.

Spronando il cavallo, Balista si avviò per la strada che portava al valico.

Più avanti, Massimo e le altre due guardie del corpo lo aspettavano. I loro volti solcati da rughe e cicatrici non erano certo diventati più gradevoli d'aspetto, ora che il freddo aveva lasciato i morsi sulla pelle. Ciò nonostante, Balista fu felice di vederli: erano uomini di cui si poteva fidare. Tutti insieme costituivano una sorta di mappa della sua vita. Massimo era al suo fianco da quasi un quarto di secolo: sulla strada per l'Hibernia, Balista aveva avuto bisogno di un abitante del luogo che gli insegnasse la lingua di quella remota isola a Occidente. Venduto come schiavo dopo una guerra tribale, Massimo l'ibernico era finito a esibirsi come gladiatore a Massilia, dove Balista l'aveva notato, comprandolo dal suo padrone. Libertà e amicizia erano venute solo dopo. Gli altri due erano arrivati più di recente: erano passati tre anni da quando Balista aveva salvato Tarchon che rischiava di annegare in un fiume della Svanezia, sulle montagne del Caucaso, per poi scoprire che il gesto li aveva resi quasi fratelli di sangue, inseparabili, in base a qualche oscura legge non scritta del luogo. Rikiar il vandalo, invece, aveva giurato fedeltà a Balista da meno di un anno. Era caduto in disgrazia tra i suoi vecchi compagni a causa di uno scherzo infelice fatto da ubriaco, e l'incontro con Balista gli aveva offerto una possibilità di redenzione; il vandalo l'aveva sfruttata bene, dimostrando il suo valore sulle sponde del lontano mare di Svevia.

Erano una mappa della sua vita da quando era entrato a far parte dell'impero. Della sua gioventù nel profondo Nord non era rimasto nulla. L'unico compagno che avrebbe potuto raccontarla era morto, e non era stato ancora vendicato. Balista provò ad allontanare la rabbia e il senso di colpa.

«Stiamo a brache calate, vedo». Tarchon lo svan aveva imparato il latino dai soldati degli accampamenti romani, ma il suo accento da forestiero era tutt'altro che svanito. «Fottuti, senza scampo». Aveva un modo tutto suo di unire le tante lingue che aveva parlato nella sua vita in un'ingegnosa miscela di insulti e oscenità.

«Un elegante riassunto della nostra posizione», replicò Balista smontando da cavallo. «Rikiar, ti dispiace riportare Cavallo Pallido al campo e recuperare la mia imbracatura da battaglia?».

Mentre il vandalo portava via il castrone baio, Balista avanzò fino al punto in cui l'avanguardia della spedizione, un distaccamento della Trentesima legione, era rannicchiata contro la parete di roccia. Il centurione si alzò in piedi e gli fece il saluto.

«Non serve un esperto in fisiognomica per leggerti in faccia il futuro che ci attende, signore».

Non tutti i centurioni erano soldati saliti di grado: alcuni arrivavano direttamente da ricche famiglie equestri, e Feroce voleva che fosse chiaro a tutti che aveva ricevuto una buona educazione prima di unirsi all'esercito.

Balista sorrise. «Proprio così, centurione. Avremo l'onore di aprire la strada per il valico. Nel frattempo, gli arcieri di Emesa ci copriranno scagliando frecce contro il nemico. Quando sarà il momento, vorrei dire qualche parola».

«Faremo ciò che ci viene ordinato e a ogni ordine saremo pronti».

Feroce si rivolse ai suoi legionari impartendo comandi e agitando il bastone nodoso, il simbolo del suo rango. A prescindere dal suo passato, erano anni ormai che prestava servizio nella legione, e durante la marcia fin lassù Balista aveva avuto modo di apprezzarne le capacità e l'esperienza.

Lì dove la neve si era sciolta, la strada era bagnata e scivolosa. In altri punti il terreno calpestato era ricoperto da un sottile strato di ghiaccio. Una caduta poteva essere fatale. Balista si poggiò a un masso, estrasse il pugnale e cominciò a pulirsi i chiodi degli stivali in maniera meticolosa, stando attendo a non tagliarsi. Aveva le dita fredde e impacciate per via di un'ansia fin troppo familiare che riaffiorava.

Fino a quel momento, la strategia dell'imperatore si era rivelata valida. Il ribelle Postumo controllava la Gallia e le strade che attraversavano le Alpi. La primavera era arrivata con leggero anticipo, e ai primi segnali di disgelo Gallieno aveva marciato da Mediolanum ad Augusta Pretoria, ai piedi delle Alpi. Da lì partivano due valichi che conducevano al cuore delle montagne: parte delle truppe era avanzata verso il passo più agevole per creare un diversivo, mentre Gallieno si era avviato insieme al resto dell'armata lungo il sentiero a nord, meno battuto. Il prefetto del pretorio Volusiano era stato quindi mandato avanti con tremila uomini per sgombrare la strada e conquistare le posizioni più elevate.

Era un'ottima strategia, ma non aveva funzionato. Quella mattina avevano catturato un picchetto di sentinelle nemiche al di là dell'ultima cresta appena sotto la cima, e i quattro ausiliari terrorizzati avevano sputato tutto ciò che sapevano. L'autunno precedente, Postumo aveva piazzato la loro coorte in quel luogo desolato che chiamavano Summus Poeninus. Per tutto l'inverno erano rimasti isolati a causa delle incessanti nevicate, tanto che gli edifici in cui alloggiavano appena oltre il valico avevano rischiato di crollare sotto il peso della neve. Le scorte erano agli sgoccioli. Cresciuti in Aquitania, non avevano mai conosciuto un simile freddo nelle loro dolci pianure in riva all'oceano. E comunque no, non esisteva un'altra strada per raggiungere le montagne più in alto. Solo rocce appuntite e terribili dirupi.

Volusiano e gli altri ufficiali del suo consiglio di guerra avevano dato per buono il resoconto dei prigionieri. Solo Balista era stato dell'avviso che avrebbero dovuto interrogare anche il pastore locale che avevano catturato in un'altra sortita, ma gli altri si erano opposti: non potevano permettersi di perdere tempo per un eccesso di prudenza. Gli ausiliari erano accampati lì da mesi, se fosse esistito un percorso alternativo l'avrebbero saputo. Il valico andava conquistato entro il giorno seguente, oppure tutto l'esercito sarebbe rimasto intrappolato, e per di più sfilacciato lungo la strada stretta e tetra.

Balista si ripulì il pugnale sulle brache e lo rinfoderò.

C'era qualcosa di molto sbagliato in tutta quella situazione. Nella battaglia delle Termopili, un traditore aveva svelato al nemico l'esistenza di un sentiero per le capre che aggirava lo stretto. L'imperatore Settimio Severo era riuscito a sfondare le Porte della Cilicia solo quando i difensori avevano cominciato a temere un attacco ai fianchi dello schieramento. Nessuno conquistava un passo di montagna puntando dritto contro truppe ben addestrate. C'era sempre un sentiero alternativo.

Il sole debole non scaldava, ma i raggi sommergevano le montagne di una luce impressionante. Creste e burroni erano coperti da uno spesso strato di neve di un bianco accecante contro il nero delle rocce. Niente alberi o prati lassù, niente verde. Era un mondo ostile e arido, privo di colore.

Dal punto in cui si trovava Balista, la strada verso il valico era ripida, non più larga di dieci passi e scavata nella parete rocciosa sul lato sinistro. In alto, le rocce sembravano sempre sul punto di staccarsi e franare. A un soldato sarebbe bastato un passo falso o un po' di sfortuna per rotolare giù dalla parete frastagliata strappandosi le unghie per frenare la caduta, in un disperato tentativo di salvarsi dallo schianto mortale sulla strada spietata. Con ogni probabilità avrebbe continuato a ruzzolare oltre il bordo del burrone, trascinandosi dietro i compagni travolti in una nuvola di detriti. La montagna dall'altro lato del valico era più alta e, se possibile, ancora più frastagliata e minacciosa. Ma durante la marcia di avvicinamento, Balista aveva notato che ogni tanto ai lati del tragitto si aprivano delle vallate. Era impossibile che fossero tutti vicoli ciechi: avrebbero dovuto mandare qualcuno a esplorare.

Il rumore degli stivali sul fango ghiacciato annunciò il ritorno di Rikiar, ponendo fine a ulteriori ragionamenti. Balista si slacciò la cintura militare e si sfilò quella della spada, lasciando entrambe sul masso a cui era poggiato. Poi si inginocchiò e sollevò le braccia, in modo che Massimo potesse infilargli più facilmente la cotta di maglia.

Quante volte abbiamo ripetuto questa scena?

Rialzandosi in piedi, Balista sentì il peso dell'armatura sulle spalle.

Si riallacciò la cintura stringendovi dentro anche un po' della maglia metallica, in modo da alleviarne il peso. Poi indossò la cintura con il fodero della spada e legò la pesante sciarpa nel collo dell'armatura. Infine, si infilò l'elmo da guerra e provò a stringere i lacci sotto il mento, ma Massimo gli allontanò le mani, come avrebbe fatto una mamma troppo premurosa con il suo bambino, per annodarglieli lui.

«Siamo stati in situazioni peggiori», disse Massimo.

A volte l'ibernico lo faceva infuriare: era come un animale, viveva sempre nel presente. Per lui i concetti di causa ed effetto non avevano alcun significato. Un animale per sua fortuna ignaro della propria mortalità. Era vero che avevano affrontato e superato decine di situazioni rischiose: battaglie famose, assedi di grandi città, schermaglie di confine e scazzottate nei vicoli bui e nelle locande più malfamate. Avevano avuto fortuna, ma ogni volta che ne erano usciti vivi avevano consumato un po' della loro riserva di buona sorte. Ormai doveva esserne rimasta ben poca. Forse sarebbe finita proprio lì, su quella misera strada circondata da montagne gelate.

«Cosa stai rimuginando ancora? *Non pensare, agisci.* È quello che sappiamo fare meglio, no?».

Massimo aveva ragione: non era solo una questione di fortuna. Gli angli del profondo Nord, il popolo di Balista, credevano che un uomo non muore finché le Norne, le implacabili divinità che tessono il destino dell'uomo, non recidono il filo della sua vita. Temprato da una vita di violenza, addestrato dai migliori guerrieri barbari e dai più esperti maestri di spada di Roma, Balista sapeva che combattere era "quello che sapeva fare meglio", come aveva detto Massimo. Non era un assassino nato come l'ibernico, ma con gli anni aveva imparato più di un modo per uccidere il nemico. Svuota la mente dalla paura, lascia che l'addestramento e l'esperienza prendano il controllo. Un codardo muore mille volte, un uomo coraggioso una volta sola.

«Ricordi di tempi passati», disse Tarchon. «Montagne belle, lame affilate, uccisioni: come casa mia nel Caucaso! Quelli sì che erano bei giorni!».

Le tre guardie del corpo scoppiarono a ridere come bifolchi di campagna al mercato cittadino. Rikiar aveva lo sguardo perso nel vuoto, sembrava che da un momento all'altro potesse mettersi a recitare dei versi.

«Oggi ci comporteremo da bravi romani», intervenne Balista per anticipare qualsiasi componimento poetico stesse balenando nella testa del vandalo. «Un ufficiale romano di rango elevato come me governa la battaglia dalle retrovie. Non si getta nella mischia, come un ibernico dal culo peloso o qualche altro barbaro selvaggio».

«Non va a finire mai così», replicò Massimo. «E, a differenza mia, questi due non sono cittadini romani. Sono i barbari più ignoranti che avresti potuto trovare: sporchi, feroci come belve e altrettanto folli».

«Basta così», ordinò Balista ridendo senza volerlo. «È ora di parlare alle truppe».

Balista era salito su un masso e poteva vedere un bel tratto di sentiero. Feroce era alla testa di cinque centurie di suoi legionari, divise in file da dieci uomini ciascuna, con appena qualche passo tra una centuria e l'altra. Ogni centuria contava cinque o sei file, mentre avrebbe dovuto averne otto: il distaccamento si era ritrovato a corto di uomini, dopo anni al seguito dell'esercito imperiale. Il fatto che fossero veterani era evidente dal loro equipaggiamento disomogeneo e rattoppato. Dietro i legionari la coorte di arcieri della città siriana di Emesa era avanzata, e ora gli uomini si erano raggruppati stretti gli uni agli altri: di sicuro soffrivano il freddo, considerando il clima mite a cui erano abituati. Ancora più in fondo, Volusiano e Acilio Glabrione si trovavano ancora in sella ai cavalli nel fazzoletto di terreno pianeggiante al lato della strada. I loro attendenti erano andati via, e i due erano impegnati in una conversazione che sembrava importante. Sulla destra, in fondo alla vallata, le truppe stavano lavorando all'accampamento, e di tanto in tanto arrivava lo squillo di una tromba che richiamava all'ordine i soldati.

«Silenzio, parla l'ufficiale!», urlò Feroce ai suoi.

I legionari sollevarono lo sguardo verso Balista. Si erano tolti i mantelli e avevano scoperto gli scudi e gli elmi; equipaggiati per la battaglia, non tradivano nessuna emozione sui volti induriti.

«Soldati della Legio XXX Ulpia Victrix». Balista era abituato a far sentire la sua voce durante le parate e sul campo di battaglia. «*Ulpiana* dalla famiglia del vostro fondatore, il divo Traiano, *Vittoriosa* perché avete conquistato i fieri daci e sconfitto tante volte i selvaggi franchi. Oggi scriverete un nuovo capitolo negli illustri annali della vostra legione!».

Il ricorso alla memoria storica non aveva generato alcun segno di entusiasmo tra le file dei soldati. C'era qualcos'altro che Balista sapeva di dover dire, qualcosa che non poteva essere omesso. Era un argomento delicato, e Balista fece un respiro profondo prima di riprendere la parola.

«Voi combattete per l'imperatore legittimo, il nostro nobile Gallieno Augusto, che è stato investito del potere dal Senato e dal Popolo di Roma e governa con giustizia e saggezza, non per sé ma per il bene dei suoi sudditi. I vostri nemici, invece, sono al servizio di Postumo, un pretendente senza alcun diritto alla porpora, un tiranno che ambisce al potere soltanto per tornaconto personale. Da un lato la maestà di Roma, dall'altro un semplice arrampicatore batavo. Da un lato Gallieno, un padre amorevole, dall'altro Postumo, l'assassino di un ragazzo innocente. Non abbiate dubbi su quale parte gli dèi sceglieranno di premiare».

Alcuni dei legionari lanciarono occhiate di traverso ai loro vicini, e dalle retrovie si sollevò un mormorio ostile.

«È vero che il resto della vostra legione è stata costretta a servire sotto il vessillo dell'usurpatore, ma si è trattato solo di un incidente dovuto alla geografia: come avrebbero potuto rifiutarsi di dare il loro sostegno di facciata al crudele regime di Postumo, essendo di stanza sul Reno, nel cuore del territorio governato dal ribelle? Non dubitate: quando scenderemo da queste montagne i vostri compagni si libereranno dal giogo dell'impostore. Vi accoglieranno a braccia aperte e si uniranno a voi per deporre Postumo».

I legionari non sembravano ancora convinti. Balista doveva trovare le parole giuste per riaccendere la scintilla nel loro spirito, qualcosa di più materiale che scaldasse i cuori dei veterani.

«Il giorno si trascina», riprese Balista osservando il cielo. Restavano al massimo tre ore di luce. «Un'altra fredda notte attende le truppe accampate in montagna. Ma non noi. I prigionieri hanno detto che dall'altra parte del valico ci sono una locanda e degli alloggi accoglienti con cantine traboccanti di vino e cibo. Togliete di mezzo quei bastardi e tutte queste cose saranno vostre! Un riparo, un focolare, un pasto caldo, qualche ragazza, forse anche un bel ragazzino per il vostro centurione. A nessuno piacciono i ragazzini come a quel pederasta di Feroce».

Il mormorio si era spento, e molti dei legionari stavano sogghignando. E poco importava che i prigionieri si fossero in realtà lamentati di freddo e fame, e che Balista non avesse idea dei gusti sessuali del centurione.

«Voi siete legionari, loro sono tutti ausiliari. Voi vi siete goduti l'inverno scaldandovi il culo nelle locande di Mediolanum, loro si sono gelati le palle mentre contavano le rocce ghiacciate. Voi volete attraversare la montagna, loro non vedono l'ora di andarsene. Del resto, chi combatterebbe per restare in questo posto di merda?».

I soldati adesso ridevano.

«E c'è un ultimo particolare della massima importanza. Una cosa che mette d'accordo tutte le scuole filosofiche abituate a litigare tra loro, una cosuccia su cui concordano tutti quei saggi con la barba lunga e dal culo rinsecchito, e cioè… nessuno rompe il cazzo alla Trentesima legione!».

Il linguaggio volgare di Balista venne accolto da un boato di approvazione.

«E nessuno rompe il cazzo al vecchio Balista!», urlò una voce dai ranghi.

Ba-li-sta, Ba-li-sta!

Il coro risuonò tra i dirupi circostanti.

Balista sollevò le braccia e il ruggito si spense.

«È ora di guadagnarvi la pagnotta, ragazzi. Feroce, suona l'avanzata».

La tromba diede il segnale, gli stendardi si inclinarono in avanti e i legionari cominciarono a risalire il pendio.

Quando la prima centuria fu passata, Balista scese dalla grossa pietra e afferrò lo scudo che Massimo gli porse, poi si unì alla colonna di uomini insieme alle sue guardie del corpo.

Subito il mondo parve restringersi: le schiene dei legionari davanti, gli scudi della seconda centuria dietro, la parete scura a sinistra, l'orribile burrone a destra. Balista era un uomo alto e riusciva a vedere al di sopra degli elmi dei legionari di fronte a lui, ma preferì non guardare, limitandosi a risalire la strada a testa bassa.

Un ronzio nell'aria, come il battito di innumerevoli ali, lo mise in allerta. Le aste scure di centinaia di frecce disegnarono un arco sopra le loro teste. Solo allora Balista si concesse di guardare avanti. Gli ausiliari nemici avevano formato una testuggine, proteggendosi con i loro grandi scudi ovali. Le frecce degli emeseni gli si abbatterono contro, rapide e maligne, ma si spensero quasi tutte contro gli scudi di legno ricoperti di dura pelle. Balista notò soltanto un paio di cambi di posto nella testuggine in seguito a una freccia o due che erano andate a segno, e un ausiliario ferito o morto venne trascinato via sotto la copertura di scudi.

Balista per poco non perse l'equilibrio quando il suo stivale destro scivolò sulla neve compatta, costringendolo a barcollare in avanti per un attimo. Non sarebbe stato affatto facile. Dovevano dare l'assalto in salita, e per giunta non c'era cosa peggiore che combattere su un terreno scivoloso. Volusiano doveva sapere di certo che gli uomini di Feroce non sarebbero mai riusciti a sfondare la linea degli ausiliari. A meno che… Il pensiero improvviso lo fulminò: possibile che il prefetto del pretorio volesse esattamente questo?

«Sollevate gli scudi!», ordinò Feroce urlando più forte per sovrastare il sibilo delle frecce e il rumore degli stivali.

Balista alzò lo scudo appena in tempo. L'impatto di una pietra che vi si abbatteva sopra gli riverberò lungo il braccio. Gli ausiliari gli lanciarono contro giavellotti, sassi, qualunque cosa avessero a portata di mano. La pioggia di frecce era finita ormai: i legionari si erano avvicinati troppo al nemico e gli emeseni non potevano più aiutarli. Ora che la minaccia dall'alto era svanita, gli ausiliari avevano rotto la testuggine e approfittavano della posizione di vantaggio per scagliare ogni sorta di proiettile sui legionari. Balista si accovacciò dietro allo scudo. Mancava poco.

Un legionario dell'ultima fila della prima centuria si girò, lasciò cadere scudo e arma e si ripiegò su sé stesso con il volto coperto di sangue. Balista lo superò scansandosi di lato.

«Pronti a lanciare», disse Feroce con lo stesso tono calmo che avrebbe adottato durante un'esercitazione al campo. «Lanciate!».

Balista gettò un'occhiata oltre il bordo dello scudo.

Scagliati verso l'alto per via della salita, i pesanti giavellotti dei legionari persero gran parte della loro efficacia. Alcuni *pila* caddero al suolo troppo presto, e molti altri non riuscirono a penetrare gli scudi nemici. Solo pochi ausiliari furono costretti a lasciare i loro scudi, resi inutilizzabili dai giavellotti conficcati nel legno. Balista non vide cadere nemmeno un nemico.

«Sguainate le spade!», ordinò Feroce. «All'attacco, gente!».

Gli ausiliari non rimasero a guardare: rompendo la formazione, si lanciarono in discesa per prendere l'iniziativa.

Il frastuono dell'impatto ebbe un che di primordiale: una cacofonia di acciaio contro acciaio, legno contro legno, corpi contro corpi, e poi urla e lamenti. Lo slancio degli ausiliari costrinse i legionari non solo a fermarsi, ma anche ad arretrare un passo dopo l'altro.

«Tieni duro, Trentesima!», urlò Feroce. «Respingiamo questi bastardi!».

Balista riusciva a distinguere la cresta trasversale rossa dell'elmo del centurione che si abbassava e sollevava ogni volta che Feroce affondava un colpo nella prima fila nemica. A differenza di un ufficiale di rango più elevato, un centurione romano comandava dando l'esempio in prima persona. Dopo ogni battaglia, a conti fatti, erano sempre i centurioni a pagare il prezzo maggiore.

«Tratteneteli!».

Poco a poco, malgrado la pendenza e il terreno insidioso, i legionari smisero di arretrare.

I combattenti erano a stretto contatto. Come per un tacito accordo, entrambe le parti si erano allontanate di un paio di passi dal ciglio del burrone. Troppo vicini per uno scontro armato classico, ausiliari e legionari combattevano più con la forza della disperazione che con una tattica ben precisa.

I primi feriti cominciarono ad allontanarsi dallo scontro, sfilando accanto a Balista. Ciascuno si stringeva il braccio destro o la gamba sinistra. Chi aveva rimediato una ferita alla testa era riverso a terra e presto sarebbe rimasto schiacciato sotto gli stivali di compagni e nemici; se anche fosse sopravvissuto, sarebbe stato messo male.

Il fragore della battaglia riecheggiava tra i monti. Lo scontro era arrivato a un punto di stallo: malgrado i legionari caduti, la prima centuria della Trentesima non cedeva. Forse, pensò Balista, c'era ancora una speranza che la disciplina e il desiderio di non sfigurare con i loro compagni spingessero i soldati a compiere un'impresa impossibile.

Neanche il tempo di formulare il pensiero, e la speranza svanì. La cresta rossa scomparve alla vista: Feroce era a terra. Pochi istanti dopo, due legionari trascinarono il centurione fuori dalla mischia. Era privo di sensi, con il volto coperto di sangue.

I legionari fecero un passo indietro e si scambiarono uno sguardo perplesso: ora che il loro talismano era fuori dai giochi, Balista vedeva la loro voglia di combattere che si spegneva.

Non pensare, agisci.

«Seguitemi!».

Balista sapeva che le sue guardie del corpo non l'avrebbero abbandonato. Corse lungo lo stretto corridoio sull'orlo del burrone con la consapevolezza che sarebbe bastato un colpo involontario di un gomito o di uno scudo per farlo precipitare nel vuoto. Centinaia di piedi di roccia tagliente pronta a recidere il filo della sua vita. Sentì alcune pietre scivolare sotto lo stivale e rotolare nel precipizio, ma non si fermò e si costrinse a non guardare oltre il ciglio della strada.

Le prime linee dei due schieramenti si erano separate di qualche passo per rifiatare, come cani da caccia dopo un inseguimento vano.

«Un ultimo sforzo, ragazzi!». La cresta blu del centurione degli ausiliari era stata tagliata a metà da un colpo di spada, e la sua armatura era sporca di sangue. «Un ultimo attacco e li metteremo in fuga!».

Balista sapeva che il centurione nemico ci aveva visto giusto. Andò a posizionarsi davanti ai legionari, con Massimo e Tarchon alla sua sinistra e Rikiar alla sua destra, bloccando il sentiero.

«Purtroppo per voi, centurione, non è questo il giorno!». Balista si voltò per un attimo a osservare i legionari alle sue spalle. Molti di loro abbassarono lo sguardo, e chi ebbe il coraggio di guardarlo negli occhi gli sembrò comunque intimorito. Tutti calcolavano a mente le probabilità di sopravvivenza.

«Questi ausiliari non conoscono la Trentesima, ragazzi!». Balista doveva rianimare i loro spiriti. «Feroce se la caverà. Pensate a come la prenderà se verrà a sapere che mi avete abbandonato qui!».

Non c'era altro tempo da perdere. Balista assunse la posa di battaglia: piede sinistro e scudo in avanti, spada orizzontale in posizione alta, con la punta accanto all'orecchio. Lui e i suoi tre compagni fidati avrebbero dovuto affrontare due uomini ciascuno.

«Uccidete quel barbaro e i legionari se la daranno a gambe», urlò il centurione nemico ai suoi. «Abbatteteli! Al mio tre! Uno...».

I nemici erano pronti all'attacco: non vedevano l'ora di mettere fine allo scontro.

«Tre!».

Il centurione si lanciò alla carica, seguito dai suoi uomini.

Mentre gli si avvicinava, Balista affondò un colpo di spada dall'alto, puntando al volto. L'altro si chinò per schivarlo e abbatté lo scudo contro quello di Balista. L'impatto lo fece arretrare di qualche passo. La punta della spada nemica mirò alla sua coscia sinistra, ma lui riuscì a deviarla abbassando di colpo lo scudo. Cambiando la presa sull'impugnatura, Balista sferrò un fendente dall'alto sulla testa del centurione, che si scansò all'ultimo istante. In quel momento un ausiliario tentò un affondo da destra, ma Balista lo schivò ruotando su sé stesso, e la lama gli sfiorò la cotta di maglia all'altezza del petto. Avendo perso l'equilibrio, il soldato barcollò contro Balista, che abbatté il pomolo della spada sul suo naso. L'uomo lanciò un urlo di dolore e arretrò, inciampando nel suo centurione.

Un attimo di tregua nel pieno della tempesta. Il fiato rotto gli raschiava la gola. Alla sua sinistra il frastuono della battaglia, alla sua destra il silenzio terribile del vuoto.

Rikiar era a terra. Aveva perso l'arma, ma era ancora vivo. Due uomini stavano cercando di superare il suo scudo per sferrare il colpo decisivo.

Balista fece un passo di lato e con un rovescio preciso ferì al ginocchio il soldato più vicino, che crollò a terra come se l'osso fosse stato colpito da un enorme martello. L'altro, con gli occhi sbarrati per la sorpresa di fronte a quella minaccia improvvisa, se la diede a gambe.

Balista si piazzò al di sopra di Rikiar, proteggendo entrambi con lo scudo. Ora aveva il precipizio alle spalle, e il suo stivale destro era fin troppo vicino all'orlo.

«Riesci a camminare?»
«La gamba è andata», rispose Rikiar.
«Peccato».
Il centurione non aveva ancora finito. «Uno è a terra, ne mancano tre!», gridò ai suoi.
Dopo il loro primo scontro, Balista era sicuro che il veterano avrebbe adottato un approccio più cauto, ma si sbagliava. Il centurione corse in avanti.
Padre di Tutti, vuole gettarmi nel burrone.
Balista piegò le ginocchia e si poggiò sui talloni. La collisione tra i due scudi lo fece arretrare, mentre i chiodi degli stivali cercavano disperatamente di fare presa sulla pietra liscia. Aveva Rikiar sotto il piede sinistro, ormai lo stava calpestando. Il terrore di sentire il vuoto sotto lo stivale destro gli annebbiò la mente: da un momento all'altro sarebbe precipitato nell'abisso.
Stretto al centurione in un orrido abbraccio, Balista sentiva la puzza del sudore del suo corpo, l'aglio e il vino nel suo fiato, l'odore ferroso del sangue. Si piegò di lato, provando a usare la forza stessa del nemico contro di lui. Ma il centurione non era uno stupido, e allentò la pressione per non cadere nella trappola. Facendo appello a tutte le forze che gli erano rimaste, Balista spinse via il nemico e riguadagnò qualche passo in avanti, tornando accanto all'amico ferito.
Balista e il centurione rimasero a studiarsi come gladiatori nell'arena. Qualcosa si mosse appena al di là del suo campo visivo, e Balista si sforzò di resistere all'impulso di guardare di lato. Sentì i rumori della battaglia.
Guarda la lama. Guarda la lama.
Il centurione finse di puntare in basso, poi sferrò un colpo verso l'alto. Balista sollevò lo scudo giusto in tempo, e l'acciaio morse la copertura in pelle. Il centurione colpì di nuovo, come un uomo impegnato a spaccare la legna. Stavolta, non trovando lo strato di pelle, la lama affondò nel legno dello scudo. Balista lo spinse di lato con tutta la forza che aveva e la spada rimase incastrata nel legno, volando via dalle mani del centurione. Balista gettò via lo scudo, che batté a terra con la spada nemica ancora conficcata al suo interno.
Il centurione, disarmato, arretrò tenendo in alto lo scudo.
Balista afferrò la spada con entrambe le mani ma non avanzò.
Gli altri combattenti esitarono.
«Basta così», disse lui.
Il centurione non replicò. Gli si vedevano solo gli occhi tra la cima dello scudo e la linea dell'elmo sulla fronte.

«Per ora può bastare», proseguì Balista. «Abbiamo fatto entrambi il nostro dovere. Voi avete mantenuto la posizione. Secondo i costumi di guerra, la vittoria è vostra».

Ma il centurione restava in silenzio.

«Se ci lascerete portare via i nostri caduti, ci ritireremo ai piedi della collina».

L'altro abbassò lo scudo.

«Prendete i vostri morti e feriti».

Balista cercò con lo sguardo Massimo e Tarchon. Vide che entrambi erano salvi e sentì un impeto di gioia, che però lasciò subito il posto a un terribile vuoto quando fece segno ai due di occuparsi di Rikiar.

CAPITOLO DUE

Valico del Summus Poeninus, sulle Alpi
La notte prima delle calende di giugno

Era una notte nera, di quelle in cui non si vede a un palmo dal naso. Tutti i soldati della colonna si tenevano alla cintura del compagno davanti. In prima fila, Balista seguiva il pastore e procedeva a passi lenti. La luna sarebbe sorta in poco meno di un'ora e avrebbe illuminato il percorso al momento opportuno, o almeno così aveva detto il vecchio. In caso contrario, gliel'avrebbe pagata. Mentre procedevano costeggiando la vallata oscura, dalle loro spalle arrivarono i rumori lontani di nuovi scontri al valico.

Il centurione degli ausiliari aveva mantenuto la parola: i suoi uomini non avevano solo evitato di ostacolare la ritirata dei legionari, ma li avevano anche aiutati a portare via morti e feriti. Balista era stato l'ultimo a scendere dalla montagna, e non era rimasto sorpreso di vedere il distaccamento dell'altra legione, la Decima, schierato in formazione da battaglia sull'area pianeggiante al lato della strada. Volusiano e Acilio Glabrione erano lì accanto.

Massimo aveva fermato Balista con un braccio, immaginando che stesse per dire qualcosa ai due. «Non hai nessuna prova, niente di niente».

Troppo infuriato per aprire bocca, Balista aveva a stento sentito le parole dell'ibernico, ed era restato a fissare i due ufficiali in sella ai loro cavalli. La faccia larga da contadino di Volusiano e il volto sottile da patrizio di Acilio Glabrione non tradivano emozioni.

«Non pensavate che avrebbero combattuto», aveva sbottato Balista con rabbia. «Poiché i loro compagni sono al seguito di Postumo, eravate sicuri che la Trentesima se la sarebbe data a gambe».

Volusiano e Acilio Glabrione si erano guardati in faccia con un'inquietante complicità negli occhi.

«Avete sacrificato dei soldati sperando che i nemici li inseguissero nella ritirata, abbandonando il valico».

«Si chiama tattica», aveva replicato Acilio Glabrione.

«Avete mandato degli uomini onesti a morte certa».

«Una finta ritirata raramente inganna il nemico», aveva spiegato Volusiano in tono freddo, sollevando lo sguardo verso le alture di fronte. «Ora saremo costretti a spedire lassù una centuria dopo l'altra finché non riusciremo a sfiancarli, e moriranno molti più uomini».

«Lasciami parlare con il pastore», aveva detto Balista. «Vediamo se c'è un altro percorso».

Nel buio, il vecchio si fermò di colpo e Balista gli finì addosso.

«È qui», disse.

Balista riusciva a distinguere a malapena una pallida linea di terra più chiara sul pendio alla sua destra: un sentiero!

«Aspettiamo qui».

I venti volontari si passarono l'ordine a voce bassa, quindi si accovacciarono a terra. Balista andò a sedersi contro una roccia e si avvolse nel suo mantello: il freddo era intenso. Quasi subito si sentirono un paio di uomini russare. La capacità di prendere sonno la notte prima della battaglia era considerato un segno di calma e coraggio, ma invecchiando – ormai aveva già visto quarantatré inverni – Balista aveva iniziato a dubitare che fosse davvero così. Gli era capitato spesso di dover svegliare a calci i suoi uomini prima di un combattimento; una volta, molti anni prima, mentre assaltava un insediamento in Africa, aveva scoperto due difensori avvolti nelle coperte, ignari del trambusto tutto intorno. La paura sfiancava, e il sonno era un modo come un altro per sfuggire all'orrore. Forse c'erano soldati che credevano che nessuno avrebbe osato ucciderli nel sonno, o che, in caso contrario, non si sarebbero comunque accorti di nulla. Ma Balista sapeva per certo che si trattava di speranze vane: quei due nemici in Africa si erano accorti benissimo che stavano morendo per mano sua.

Balista si sistemò meglio contro la roccia, ma – Padre di Tutti! – era freddissima. Di nuovo i suoi pensieri tornarono a qualche ora prima.

Il pastore era stato collaborativo; del resto, quella guerra civile non aveva alcuna importanza per lui. Certo, agli altri aveva detto che non c'era un percorso dove un *esercito* sarebbe potuto passare per evitare il valico, ma era ovvio che esistevano i sentieri delle capre. Semplicemente, nessuno gliel'aveva chiesto. C'era un'apertura nella valle, proprio accanto al campo; anche se la neve era ancora alta, un gruppetto ristretto di uomini abili ad arrampicarsi avrebbe potuto farcela. Qualcuno magari sarebbe precipitato nel vuoto, ma tutti sanno che la vita è dura, no?

Balista aveva cercato volontari tra le file della coorte ausiliaria dei cantabri, reclutata nelle montagne ispaniche. Aveva promesso ricompense degne di un assedio cittadino, e addirittura il doppio a quattro trombettieri. Senza di loro l'impresa sarebbe stata inutile.

In attesa che calasse il buio, i soldati si erano spogliati di elmi e armature e avevano abbandonato gli scudi. Ognuno aveva indossato abiti scuri e si era annerito il volto con il fango. Tarchon e quattro ispanici portavano lunghe corde avvolte intorno al collo, mentre Balista e Massimo avevano legato alla cintura due piccole scatole con acciarini e pietre focaie. Tutti gli altri, a parte i trombettieri, non avevano che una piccola *dolabra*, la pala-piccozza usata dai legionari per scavare trincee.

Avevano lasciato il campo ai primi cenni dell'alba. Con un po' di fortuna, i nemici non si sarebbero accorti della loro partenza. Alla testa degli uomini della Decima, Acilio Glabrione stava guidando il suo secondo assalto al valico; si potevano dire molte cose spiacevoli sul patrizio, ma di certo non che gli mancasse il coraggio. Volusiano puntava sulla mera forza numerica, spedendo per tutta la notte una piccola armata dopo l'altra lassù. Tra un attacco e l'altro, gli arcieri avrebbero fatto piovere frecce sul nemico. All'alba gli ausiliari che difendevano il passo sarebbero stati stremati. E, cosa più importante per Balista, la loro attenzione sarebbe stata rivolta altrove, e non sul suo rischioso tentativo di aggirarli.

«È ora di andare», disse il pastore.

La luna non era ancora visibile tra le cime dei monti, ma la sua luce rischiarava già alcuni tratti di cielo. Ai piedi della parete rocciosa l'aria era immobile, ma più in alto il vento trascinava le nuvole per la volta celeste come neri vessilli.

All'inizio il percorso era quasi pianeggiante, ma ben presto si fece più ripido e tortuoso, seguendo il profilo della parete. Mai più largo di un passo, e a volte anche meno, il sentiero era per di più coperto di chiazze di neve, che rendevano complicato trovare un appoggio stabile per gli stivali. Sarebbe stato anche peggio per la retrovia, che avrebbe dovuto passare sopra una fanghiglia scivolosa causata dai passi di quelli davanti. Balista se la cavava bene con le altezze: da bambino, insieme ai suoi fratellastri, aveva scalato le scogliere della sua patria sul Mare di Svevia, raccogliendo le uova degli uccelli dai loro nidi e a volte facendo tuffi spaventosi nelle gelide acque al di sotto. Avevano corso dei rischi folli, ma quando si è giovani ci si crede immortali. Ora Balista guardò in basso soltanto una volta.

«È meglio che proseguiamo a quattro zampe», consigliò il pastore.

Balista si assicurò sulla schiena la cintura con la spada e la *dolabra*, poi guardò verso l'alto. La cima non sembrava più vicina rispetto a quando erano partiti.

Da quanto tempo stavano salendo? Mezz'ora? Un'ora?

Le stelle erano coperte dalle nuvole.

La scalata fu lenta e dolorosa. Balista aveva le mani ghiacciate, e le rocce taglienti gli avevano martoriato le ginocchia. Era così anche la rupe su cui Sisifo spingeva il suo masso? Almeno Balista avrebbe dovuto scalarla solo una volta. Il pastore aveva promesso che la discesa sarebbe stata molto più semplice.

«Ora arriva la parte difficile», disse il vecchio.

Per un attimo Balista sperò che fosse ironico.

Il pastore si era fermato. La luna aveva fatto capolino oltre le cime innevate, grande e luminosa. Sbirciando oltre la sagoma del vecchio, Balista notò che il sentiero si interrompeva: per circa venti passi c'era solo la roccia in pendenza ricoperta di neve e ghiaccio, che si era accumulato nel punto in cui il sentiero oltrepassava un avvallamento. La neve dura era quasi blu sotto la luce della luna.

«Cercherò di creare degli appigli, dei buchi dove infilare gli stivali», disse il pastore, e senza perdersi d'animo cominciò a scalfire il ghiaccio con la piccozza.

L'attesa era peggiore della scalata. Balista non sapeva se sperare che il vecchio si sbrigasse, o che non finisse mai. Il vento aveva preso a soffiare lungo la parete, riversando fiocchi di neve addosso agli uomini in attesa. A Balista sembrò di congelare.

«Era meglio più freddo», disse Tarchon nella sua bizzarra lingua. «Il disgelo fa la neve sciolta, inaffidabile come puttana romana. L'uomo cade giù di brutto».

Nato e cresciuto sul Caucaso, Tarchon sapeva tutto delle montagne. Balista desiderò che lo svan si fosse tenuto per sé il suo commento.

Il vento ululava, trasportando di tanto in tanto l'eco del frastuono della battaglia che infuriava al valico.

Il pastore fu fin troppo svelto nel completare l'opera: la parete ora era punteggiata da due file di piccoli buchi scuri. Riparandosi dal lato opposto, il vecchio pazzo fece segno a Balista di raggiungerlo.

Alcuni credevano che gli dèi ascoltassero le loro preghiere, i cristiani ne erano convinti. I fedeli della religione tradizionale romana spendevano parecchio denaro per assicurarsi il favore delle loro divinità. Gli dèi del Nord erano meno propensi a farsi blandire da preghiere e offerte. Pur discendendo da Woden, il Padre di Tutti, Balista dubitava che il dio sarebbe accorso in suo aiuto.

Allungò una mano e tastò l'appiglio; infilando le dita nella neve compatta, si issò leggermente sul braccio. L'appiglio non cedeva.

Padre di Tutti, non abbandonarmi proprio ora.

Mise il piede nel primo buco. Poi, con angosciante lentezza, iniziò a risalire la parete.

Il vento si stava facendo più forte, sembrava volergli strappare il mantello di dosso. Il fodero della spada pesava sulle sue spalle, così come quello della *dolabra*. Nonostante il freddo, stava sudando per la fatica.

«Ci sei quasi».

Il vecchio pastore saltellava come un satiro nel punto in cui ricominciava il sentiero.

Mancava poco alla salvezza. Ma a quel punto, dopo aver infilato lo stivale destro nell'appiglio, il piede sinistro di Balista perse la presa. D'un tratto dovette aggrapparsi con tutto il peso alle dita, e queste cedettero. Balista si ritrovò a scivolare verso il basso e iniziò ad artigliare la neve cercando invano di riguadagnare la presa.

«La piccozza!», urlò una voce.

Sentiva le unghie che si strappavano mentre tentavano disperatamente di affondare nella neve. Da un momento all'altro sarebbe precipitato nell'abisso.

Un dolore improvviso al ginocchio destro: aveva urtato una roccia sporgente. Per qualche istante riuscì a poggiarcisi contro e usò le mani come palette per spalare la neve più fresca dalla parete: nient'altro che roccia nera coperta di ghiaccio. Il ginocchio scivolò sulla piccola sporgenza. Era stato un sollievo solo momentaneo. Poi di colpo trovò una fessura nella roccia con la mano sinistra e vi infilò dentro le dita.

Bilanciandosi tra il nuovo appiglio e la roccia sporgente su cui poggiò di nuovo il ginocchio, Balista si portò la mano destra alla spalla con tutta la delicatezza di cui disponeva. Il mantello si era sollevato e gli si era appallottolato intorno alla cintura. Riuscì a fatica a scansarlo e a trovare la punta metallica della piccozza. Ma quel maledetto arnese era incastrato nel fodero. Lentamente ne afferrò il manico numerato e, stringendolo, riuscì a liberarlo.

Un sesto senso gli indicò il punto in cui colpire: un po' più in alto, sulla destra, c'era una sottile crepa nella pietra. L'acciaio risuonò contro la roccia, e qualche scheggia gli finì in faccia. Al terzo colpo la piccozza affondò nella crepa, lasciandolo sospeso come Prometeo nel luogo del suo supplizio.

Balista schiacciò la guancia contro la parete. Ogni muscolo del suo corpo stava tremando, e sapeva che non avrebbe obbedito ai suoi comandi. Ma non aveva tempo da perdere: a differenza di Prometeo, non poteva contare sull'arrivo di un qualche eroe disposto a liberarlo.

«Afferra la corda!».

Alle sue spalle, una fune ondeggiava nel vento.

L'istinto di sopravvivenza gli intimava di non turbare l'equilibrio precario che aveva conquistato a fatica.

«Possiamo tirarti su».

Non pensare, agisci. Ma con quale mano?

Balista lasciò la presa sulla piccozza, che subito cadde nel vuoto, rimbalzando sulle rocce appuntite. Il fragore riecheggiò a lungo.

Afferrare la fune era una cosa; ma inclinarsi all'indietro per legarsela due volte intorno alla vita richiedeva molta più forza di volontà di quanta ne avesse lui.

Il tempo sembrò fermarsi. Balista afferrò la corda con una presa così salda che nessun intervento umano o divino avrebbe potuto strappargliela di mano; gli altri cominciarono a issarlo, e in un tempo più breve rispetto a quando stava precipitando, si ritrovò chino sul sentiero delle capre.

«Prego. E comunque sei diventato davvero pesante», disse Massimo. «Quando scenderemo da questa montagna del cazzo ti metterò a stecchetto».

«Fottiti, Massimo», replicò Balista.

«Sarebbe questo il modo di ringraziare me e Tarchon? Dopo che ci siamo arrampicati come stambecchi e abbiamo attraversato la parete rischiando il collo e un'ernia?».

Con un gesto paterno quanto bizzarro, l'ibernico si chinò sull'amico e lo baciò sulla fronte.

«In ogni caso, la roccia ha strappato un po' del tuo dolce visino: sarà meglio che ti abitui ai bambini che scappano via urlando quando ti vedono passare».

Gli uomini di Balista salirono legati l'uno all'altro sotto il suo sguardo inorridito e affascinato. Stava tremando in maniera violenta, e nemmeno il pesante mantello riusciva a scaldarlo. Gli altri gli sembravano delle formiche nere che si arrampicavano su un foglio di papiro. Era quasi ingiusto che nessuno di loro scivolasse o cadesse giù.

Si riposarono per un po', distribuendosi lungo il sentiero.

«È quasi l'alba», disse il pastore. «Dovreste proseguire, manca poco alla cima».

«E tu non sai se hanno delle sentinelle lassù, vero?».

Il vecchio scosse la testa con l'aria di chi era stanco di ripetere sempre la stessa cosa. «Te l'ho già detto, l'autunno scorso hanno mandato un paio di soldati, ma quando ha cominciato a nevicare se sono andati. Dopo il disgelo non ne hanno spediti altri, ma non so dirti se nel frattempo ci hanno ripensato».

«Ma comunque mai più di due?»

«Ti ho fatto da guida, ma non puoi chiedermi di farti pure da indovino». Il vecchio non intendeva sbilanciarsi ulteriormente. «Ora me ne vado, e con i miei soldi in tasca».

Balista recuperò il borsello dalla cintura: era un miracolo che non si fosse strappato durante la caduta. Era un sacchetto piccolo che conteneva poche monete, ma si trattava pur sempre di monete d'oro. Un pastore non avrebbe mai potuto sperare di vedere tanta ricchezza in vita sua.

«Te ne torni davvero a casa rifacendo *quel percorso*?»

«È meno pericoloso che restare con voi», rispose il vecchio mettendo al sicuro il borsello. «Prima era Gallieno a governare su queste montagne, ora è Postumo, e domani potrebbe essere di nuovo Gallieno. Quello che so è che non importa chi c'è sul trono: gli esattori verranno sempre a reclamare la parte migliore del mio gregge».

Balista rimase ad ascoltare il calpestio dei passi del vecchio che ben presto si spense. Il vento aggirava il valico, spirando con violenza. Se ci fossero state delle guardie lassù, era probabile che a causa del vento non avrebbero comunque sentito il rumore della piccozza che rotolava sulle rocce.

«Meglio io per primo», disse Tarchon. «Non stai avendo una buona nottata su questa collina».

Balista non si oppose, e Massimo e Tarchon lo superarono.

L'ultimo tratto fu semplice, con il sentiero che saliva quasi parallelo alla cresta del monte.

Tarchon sollevò la mano per fermare la colonna, poi si accovacciò e avanzò da solo con grande cautela.

Le nuvole passavano rapide, tagliando la luna come una lama. Di tanto in tanto il vento portava ancora suoni sconnessi e urla dalla battaglia in corso al valico. Arrivavano senza preavviso a squarciare il silenzio, potenti e spaventosi, per poi spegnersi altrettanto rapidamente e lasciare soltanto il lamento del vento.

Tarchon tornò. Sollevò un pollice oltre la spalla, poi indicò sé stesso e Massimo e ripeté il gesto con il dito. Con un altro gesto silenzioso, fece cenno a Balista e al soldato dietro di lui di arrampicarsi più su per tagliare la strada a un'eventuale ritirata, mentre il resto della piccola truppa doveva restare al suo posto.

Senza perdere altro tempo, e quasi ansioso di poter uccidere qualche nemico, Tarchon si avviò di nuovo lungo il sentiero, stavolta seguito da Massimo.

Il pendio sovrastante era poco ripido e non più alto di due uomini uno sull'altro. Non mancavano gli appigli per arrampicarsi, ma nonostante questo Balista risalì con calma e attenzione. Né lui né l'ispanico alle sue spalle fecero alcun rumore.

In cima, il terreno era piatto; un sentiero saliva dal lato opposto e portava a una rozza baracca sulla destra. Il rifugio era crollato per metà: mancava un'intera parete e il tetto era collassato. La luce di un braciere penetrava all'esterno, proiettando le ombre delle due sentinelle rannicchiate sui tizzoni per cercare un po' di calore.

Balista cercò di non fissare direttamente la luce per non dover adattare di nuovo gli occhi all'oscurità; fatta eccezione per il rifugio diroccato, l'ambiente non offriva altro riparo. Con un gesto della mano, comunicò al compagno che sarebbero rimasti lì, poi estrasse la spada dal fodero che portava legato alle spalle.

Ciò che accadde dopo gli parve quasi irreale, come una rappresentazione degli inferi vista in qualche teatro. Due figure scure si avvicinarono all'apertura crollata della baracca stringendo le lame, che lanciavano riflessi alla luce della luna. Grida di sorpresa e paura. Ombre allungate e intrecciate fra loro. Uno schianto e una pioggia di scintille. Una scheggia di luce dalla porta sul retro. Una figura che correva lungo il sentiero. Balista salì sul terreno pianeggiante e tagliò la strada alla sentinella in fuga, che reagì d'istinto tentando di colpirlo con la spada. Chinandosi per evitarlo, Balista gli trafisse la coscia e lo mandò a terra, dove l'ispanico lo finì con un paio di colpi netti alla base del collo. In un attimo fu tutto finito, nell'aria solo il gemito lugubre del vento.

I due cadaveri furono gettati dalla rupe da cui erano arrivati i loro assassini, e il braciere fu rimesso al suo posto. Nel rifugio non c'era spazio per tutti i soldati, così Balista ne piazzò sei di guardia lungo il sentiero più lontano, appena sotto la linea dell'orizzonte. Non avrebbero dovuto restarci a lungo: osservando la luna alta era facile capire che mancava circa un'ora alla falsa alba. Gli altri si strinsero nella baracca per riscaldarsi.

Balista non riusciva a riposare. La caduta gli aveva graffiato mani e viso e faceva pensieri cupi e incoerenti. Uscì fuori e rimase fermo nel vento che ululava. Dopo un po' Massimo lo raggiunse con una fiaschetta di vino.

«Il vecchio Rikiar se la caverà», disse l'ibernico. «Forse non dovranno nemmeno amputargli la gamba, e anche se così non fosse, ho visto parecchi uomini con una gamba sola. Rikiar è un bastardo con le palle, e poi non mi sembra scosso, a giudicare dalla solita quantità di cazzate che dice».

Balista bevve un sorso di vino; non era stato diluito con acqua, e gli scese in gola forte e freddo. Anche Balista ne aveva visti tanti, di uomini feriti, gente forte che sembrava a posto e parlava in modo normale prima che la febbre salisse e se li portasse via nel giro di pochi giorni.

«Ho pulito io stesso la ferita con il vino». A volte sembrava che Massimo gli leggesse nel pensiero; del resto, erano compagni ormai da molto tempo. «E in ogni caso a Rikiar non piacerebbe morire da povero vecchio indifeso lontano dal campo di battaglia».

«Dovremmo rientrare», disse Balista.

Gli ispanici si strinsero per fargli spazio, e Balista prese posto tra Massimo e uno dei trombettieri. Provò a chiudere gli occhi. Era esausto e aveva poche speranze di riuscire a prendere sonno.

Per quanto la mia testa possa essere brutta,
Il monte su cui il mio elmo riposa...

Balista riusciva a ricordare solo pochi frammenti delle poesie di Rikiar.

Compiamo opere prodigiose,
qui, prima del tramonto...

Non appena fosse sceso da quella cima avrebbe chiesto al vandalo di recitargliele di nuovo per poterne scrivere i versi. Non perché apprezzasse particolarmente la vena poetica dell'amico, ma per poterne conservare il ricordo.

Non gli sembrava giusto che la morte portasse via ogni cosa. Rikiar era cresciuto nello stesso mondo nordico di Balista; da bambini a entrambi avevano insegnato che un guerriero caduto in battaglia avrebbe potuto essere trasportato nella grande Sala di Woden il Padre di Tutti, per banchettare e combattere fino alla fine dei giorni. Balista aveva spesso messo in dubbio questa credenza, ma dentro di sé sperava ancora che ci fosse del vero. Ora che viveva nell'impero, sentiva parlare di strani culti misterici che promettevano ai loro fedeli una vita dopo la morte; i cristiani sembravano del tutto convinti che i loro corpi sarebbero risorti, sebbene il loro paradiso sembrasse molto noioso rispetto al Valhalla. Ma anche così sarebbe stato meglio di un'eternità passata a fluttuare sotto forma di spirito sui neri prati di asfodelo, ovvero tutto ciò a cui gran parte dei romani poteva ambire nell'Ade.

E se, alla fine, tutto ritorna al sonno eterno e alla quiete, perché preoccuparsi tanto?

Sua moglie, Giulia, aveva ricevuto una formazione epicurea, e la sua fede nella filosofia era inscalfibile. La tentazione di abbracciare le sue stesse credenze era forte, ma per Balista l'idea che il mondo continuasse indisturbato senza di lui aveva un qualcosa di mostruoso.

Pensare a Giulia gli riaccese la mancanza e il desiderio. A quarantatré anni, Balista stava diventando troppo vecchio per quella vita di guerre e campagne senza fine. Voleva tornare a casa. Non la casa dell'infanzia nel lontano Nord; lì non c'era più modo di fare ritorno. Tutto ciò che desiderava era godersi il meritato riposo nella villa di sua moglie in Sicilia. Giulia e il loro figlio minore erano già lì, e Balista non vedeva l'ora di poter raggiungere il suo primogenito a Roma per poi ripartire insieme verso sud. Voleva finalmente passare del tempo con sua moglie e, dopo tutti quegli anni trascorsi sui campi di battaglia, conoscere meglio i suoi figli.

Un pollice che lo toccava dietro l'orecchio e Balista si svegliò: era uno dei tanti elementi del linguaggio del corpo da battaglia che i suoi uomini più fedeli avevano sviluppato nel corso degli anni.

«È quasi l'alba», disse Massimo.

Non poteva aver dormito a lungo, eppure ogni parte del suo corpo era dolorante. Massimo lo aiutò ad alzarsi, e lui lo seguì all'esterno con il passo rigido di un vecchio.

L'aria era così rarefatta e fredda da mozzargli il fiato nel petto, come se fosse riemerso da una pozza d'acqua trasparente. Il sole non era ancora sorto sulla cima del monte, ma in cielo non c'era nemmeno una nuvola e il vento si era placato: sarebbe stata una bella giornata.

Balista si stiracchiò e studiò i dintorni. Ai piedi della parete in ombra c'era un laghetto dalle acque scure, sulle cui sponde si riconoscevano in penombra i minuscoli profili di locande e magazzini, oltre a quello di un tempio. Sottili linee di fumo si sollevavano dagli edifici, quasi un presagio di sventura. Balista stava osservando l'insediamento oltre il valico, dietro le linee nemiche. Il vecchio pastore si era guadagnato la sua ricompensa.

A sud la vista si apriva su una serie di cime frastagliate che si susseguivano una dopo l'altra, la più alta delle quali era già illuminata dal sole. Nella vallata era visibile la strada pallida che risaliva verso i monti, su cui poco alla volta, di pari passo con l'avanzare della luce, sarebbe apparsa la lunga colonna serpeggiante che costituiva l'esercito dell'imperatore.

Da lontano arrivò uno squillo di tromba. Uno spuntone di roccia bloccava la vista sulla posizione dei difensori, ma a sud-ovest si poteva distinguere l'accampamento da cui Balista e i suoi erano partiti. Si stava formando una falange di fanteria pronta a marciare verso il nemico, anche se era troppo distante per riconoscere di quale unità si trattasse.

«Forse potremo facilitare le cose a quei ragazzi», disse Massimo.

«Sarà meglio che ci sbrighiamo», replicò Balista. «Sveglia gli uomini senza fare rumore e tienili sotto la linea dell'orizzonte».

Balista restò ancora a studiare il villaggio isolato più in basso. Il suo piano aveva qualcosa di sbagliato e ingiusto, a un livello istintivo e primordiale, ma il dovere non sempre andava d'accordo con la giustizia. Ripensò a Giulia e al figlio nella loro tenuta e sperò che mai nessuno avrebbe guardato la sua villa in Sicilia con gli stessi occhi con cui lui ora osservava quel misero villaggio.

«Sono pronti».

Massimo era stato così silenzioso che Balista non l'aveva nemmeno sentito avvicinarsi.

«Cosa ci facciamo qui?», gli chiese Balista.

«Bisogna pur stare da qualche parte».

Balista non rispose.

«Per la tua gente sei Dernhelm, figlio di Isangrim, discendente di Woden il Portatore di Disperazione. I romani ti conoscono come l'uccisore di tiranni, i persiani come Nasu, il demone della morte. Lascia da parte la coscienza, diventa l'uomo che gli altri vedono in te».

La capacità dell'ibernico di leggere nella mente dell'amico era persino fastidiosa. E il fatto che avesse ragione non aiutava.

«Facciamola finita», disse Balista.

I soldati si erano sfilati i mantelli e se li erano avvolti intorno al braccio sinistro a mo' di scudo. Balista ordinò ai quattro trombettieri di restare lì al rifugio. Conoscevano il segnale. Gli altri si avviarono, seguendolo verso il piccolo insediamento.

Il pastore non aveva mentito: il sentiero da quel lato era ampio e facilmente percorribile, in gran parte nascosto alla vista del villaggio in riva al lago. Quando raggiunsero i sei uomini che erano rimasti di guardia, Balista li rispedì al rifugio. Tanto valeva che riposassero: se le cose si fossero messe male, sei uomini esausti e infreddoliti non avrebbero fatto una grande differenza, e magari con un po' di vantaggio sarebbero persino riusciti a salvarsi rifacendo a ritroso il percorso da cui erano saliti.

Non lontano dal villaggio, il sentiero diventava chiaramente visibile dal basso. Balista sollevò un braccio per fermare la piccola colonna di uomini, e subito i soldati si accovacciarono sui talloni. Alcuni tirarono fuori dalle borse cibo e bevande, altri ne approfittarono per chiudere un po' gli occhi. Quegli ispanici non erano dei pivelli.

Tenendosi il più possibile vicino al terreno, Balista gettò lo sguardo oltre l'ultima roccia che li nascondeva. Il tempio era più grande di quanto gli fosse sembrato osservandolo dall'alto, ed era costituito da blocchi di pietra intagliati, con un tetto di piastrelle. Solo le fondamenta degli altri edifici erano in pietra o mattoni: pareti e tetti erano interamente di legno. Balista si sorprese a riflettere su quanto dovesse essere stato faticoso trasportare tutti quei tronchi fino a un posto senza alberi. Doveva esserci un motivo, ma non sapeva quale fosse.

Da un momento all'altro il sole sarebbe spuntato dai monti: non c'era tempo da perdere. Proprio nel momento in cui stava per muoversi, si aprì la porta della locanda più grande. Balista sentì il cuore sprofondare quando vide una squadra di ausiliari uscire dal locale. Mentre si schieravano di fianco al lago, Balista contò più di cinquanta uomini: con ogni probabilità era una centuria non al completo. La sua stima per il comandante dei difensori crebbe ancora di più: malgrado la pressione degli attacchi sferrati per tutta la notte da Volusiano, l'ufficiale al comando del valico aveva saputo alternare i suoi uomini. In qualunque momento, almeno una delle sue cinque centurie riposava nel villaggio, lontano dalla battaglia.

Balista capì che avrebbe dovuto cambiare piano. Nonostante avessero l'elemento sorpresa dalla loro, per ognuno dei suoi uomini c'erano almeno tre nemici. Non sarebbero mai riusciti a prendere d'assalto l'insediamento: avrebbero dovuto preferire la furtività alla pura forza.

Tornato al riparo della grande roccia, Balista diede nuove istruzioni. Lui e Massimo avrebbero proseguito da soli, mentre Tarchon sarebbe rimasto lì con i soldati. Se fossero stati catturati, lo svan aveva l'ordine di non tentare di salvarli. Al contrario, avrebbe dovuto riportare i soldati sulla cima e dare il segnale ai trombettieri. Forse sarebbe bastato a disorientare il nemico.

Tarchon non ne fu felice, ma nonostante tutto non era uno stupido e capì che era il piano migliore che avevano a disposizione.

Balista e Massimo si coprirono la testa con il cappuccio dei mantelli e tennero le armi nei foderi. Nel villaggio avrebbero potuto scambiarli per le due sentinelle di guardia al rifugio. Certo, anche quello avrebbe attirato l'attenzione: perché mai le sentinelle rientravano prima di ricevere il cambio? Anzi, ora che ci pensava… quando era previsto il cambio della guardia in cima al sentiero? Balista provò a scacciare i pensieri che lo distraevano.

«Un'ottima giornata per una passeggiata in montagna», disse Massimo. «Andiamo?».

Era difficile camminare senza dare nell'occhio, come se niente fosse. Ora il sentiero era visibile a tutti, e uno qualsiasi degli ausiliari in riva al lago avrebbe potuto scorgerli da lontano, per non parlare degli abitanti dell'insediamento. Non era nemmeno necessario che scoprissero l'inganno. Sarebbe bastato che qualcuno ponesse la domanda più ovvia: perché quegli scansafatiche hanno abbandonato la postazione?

Il pelato puttaniere
è tornato alla sua base;
oh romani, mogli e figlie
rinchiudete nelle case!

Massimo canticchiava sottovoce una vecchia marcetta delle legioni.

«Una volta ho letto un trattato di un filosofo che lodava la calvizie», disse Balista.

«Certo che la filosofia è una cosa meravigliosa», commentò Massimo scuotendo la testa in segno di meraviglia. «Non so come facciano gli ignoranti a dire che non prepari l'uomo alla vita reale».

«Dovresti studiarla, quando torniamo in Sicilia», scherzò l'altro. «Tutte le scuole accoglierebbero a braccia aperte un uomo perspicace come te».

«Non ho nulla contro gli uomini calvi, ma calvi e bassi… be' questo cambia tutto. Diventano aggressivi, forse perché tutti li chiamano *nanetti* o *pelatini,* gli toccano la testa per buon augurio, come fossero scherzi della natura».

«Ti vedrei bene come un seguace di Diogene, un cinico».

«Ho qualche dubbio su tutta quella storia della masturbazione in pubblico, e soprattutto sul fatto di non avere un soldo».

Il sentiero li portò sul retro del villaggio. Si infilarono in un vicoletto tra una taverna e alcune stalle per cavalli. C'era un forte odore di letame e cibo marcio, e si sentivano alcuni stallieri al lavoro, nascosti alla vista.

La porta della locanda si aprì e una vecchia cameriera riversò a terra un secchio di liquami e scarti di cibo. Poi sollevò gli occhi sui due uomini.

«Buongiorno, mia cara», disse Massimo sfilandosi il cappuccio. «Che ne dici di una rapida cavalcata nelle stalle?».

La donna lo guardò sdegnata e rientrò sbattendo la porta.

«Peggio per lei! Lo sai da quanto tempo non tocco una donna?»

«Guarda qui».

Una stretta apertura divideva la locanda da un deposito. Le gronde di legno dei due edifici quasi si toccavano ed erano abbastanza basse, facili da raggiungere. Lo spazio ristretto puzzava del piscio di tutti gli ubriachi che si erano liberati la vescica lì appena usciti dalla locanda.

Senza bisogno di scambiarsi una parola, i due si inginocchiarono sul terreno umido e fangoso e raccolsero dalle borsette legate alle cinture le piccole scatole con l'occorrente per accendere un fuoco. Balista avvolse dei ciuffi di fieno in un panno imbevuto d'olio, poi prese la pietra focaia e l'acciarino.

Proprio in quel momento un ausiliario si infilò nel vicolo armeggiando con le brache. Rivolse ai due un cenno di saluto con la testa e cominciò a pisciare contro la parete esterna della taverna, prima di capire che qualcosa non quadrava e girarsi di nuovo a guardarli.

«Ma che...?».

Massimo gli fu addosso in un attimo.

L'istinto naturale di rimettersi il pene nelle brache fu fatale per il soldato: Massimo lo spinse a terra ed estrasse la lama. Un riflesso d'acciaio, un paio di stivali ad agitarsi nel fango, un ultimo spasmo, e fu tutto finito.

«Il tempo non ci è amico».

Massimo trascinò il cadavere al centro del vicolo per nasconderlo il più possibile.

Balista utilizzò la pietra focaia per far cadere scintille sul fieno e sul panno imbevuto, finché questi non presero fuoco. Si rialzò e, mentre le fiamme già gli lambivano la pelle della mano, infilò il panno sotto le gronde del deposito, lì dove il legno era più secco. I primi sbuffi di fumo iniziarono a levarsi.

Balista aspettò che Massimo facesse lo stesso con le gronde della locanda, poi disse: «Dobbiamo andarcene».

Avevano già raggiunto il sentiero e cominciato la salita quando sentirono le prime grida d'allarme.

Senza fermarsi, si voltarono a guardare. Adesso il fumo si sollevava in grandi nuvole dal tetto di entrambi gli edifici. Diversi uomini accorsero sul luogo per provare a spegnere l'incendio, ma i loro tentativi erano destinati a fallire: le fiamme erano già troppo estese, e con ogni probabilità si sarebbero propagate presto anche a tutte le strutture adiacenti.

I comodi alloggi che Balista aveva promesso ai legionari della Trentesima appena un giorno prima stavano andando letteralmente in fumo.

«Spero che almeno facciano uscire i cavalli».

Prima che Massimo potesse replicare, le note metalliche delle trombe invasero l'aria come se provenissero dritte dal cielo, arrivando fino al lago e riecheggiando fra le cime montuose.

Niente abbatteva il morale dei soldati come una minaccia inattesa, e soprattutto l'idea che il nemico potesse averli aggirati e fosse pronto a colpirli alla schiena. Gli squilli di tromba misero fine a qualsiasi tentativo di domare l'incendio, e gli uomini abbandonarono ogni disciplina. I feriti si riversarono fuori dagli alloggi dei soldati, mentre chi poteva correre si allontanava a grandi falcate dal valico.

Nel giro di pochi minuti, quelli che fino a poco prima difendevano il passo comparvero mentre fuggivano dalle loro posizioni, attraversando di corsa il villaggio senza nemmeno recuperare i loro averi. Dei soldati che contro ogni pronostico avevano resistito per un giorno e una notte agli attacchi nemici e che di colpo si trasformavano in un fiume di individui terrorizzati.

I cavalli furono liberati dalle stalle, come aveva sperato Balista, e i fuggitivi più ambiziosi lottarono per chi dovesse accaparrarsene uno. Balista vide un centurione, riconoscibile da lontano per la sua cresta blu mozzata, tirare giù un soldato da cavallo, montare senza nemmeno la sella e galoppare alla volta della Gallia.

«Se non ci fossero stati soldati al villaggio», disse Massimo, «se tutto fosse andato come avremmo voluto, saremmo riusciti a tagliarli fuori senza che la notizia si diffondesse nemmeno».

«Se tutto fosse andato come avremmo voluto», replicò Balista, «in questo momento saremmo al sicuro nelle nostre case».

PARTE DUE
GLI IMPERATORI
E I LORO ESERCITI

CAPITOLO TRE

Città di Lugdunum, Gallia
Sette giorni prima delle idi di giugno

L'imperatore Postumo sedeva insieme al suo Senato nel portico del tempio, accanto al grande altare dedicato a Roma e agli imperatori deificati. Era stato fondato più di due secoli prima da Augusto, il primo imperatore, come sede del consiglio delle Gallie da lui istituito: un simbolo di lealtà alla Città Eterna e al nuovo regime, scolpito letteralmente nella pietra. Era un luogo propizio, e lassù in collina, con le tende aperte, il vento rendeva più sopportabile l'afa soffocante dei giorni caldi.

Il Senato stava discutendo la proposta di adulterare il conio perorata dal prefetto del campo Mario, che era impegnato a spiegare in toni ampollosi la necessità di aumentare la percentuale di metalli poveri nelle monete e diminuire quella di oro e argento. In vista della guerra, bisognava fare in modo che i lingotti custoditi nel Tesoro durassero più a lungo possibile.

Postumo ascoltava senza prestare troppa attenzione. Sebbene non ne avesse fatto parola con nessuno, aveva già deciso cosa fare. Era importante, tuttavia, preservare almeno una parvenza di dibattito: era un imperatore di Roma, non un selvaggio despota orientale.

Senza muovere la testa – un imperatore doveva mantenere una certa dignità, non poteva certo gettare occhiate qua e là come un contadino – studiò i circa cento senatori, bagnati di sudore sotto le pesanti toghe. Per poter rivendicare un'autorità legittima, un uomo che ambiva al comando supremo doveva avere l'appoggio del Senato, l'unica entità in grado di conferirgli i poteri necessari. Senza quei vecchi sudaticci, non era nient'altro che un pretendente. Dal momento che governava solo le province occidentali, Postumo non poteva convocare il Senato di Roma, e così si era creato il suo, lì in Gallia. Non erano stati pochi i senatori in servizio nelle province che gli avevano assicurato il loro favore, molti dei quali vivevano nelle loro tenute sparse per l'Hispania o la

Gallia, ma anche in alcune proprietà in Britannia e Germania. Eppure, il numero non era neanche lontanamente sufficiente. Per accrescere la schiera dei suoi senatori, Postumo aveva dovuto conferire il laticlavio color porpora ai ricchi possidenti terrieri locali che formavano il consiglio delle Gallie. I provinciali erano stati ben grati di ricevere una tale onorificenza, e non c'erano dubbi riguardo alla loro lealtà a Roma. Quanto alla fedeltà a Postumo, la questione si faceva più complessa.

«È vero, paghiamo in ogni caso i soldati, ma una guerra costa denaro. C'è bisogno di rimpolpare le unità, rimpiazzare l'equipaggiamento rotto o vecchio, garantire cibo e foraggio, affittare carri per il trasporto del necessario. I civili non capiscono».

Mario aveva fatto carriera: centurione agli ordini di Postumo, era stato uno dei primi ad appoggiare la scalata al trono del suo comandante. La sua fedeltà era stata ripagata: comando del campo imperiale, ricchezza, persino l'ascesa al rango di senatore. Ciò nonostante, portava ancora i capelli corti e la barba rasata del soldato, e non perdeva occasione di mostrare l'abituale disprezzo dei militari verso chi non aveva mai impugnato una spada. Era un uomo privo di qualunque tipo di istruzione, e le sue ultime parole avevano dimostrato la sua assoluta mancanza di tatto.

Postumo fece scivolare lo sguardo al di sopra delle due colonne in porfido che fiancheggiavano l'altare. Sopra ognuna c'era una statua della Vittoria che stringeva una corona. Non era stato lui a volere questa guerra, anzi aveva provato a evitarla in ogni modo; non aveva mai ambito al potere né alla carica di imperatore.

Nato sulle sponde del Reno, nella tribù dei batavi, anche lui aveva origini umili. L'esercito aveva premiato la sua diligenza e il suo coraggio, e alla fine di una lunga carriera era stato nominato governatore della Germania Inferiore. Gli sarebbe bastato. Per ironia della sorte, era stata proprio la sua abilità militare a metterlo nei guai; quella, e la malevolenza di un uomo di nome Silvano. Nell'insediamento di Deuso, sul Reno, Postumo aveva intercettato dei predoni franchi di ritorno dall'Hispania, e dopo averli sconfitti aveva distribuito tra i soldati il bottino. Silvano, governatore della Germania Superiore, all'epoca aveva il comando dell'intera frontiera, nonché la tutela di Salonino, il figlio minore di Gallieno. Quando Gallieno era tornato in Italia, Silvano era stato lasciato in carica come vice-reggente dell'Occidente a tutti gli effetti. Aveva così mandato a Postumo l'ordine perentorio di consegnare il bottino al Tesoro imperiale. Postumo si era ritrovato tra Scilla e Cariddi: se avesse provato a confiscare il denaro che aveva già distribuito ai suoi uomini, questi l'avrebbero di certo ucciso; altrimenti, Silvano l'avrebbe fatto giustiziare per tradimento. A quel punto non gli era rimasta altra strada che puntare al trono.

«Le monete d'argento di Gallieno contengono solo tracce minime di metallo prezioso, ma non per questo le sue truppe hanno disertato il tiranno. Perché mai il nostro nobile imperatore Postumo dovrebbe pagare i suoi soldati più di quel depravato?».

Forse Mario non aveva avuto l'addestramento retorico di un esponente dell'élite romana, ma di certo non gli mancavano le parole.

Postumo gettò lo sguardo oltre l'anfiteatro, verso la parte principale della città che sorgeva sull'altra sponda del fiume. I templi e il foro in posizione elevata erano avvolti dal fumo degli innumerevoli fuochi accesi nelle officine di vasai e vetrai, e nelle fonderie del bronzo vicine al grande corso d'acqua. Più a sud, vide il molo sull'isola. Anche a quella distanza era evidente l'attività frenetica degli uomini che scaricavano merci dalle navi provenienti dal Mediterraneo, cariche di vino, olio e oggetti preziosi da ogni angolo dell'impero. Quelle in partenza, invece, erano appesantite da legname, grano e casse di carne essiccata. Di fronte a quel pacifico viavai di mercanti e scaricatori, era difficile immaginare che ci fosse una guerra alle porte.

Postumo aveva fatto del suo meglio per evitarla: aveva scritto a Gallieno che si accontentava di governare le province che gli dèi gli avevano assegnato, e che non avrebbe mai marciato su Roma. «Non valicare le Alpi, non mettermi nella posizione di dover combattere contro altri cittadini romani».

La risposta di Gallieno era stata quella di un uomo che aveva perso la ragione: «Risolviamola con un duello».

Postumo aveva assediato Silvano e Salonino nella città di Colonia Agrippinensis. Forse in quel momento si sarebbe potuto ancora tornare indietro. Ma poi la città si era arresa e, nei terribili eventi di quei giorni, la guerra era diventata inevitabile.

«Una guerra costa. Non possiamo permetterci di restare a secco. Bisogna adulterare il conio!».

L'impetuoso discorso di Mario era finalmente giunto al termine.

Il prefetto del pretorio, Vittorino, si alzò per prendere la parola, e Postumo sollevò la mano per indicare che aveva il permesso di intervenire. Vittorino, come Mario, era stato uno dei primi a sostenere la causa di Postumo, ma a parte quello i due uomini non avevano nient'altro in comune. Molto più giovane di Mario, Vittorino non doveva avere nemmeno trent'anni. Era alto e bello, aveva la barba e i capelli biondi sempre curati e pettinati con cura in lunghi boccoli. Ogni cosa in lui testimoniava l'eredità materiale e culturale di una famiglia che aveva posseduto terreni in Aquitania per intere generazioni.

«Gallieno ha varcato le Alpi con una grande armata. Gli ultimi dispacci dicono che sta attraversando il valico che porta a Cularo, e da lì scenderà nella valle del Rodano. È per questo che stiamo aspettando armati qui a Lugdunum».

Vittorino aveva una voce gradevole, educata e ben modulata, ma una pronuncia leggermente blesa.

«Pensate ciò che volete di Gallieno, ma ha buoni ufficiali e parecchi uomini. In questo momento di pericolo, la lealtà è la cosa più importante. Qualunque azione che possa minare la fedeltà delle nostre truppe è pura follia».

«Cazzate!», urlò Mario pur non avendo il permesso di parlare. «I soldati non si accorgeranno di nulla».

Vittorino sorrise. «Forse dovrei inchinarmi alla tua conoscenza intima della soldataglia comune, ma, come disse Omero a proposito del vile Tersite: "Per quanto tu sia un abile oratore, le tue parole sono insensate, e non dovresti aprire bocca per discutere con i re"».

I tratti rozzi del viso di Mario si infiammarono di una rabbia a stento contenuta.

«È vero, ho servito nelle legioni, ed è risaputo che un tempo ero un fabbro. Ho fatto il mio dovere allora, e sto facendo il mio dovere adesso. A differenza tua, non mi sottraggo alle mie responsabilità e non spreco il mio tempo con il vino e le mogli degli altri».

Vittorino non sembrò affatto scosso dalle sue parole. «Eppure, pochi giorni fa hai trovato il tempo di farti bello davanti ai soldati con un'inutile dimostrazione di forza bruta. Pare tu sia in grado di fermare un carro in movimento con un solo dito, o almeno così dice uno degli schiavi. Ne è rimasto molto colpito».

Ora si stava esagerando. Postumo fece un cenno a uno dei *silentiarii*, e il funzionario batté il bastone sul pavimento. I due oratori chiusero la bocca, ma Mario aveva il respiro affannoso, come se avesse appena compiuto uno sforzo fisico, mentre Vittorino, impassibile, aveva un sorrisino di superiorità impresso sulle labbra serrate.

«Silenzio, parla l'imperatore!».

Postumo raccolse i pensieri e cercò le parole migliori per ricomporre quell'inutile frattura.

«La possibilità di esprimere il proprio parere è l'essenza della libertà», esordì. «E si addice allo spirito del nostro impero. Entrambe le parti hanno esposto argomentazioni convincenti. Le guerre prosciugano il tesoro pubblico, è innegabile, ma è altrettanto innegabile che non si può prescindere dalla fedeltà delle truppe. Tuttavia, finché avremo le miniere ispaniche non saremo a corto di monete. Darò ordine di aumentare le spedizioni di metalli attraverso i Pirenei».

Era stata una formulazione infelice? *Finché avremo le miniere ispaniche.* Poteva essere interpretata come una mancanza di fiducia, o peggio come un presagio negativo? Di un imperatore veniva analizzata ogni parola, ogni possibile implicazione discussa nel dettaglio. C'era bisogno di chiudere il discorso con qualcosa che sollevasse il morale.

«La percentuale di metalli preziosi nel conio può essere modificata a guerra finita. Anche se c'è da dire che, dopo che avremo vinto, i nostri forzieri traboccheranno dell'oro del tiranno. Ciò che Gallieno ha con sé andrà alle truppe, le sue proprietà al Tesoro. Chiunque sarà dalla nostra parte verrà ricompensato».

I senatori si scostarono le pieghe della toga per applaudire con convinzione.

La questione del conio era l'ultimo punto all'ordine del giorno. Qualche preghiera, un paio di acclamazioni, e l'incontro sarebbe volto al termine. Postumo rivolse i suoi pensieri ai bagni termali che lo attendevano.

Per Ercole, quanto vorrei liberarmi di queste vesti soffocanti.

Immergersi nell'acqua gelida del *frigidarium* sarebbe stato un sollievo meritato.

L'arrivo del maestro delle ammissioni interruppe i pensieri beati dell'imperatore. Il funzionario di corte fece strada a una figura che stonava con il decoro dell'ambiente: un centurione sporco e sudato, che avanzò zoppicando per la stanchezza. Metà della cresta blu del suo elmo era stata falciata via da un colpo di spada.

Postumo sentì un tuffo al cuore: il centurione gli ricordava qualcuno, ma non avrebbe saputo dire chi.

L'ufficiale si inginocchiò per rivolgere un atto di adorazione al sovrano.

«Alzati», disse Postumo. «Finché sarò al comando, nessuno si prostrerà ai miei piedi. Sono un imperatore, non un tiranno come Gallieno».

Il centurione gli rivolse allora il saluto militare, si sfilò l'elmo e se lo mise sotto al braccio.

«Parla!».

L'uomo raddrizzò le spalle e si schiarì la gola. Postumo ripensò alle famose parole che il divo Augusto aveva rivolto a un postulante particolarmente agitato: *Sembri uno che sta offrendo una pagnotta a un elefante*. Qualunque cosa avrebbe detto il centurione, non sarebbe stato nulla di buono.

«Mio signore, il valico del Summus Poeninus è caduto. L'armata di Gallieno ha attraversato le montagne».

Un mormorio si diffuse tra i togati, come il sussurro di una brezza leggera tra le foglie.

Ora Postumo aveva riconosciuto l'uomo: Tuscio, comandante *pro tempore* della Prima coorte di aquitani.

Un senatore urlò: «Perché il centurione non è morto con i suoi uomini?».

Battendo il suo bastone sul pavimento di marmo, il *silentiarius* riportò l'ordine.

«Qualcuno doveva pur portare la notizia», disse Postumo, prima di rivolgersi al centurione. «Hai l'aspetto di un uomo che ha cavalcato a lungo e senza mai fermarsi. Hai fatto la cosa giusta».

«Il primo cavallo mi è morto tra le gambe sui monti, signore».

«Sei sicuro si tratti dell'armata principale?»

«Sì, signore. L'avanguardia era guidata da ufficiali esperti: il prefetto del pretorio Volusiano, Acilio Glabrione e Balista l'anglo».

«È possibile che la loro presenza servisse a dare credibilità a una manovra diversiva?»

«Una notte, durante un combattimento, ho sentito Acilio Glabrione che esortava i suoi uomini urlando che Gallieno sarebbe arrivato il giorno dopo, per cui il valico andava conquistato prima possibile».

Postumo annuì. Decisamente troppo elaborato per essere uno stratagemma.

Ora tutti gli occhi erano puntati su di lui, ma li ignorò. Il nemico sarebbe sceso dai monti nella piana di Vesontio, tra la catena del Giura e quella dei Vosgi. La cittadina di Vesontio sarebbe stata la chiave di tutto.

«Quanto tempo è passato?».

Il centurione si fermò a riflettere, provando a concentrarsi nonostante la fatica.

«Sei giorni. No… Sette, compreso oggi».

Sette giorni. Quanto si sarà spinto lontano il nemico?

Il valico era ripido e stretto, e l'armata di Gallieno numerosa e appesantita dai bagagli. Con ogni probabilità avrebbero dovuto fermarsi a riposare e riordinare le truppe a Lousonna, sulle sponde del lago Lemannus. Forse c'era ancora tempo, ma bisognava agire con decisione.

«Mario, ordina di smontare il campo e fa' in modo che l'esercito sia pronto a marciare nell'arco di due giorni».

Un esercito non era una singola unità, e aveva bisogno di tempo e preparativi prima di potersi mettere in marcia.

«Vittorino, prendi il comando della cavalleria e avviati verso sud. Niente bagagli, quelli li porterà l'armata principale. Non fermatevi mai, notte e giorno, finché non arriverete a Vesontio. La città non deve cadere per nessun motivo al mondo».

Con una marcia forzata avevano qualche speranza di arrivare prima di Gallieno, ma sarebbe stata una questione di ore.

Entrambi gli ufficiali restarono in attesa di ulteriori ordini. Postumo guardò verso il portico con aria assorta, il silenzio rotto solo dal canto degli uccelli fuori. L'avanzata nemica verso Cularo era stata un diversivo; malgrado avesse la fama di essere indolente ed effeminato, Gallieno aveva agito al meglio. Tra tutti i valichi sulle Alpi, Postumo non si sarebbe mai aspettato un'invasione al Summus Poeninus. Ma, come aveva detto Vittorino, c'erano buoni comandanti al seguito di Gallieno.

Il tiranno doveva aver sperato che si risolvesse tutto con un tiro di dadi: non un combattimento corpo a corpo come aveva millantato, ma una battaglia campale tra i due eserciti davanti alle mura di Vesontio. E se l'esercito di Postumo fosse stato sconfitto...

Spera per il meglio, ma preparati al peggio. In caso di sconfitta, Postumo aveva bisogno di un luogo in cui battere in ritirata, una postazione dalla quale poter portare avanti la guerra e guastare i piani di Gallieno di una rapida vittoria. Se solo fosse riuscito a tirare i combattimenti per le lunghe, prima o poi qualche altra crisi in uno dei mille angoli dell'impero avrebbe richiamato l'attenzione e le truppe di Gallieno. Un'invasione barbarica dal Danubio; una minaccia alla penisola italica; un nuovo pretendente spuntato fuori dal nulla: con un po' di diplomazia e l'aiuto dell'argento ispanico non sarebbe stato difficile far scoppiare una di queste emergenze. Da poco, inoltre, erano giunte voci di un possibile tradimento da parte di qualche ufficiale vicino a Gallieno. Ma per il momento la questione più pressante era dove schierare l'esercito, e con quali truppe.

Postumo osservò il soffitto e immaginò che le travi e i pannelli decorati disegnassero una mappa con montagne, valichi, fiumi e strade, e tante cittadine disseminate lungo il percorso. Quelle fortificate erano pochissime.

«Trebellio».

Postumo si rivolse al senatore, che si alzò in piedi.

«Richiama le guarnigioni da tutti gli altri valichi e ordina di marciare quanto prima verso Augustodunum, dove tu stesso ti recherai insieme alla Seconda coorte di britannici. Controllate le mura, accumulate provviste e mettete la città in stato difensivo».

«Faremo ciò che ci viene ordinato e a ogni ordine saremo pronti».

«Augustodunum sarà la nostra base per questa campagna».

Finalmente Postumo era nel suo elemento naturale: la pianificazione di operazioni militari. Allargò la visione d'insieme a tutto l'impero occidentale; in Britannia e lungo il Reno erano già schierate guarnigioni; truppe ausiliarie e distaccamenti erano stati inviati a rimpolpare il suo esercito. Alcune truppe erano state richiamate al di là delle Alpi anni prima, e ora erano dalla parte di Gallieno. Ma Postumo aveva combattuto su entrambi i lati della frontiera, e sapeva che le sue recenti vittorie avrebbero tenuto a bada i barbari almeno per qualche mese.

«Vittorino, invia istruzioni ai governatori delle province in Britannia e Germania affinché mandino ad Augustodunum mille uomini da ognuna delle loro legioni, e un uguale numero di ausiliari».

«Mio signore», disse Vittorino, «non dovremmo chiedere rinforzi anche alle truppe schierate in Hispania? La Settima legione è quasi al completo, e ci sono anche unità ausiliarie e mercenari barbari, tra cui gli angli e i cavalieri mori che abbiamo reclutato da poco».

Postumo ci rifletté su per qualche istante. In Germania c'erano quattro legioni, in Britannia tre. Contando anche gli ausiliari, quattordicimila uomini sarebbero arrivati a ingrossare le fila dell'esercito, più circa ottomila ritirati dalle montagne. Trebellio avrebbe radunato un'armata più che sufficiente a difendere Augustodunum.

La decisione era presa. «Se indeboliamo le truppe in Hispania, gli incursori franchi scenderanno dalle montagne su cui li abbiamo intrappolati e metteranno a ferro e fuoco la penisola. Non costruirò il mio regno sul sangue di civili innocenti: non sono imperatore per il mio tornaconto, ma per i cittadini di Roma».

La nobiltà di quelle parole riscosse un applauso timoroso ma sentito. Quando tornò il silenzio, Postumo era ancora impegnato a riflettere sul da farsi.

«Trebellio, la zecca e il tesoro imperiale viaggeranno con te ad Augustodunum».

«Sì, mio signore».

Postumo abbracciò con lo sguardo tutta l'assemblea.

Gli ufficiali militari sembravano segugi ansiosi di lanciarsi sulla preda. Le notizie inattese non li avevano turbati: la guerra era il loro mestiere. Durante una campagna poteva succedere di tutto, e chi sarebbe scampato alla morte avrebbe guadagnato una promozione prendendo il posto di chi non ce l'avrebbe fatta. La guerra significava distruzione, e la distruzione era un'opportunità per i vincitori. Gli ufficiali non erano turbati, no: erano *affamati*.

Non si poteva dire lo stesso per i senatori. Erano rimasti quasi tutti seduti in silenzio e con gli occhi bassi, come se sperassero che nessuno li notasse. Di certo stavano pensando a come mettersi al riparo: non appena la corte imperiale e l'esercito avessero lasciato la città, quei ricchi codardi sarebbero andati a rintanarsi nelle loro ville di campagna, aspettando che tornasse la calma, per poi rifarsi vivi giusto in tempo per incensare il vincitore e ingraziarsi chiunque dei due imperatori fosse rimasto sul trono.

«Padri Coscritti». Postumo si rivolse a loro utilizzando il termine arcaico, per blandirli e rendere più sopportabile il colpo che stava per infliggere. «Viviamo in tempi pericolosi: le campagne vengono depredate da bande di *bacaudae*, e con la guerra civile le razzie di questi banditi vagabondi non faranno che aumentare. Per la vostra sicurezza, su mio ordine accompagnerete Trebellio ad Augustodunum».

L'annuncio tanto sgradito fu accolto da un silenzio tombale.

«Sarà di conforto per voi trovarvi al fianco dei vostri figli che vengono educati lì».

Negli attimi di sconcerto che seguirono quelle parole, i senatori si resero conto che sarebbero diventati dei veri e propri ostaggi, insieme ai loro ragazzi e bambini. Con la morte nel cuore, si costrinsero a intonare il canto rituale.

Postumo Augusto, sacro agli dèi, possano gli immortali vegliare su di te!
Tu che sei padre, amico, senatore e legittimo imperatore!
Liberaci dal tiranno, liberaci dai banditi!

Mentre ascoltava la litania senza prestare attenzione, Postumo pensò a suo figlio. Il ragazzo era a sud per prestare servizio come tribuno dei voconzi. Una magistratura minore, per abituarlo poco alla volta alla gestione del potere. Ma ormai non poteva più restare laggiù. Postumo si chiese se farlo unire all'esercito, ma il ragazzo era ancora troppo giovane, e soprattutto non aveva alcuna esperienza come soldato. Gli piaceva studiare. L'unica soluzione era mandarlo ad Augustodunum: dietro le mura cittadine sarebbe stato al sicuro.

...possano gli immortali vegliare su di te!

Anche Gallieno aveva pensato che suo figlio Salonino fosse in salvo, protetto dalle mura di Colonia Agrippinensis, ma dopo la resa della città il ragazzo era stato trascinato fuori in catene. Postumo non voleva fargli del male, ma i suoi consiglieri erano stati inflessibili, e tra loro c'erano anche Vittorino e Mario; tutti avevano insistito che era necessario ucciderlo. Postumo non avrebbe mai dimenticato il terrore negli occhi del giovane mentre la lama calava sul suo collo.

Era una guerra all'ultimo sangue. Postumo sapeva bene che, se Augustodunum fosse caduta, Gallieno non avrebbe avuto alcuna pietà.

CAPITOLO QUATTRO

Città di Vesontio
Idi di giugno

Dopo aver lasciato l'esercito, ridiscesero le montagne cavalcando senza sosta: quaranta ore in sella, solo cinque a piedi. All'inizio la strada era stata ripida e scivolosa, alcune bestie avevano perso l'equilibrio lasciando i cavalieri a terra, ma la colonna non si era fermata. Dopodiché era arrivato un tratto ampio e dolce, tra pascoli verdi bagnati di pioggia e fiori di ogni tipo, dal narciso alla genziana. Un ultimo accenno di primavera, prima dell'arrivo dell'estate. Ma anche su quel percorso così comodo il numero di quelli che rimanevano indietro aveva continuato a crescere; la Terza *ala* della cavalleria tracia era un'unità esperta, ma Balista era deluso dalla scarsa resistenza di molti dei suoi uomini.

Finalmente erano vicini alla meta: a separarli da Vesontio mancavano appena un paio di miglia e un ultimo crinale. Balista ordinò di fermarsi. Quello era l'eterno ritmo dei soldati a cavallo: passo, trotto, passo (variare l'andatura faceva sì che i movimenti ripetuti non affaticassero i muscoli), smontare dalla sella e occuparsi dell'animale, ricominciare al passo. Balista era tentato di spingere ancora, ma voleva che i cavalli fossero più riposati possibile dopo un viaggio del genere: se il nemico fosse stato già in città, i traci avrebbero dovuto ritirarsi rapidamente.

Quando Balista condusse il suo castrone baio al lato della strada, Massimo e Tarchon lo imitarono. Versarono dell'acqua in un recipiente e sfilarono i morsi ai cavalli per farli bere.

«Non puoi sapere per certo che il prefetto del pretorio ti vuole morto». Massimo parlò a voce bassa per non farsi sentire dagli altri soldati.

«Volusiano ci ha ordinato di lanciare il primo attacco al valico, e ora, nonostante il numero di cavalieri di cui dispone l'esercito, ci ha spediti a Vesontio con una sola unità. Raramente si torna vivi da missioni di questo tipo». Balista accarezzò le orecchie del suo cavallo. «Se avessi fatto parte di un complotto per uccidere l'imperatore, e se questo complotto fosse fallito, vorrei vedere morto chiunque ne sappia qualcosa».

«Sei sicuro che fosse la voce di Volusiano quella che hai sentito?».

A Roma, in primavera, nella penombra del mausoleo di Adriano, uno sconosciuto aveva rivelato a Balista di una congiura per uccidere l'imperatore. La conversazione era stata interrotta da uomini armati che avevano fatto irruzione e ucciso l'informatore, per poi cercare di eliminare anche lo stesso Balista. Dal basso, nascosto alla vista, un uomo li aveva richiamati. Tempo dopo, mentre il corteo imperiale lasciava la città per avviare la campagna contro Postumo, a Balista era sembrato di riconoscere la voce dell'uomo misterioso come quella del prefetto del pretorio.

«Dopo tutto, è stato Volusiano a uccidere l'uomo che voleva far fuori Gallieno al Colosseo», ragionò Massimo.

«Per coprire le sue tracce. A quel punto la congiura era già fallita: meglio quello, piuttosto che lasciare che il senatore venisse catturato vivo e avesse modo di raccontare tutto». Il cavallo aveva bevuto abbastanza, e Balista rovesciò a terra l'acqua che restava. «Volusiano è stato molto scrupoloso: ha ucciso anche il figlio del senatore e il suo segretario, e ha fatto in modo che morisse anche l'unico altro congiurato noto».

«Se è come pensi», replicò Massimo, «devi dirlo a Gallieno».

«Volusiano gode della sua fiducia».

«Ma tu sei suo amico».

«Mi servono prove».

«Certo. Questi romani sono tremendi, non ci si può fidare. Faremmo meglio a tenere gli occhi puntati su Volusiano».

Tarchon scosse la testa. «Meglio ancora, lo ammazziamo. Filiamo nella tenda, prima tagliamo le palle e poi gliele buttiamo giù per la gola. Brutta fine per lui, bella serata per me».

«Be', magari non sarò un esperto sui modi dei romani», disse Massimo, «ma immagino che non la prenderebbero bene se un barbaro del Caucaso castrasse il loro prefetto del pretorio».

«Fanculo a loro», rispose Tarchon.

«In ogni caso», disse Balista cercando inutilmente di non ridere, «eliminare Volusiano potrebbe non essere abbastanza. Devono esserci altri congiurati».

«E perché?», domandò Massimo. «Se tu non avessi fermato quel senatore pelato prima che piantasse un pugnale nella gola di Gallieno, un'orda di leccaculo l'avrebbe acclamato imperatore in un attimo. E con il supporto dei pretoriani di Volusiano, avrebbero preso Roma prima del calare del sole».

«Il sole era già calato».
«È un modo di dire».
«L'esercito imperiale era a Mediolanum», disse Balista.
«Già», commentò Massimo.
«Da che parte ti schiereresti in una guerra civile: con l'esercito di Roma o con una manciata di guardie di palazzo come i pretoriani?».
Non c'era bisogno di rispondere.
«Volusiano doveva per forza avere un uomo di fiducia anche nelle file dell'esercito a Mediolanum. Almeno un ufficiale, per assicurarsi che, non appena la notizia dell'uccisione di Gallieno fosse arrivata al campo, le truppe si sarebbero schierate con il nuovo imperatore».
«Intendi dire che, se lasciati a loro stessi, avrebbero scelto uno dei loro generali a Mediolanum?». Massimo cominciava a capire. «Avrebbero scelto un comandante che conoscevano, o addirittura offerto il trono al ribelle oltre le montagne?»
«Esatto», rispose Balista. «Postumo ha la fama di essere un ottimo capo, in guerra».
«Quel comandante di cavalleria dalmata, Cecropio, è molto vicino a Volusiano», disse Massimo.
«In quel momento Cecropio era a Roma».
«E allora chi?»
«Non ne ho idea».
«Ottimo. C'è almeno un'altra persona, oltre al nostro amato prefetto del pretorio, che vuole ucciderti».
«No, non vuole uccidere *me*, vuole uccidere *noi*. Devono pensare che condivido tutto con voi. Per esempio, il sospetto che Volusiano sia un traditore».
«Cazzo».
Balista scoppiò a ridere. Per quanto fosse grave la situazione, era sempre difficile essere di cattivo umore in compagnia di Massimo e Tarchon. Ma era ora di rimettersi in marcia. Fece cenno ai trombettieri affinché suonassero l'ordine di tornare in sella.
«E Rikiar?», chiese Massimo.
«Non lo prenderanno di mira», rispose Balista.
«Ma anche lui fa parte della famiglia».
«Non è stato a lungo con me come voi. Anzi, credo che Volusiano ignori persino la sua esistenza».
Massimo sogghignò. «Grazie agli dèi si nota di più la mia presenza che quella del vandalo, anche se è probabile che sarà la causa della mia morte».

Montarono in sella e avanzarono fino al punto in cui il vessillo di Balista, un drago bianco, sventolava in testa alla colonna.

«Quindi a posto», disse Tarchon. «Rikiar vive, la gamba migliora, nessuno taglia la gola a nessuno».

«A meno che non si metta a declamare qualcuna delle sue poesie», intervenne Massimo. «A quel punto la gola tagliata potrebbe essere la sua».

Balista ordinò ai sei uomini che costituivano l'avanguardia di prendere posizione un centinaio di passi più avanti e disse al resto della colonna di avanzare al passo.

Con in testa *signiferi* e *bucinatores*, la Terza *ala* tracia si mosse in file da quattro. Balista si posizionò a lato della strada per vederla sfilare. Ogni soldato cavalcava con una gamba al di sopra dello scudo ovale legato ai due corni della sella in modo che pendeva da un fianco del cavallo. In questo modo potevano impugnarlo per difendersi ed essere pronti a combattere in qualsiasi momento. Ciò nonostante, appesantiti dall'elmo e dalla cotta di maglia, e con i *pila* stretti nella mano destra, i soldati erano sfiniti.

Balista osservò avanzare una fila dopo l'altra. Il primo squadrone montava dei morelli, il secondo dei sauri, il terzo dei grigi. Per quanto possibile, ognuno dei sedici squadroni utilizzava cavalli di colore diverso; era forse un segno di vanità, o magari di orgoglio di gruppo, arrivare a tanto per far sì che le *turmae* si distinguessero l'una dall'altra? Ormai contava poco: uomini e cavalli erano coperti di terreno e polvere, e gli intervalli tra uno squadrone e l'altro erano saltati. Balista contò circa trecento cavalieri. Erano partiti in cinquecento. Certo, era un dato indicativo dell'addestramento e dell'abilità dei soldati e della qualità dei loro cavalli, ma soprattutto equivaleva a una condanna senza appello per il loro ufficiale comandante, un uomo di rango equestre chiamato Solino. Malgrado tutto, gli uomini che erano ancora lì sembravano affidabili; quelli rimasti indietro si sarebbero uniti all'esercito in marcia e li avrebbero raggiunti nel giro di un giorno o due. A tempo debito, se Solino avesse pagato la sua inefficienza con la rimozione dall'incarico, la Terza tracia avrebbe costituito un'unità su cui poter fare affidamento.

Balista spronò il suo cavallo per raggiungere la prima linea. Quel castrone era stato un'ottima scelta: non troppo rapido, ma stabile e resistente. Aveva fatto bene a lasciare il suo Cavallo Pallido all'esercito affinché fosse condotto a Vesontio con più calma: gli anni cominciavano a pesare anche per lui. Era stato prelevato dalla tenuta di Giulia in

Sicilia e mandato al fronte per raggiungere il suo padrone, ma Balista l'avrebbe cavalcato solo in battaglia. Ne avevano passate troppe insieme per rischiare che si fratturasse una zampa in quella folle discesa dalle montagne.

Dopo aver raggiunto la testa della colonna, Balista ordinò di procedere al trotto. I *bucinatores* si portarono le grandi trombe alle labbra, e il segnale venne ripetuto dagli altri musicisti di ogni squadrone.

Mentre avanzava al ritmo familiare di un trotto leggero, Balista si ritrovò a pensare a Rikiar; se solo Massimo non l'avesse nominato... Il medico non aveva dovuto amputargli la gamba e non aveva infezioni, ma il vandalo era ancora troppo debole per essere spostato. Balista aveva lasciato con lui due dei quattro schiavi della *familia* al seguito dell'esercito, e Rikiar era stato sistemato in una delle locande del Summus Poeninus scampate all'incendio. Aveva con sé del denaro, e soprattutto l'ordine di non azzardarsi a viaggiare finché non si fosse ripreso del tutto. Al momento opportuno avrebbe dovuto affittare un carro per farsi riportare sul lato pacifico delle Alpi e cercare una nave diretta in Sicilia.

Sebbene non ne avesse ancora la certezza, Balista sentiva che il peggio era passato e che la sua guardia del corpo non sarebbe morta per la ferita. Ben più preoccupante era il fatto che Rikiar fosse bloccato a letto e non potesse difendersi. Gli schiavi erano stati acquistati da poco a Mediolanum, e non ci si poteva fidare di loro in quanto a protezione. Balista era il primo a non credere davvero a ciò che lui stesso aveva detto a Massimo: anni prima aveva prestato servizio sotto Volusiano, e sapeva che il prefetto del pretorio era un uomo meticoloso. La morte del figlio e del segretario del senatore congiurato dimostravano che Volusiano non aveva perso smalto: se Balista ci aveva visto giusto e il prefetto aveva davvero partecipato alla congiura per uccidere l'imperatore, Rikiar era in grande pericolo.

Le morti violente avevano accompagnato Balista fin da quando era arrivato nell'impero in qualità di ostaggio per conto di suo padre, il capo degli angli del lontano Mare di Svevia. In quei ventisette anni aveva visto morire innumerevoli uomini, molti dei quali per mano sua o su suo ordine. E poi amici e compagni che non era riuscito a salvare. Erano passati appena due anni da quando il vecchio Calgaco era andato a ingrossare le file dell'Ade; il caledone era stato al suo fianco fin dall'infanzia nel profondo Nord, viaggiando con lui fino a Roma. Per il quarto di secolo successivo l'aveva sempre accompagnato, prima da schiavo e poi da liberto: in Africa, in Hibernia o sul Danubio, dovunque Balista fosse stato mandato, Calgaco era partito al suo seguito. Nascondendo il suo affetto dietro una maschera di continue e petulanti lamentele, il caledone era sempre stato un rassicurante punto fermo in un mondo di incertezza. Poi, una notte nella steppa, un greco di nome Ippotoo l'aveva ucciso, e la colpa era stata di Balista: era stato lui ad assumerlo come segretario personale, ad accoglierlo nella *familia*, a non accorgersi della sua follia. La morte di Calgaco non era stata mai vendicata, e il fatto pesava ancora sulla coscienza di Balista. Se c'era una cosa da evitare, era che Rikiar finisse come il vecchio caledone.

«Al passo!».

Di nuovo il comando fu trasmesso lungo la colonna. Mancava meno di mezzo miglio al crinale che occludeva la vista sulla città.

Balista pensò a sua moglie e ai suoi figli: Giulia e il piccolo Dernhelm erano in Sicilia, mentre Isangrim, il primogenito, era a Roma per frequentare la scuola imperiale sul Palatino. A tredici anni, Isangrim attendeva con ansia di compierne quattordici per poter indossare la *toga virilis* che avrebbe segnato il suo ingresso nell'età adulta, secondo il costume romano. Ma era anche un principe legittimo della casa reale degli angli, e dunque un ostaggio, come lo era stato anche suo padre tanti anni prima nelle stesse aule polverose della scuola imperiale.

Un pensiero agghiacciante gli si formò nella mente, come una terribile creatura degli abissi che risale in superficie per seminare terrore. Isangrim era al sicuro? E gli altri? Balista aveva riconosciuto la voce del cospiratore solo dopo essere partito da Roma, quando ormai si era già separato dalla sua famiglia. Ma Volusiano non poteva saperlo, e non era da escludere che immaginasse che Balista si fosse confidato con moglie e figli prima di partire. Balista provò con tutto sé stesso a ricacciare quel pensiero nelle profondità da cui era emerso.

«Fermi!».

Erano arrivati ai piedi della collina, e vedevano già i sei cavalieri dell'avanguardia che risalivano il crinale.

«Smontate. Controllate le bardature, stringete bene i sottopancia».

La strada si biforcava davanti a loro: il percorso principale aggirava l'ostacolo, diretto a nord, mentre un sentiero più stretto si inerpicava lungo il fianco della collina.

«Capo esploratore!», chiamò Balista.

Il baio rimase tranquillo mentre Balista sistemava le cinghie che tenevano in posizione la sella; Cavallo Pallido avrebbe di certo provato a morderlo in quel momento.

«Signore».

Lo *speculator* che emerse dai ranghi era più vecchio di molti degli altri soldati. Balista sperò che si fosse guadagnato quel ruolo con merito, e non per qualche scambio di favori o per un capriccio del comandante dell'unità.

«Porta con te un uomo affidabile e risalite la collina tenendovi al di qua della linea dell'orizzonte. Da lì dovreste riuscire a osservare la città in basso. Fatemi sapere subito se notate qualcosa di sospetto».

«Sì, signore». L'esploratore abbozzò un saluto e si allontanò.

Balista si rivolse ai *bucinatores*. «D'ora in avanti bisogna trasmettere a voce tutti gli ordini lungo la colonna. Niente squilli di tromba, a meno che non sia io a dirvelo». Indicò uno degli uomini. «Riferiscilo ai trombettieri degli squadroni, e assicurati che capiscano».

«Non penserai davvero che ci aspetti qualche imprevisto?». Era stato Solino a parlare. Balista l'aveva scavalcato, scatenando l'ira dell'incompetente comandante della Terza tracia.

«Meglio non correre rischi inutili».

Balista osservò l'equestre: era più vecchio di lui, con la faccia pallida sporca di terra che tradiva tutta la sua stanchezza. Non era chiaramente preparato agli sforzi della marcia più di quanto lo fossero i suoi uomini.

Balista distolse lo sguardo e seguì con gli occhi il capo esploratore e il suo compagno che cominciavano a risalire la collina.

«Ma se il nemico fosse già lì avremmo visto qualche sentinella in cima al crinale». Nella voce di Solino c'era una punta di apprensione; non era soltanto un inetto, ma anche un codardo.

«Già, non abbiamo visto sentinelle, ma loro potrebbero aver visto noi». Balista parlò a voce alta per farsi sentire dai suoi uomini: «Preparate gli scudi. Pronti a montare in sella!».

Solino aveva l'aria di qualcuno che attende rassicurazioni.

«Quasi sicuramente si riveleranno precauzioni inutili», gli disse Balista.

L'equestre non sembrò acquietarsi.

«Montate!».

Balista risalì in sella sbuffando per lo sforzo. Forse era stato troppo duro con Solino: la marcia era stata dura per tutti.

Facendo ruotare il castrone all'indietro, Balista si rivolse alle truppe: «Formate i ranghi, mantenete la distanza tra uno squadrone e l'altro, cavalcate in silenzio e ascoltate gli ordini del vostro comandante!».

I soldati portarono in posizione i cavalli, ma lo spettacolo fu penoso e sgraziato. Alcune bestie avevano addirittura la forza di scalciare ancora.

«Avanzate al passo!».

Presto arrivarono al fiume, dove la strada svoltava a sinistra, proseguendo parallela agli archi di un acquedotto. Lungo la riva più vicina correva un'alzaia. Non c'era anima viva sulla strada o sul sentiero, e nessuna barca sul fiume.

Il calpestio di centinaia di zoccoli e i suoni metallici di armi e imbracature riecheggiavano contro il crinale, coprendo il rumore dell'acqua. Un pendio ripido a sinistra, un ampio fiume a destra: la strada era il posto perfetto per un'imboscata.

Massimo toccò il braccio di Balista e indicò la collina.

Uno degli esploratori stava scendendo dal crinale, procedendo con cautela e stringendo le redini con tutte e due le mani. Non sembrava avere fretta. Senza fermare la colonna, Balista aspettò che lo *speculator* lo raggiungesse.

«Signore», disse l'esploratore.

«Parla».

«La città è tranquilla, non c'è traccia del nemico». Ma sembrava che il soldato si stesse chiedendo se aggiungere altro.

«E...?»

«È *troppo* tranquilla. Le strade sono deserte, non si vede nessuno in giro».

«Torna al tuo posto».

L'esploratore fece il saluto e si allontanò.

Balista si voltò verso le truppe e parlò a voce abbastanza alta da farsi sentire dalle prime file.

«I mariti, così come i padri di figlie vergini, non amano uscire di casa per salutare l'arrivo di un'*ala* di cavalleria. Chi può dire quali delizie troverete nei vostri alloggi stasera?».

Solino non trattenne una smorfia di disgusto per la volgarità delle parole di Balista, ma le sue truppe approvarono ridendo. La battuta di quel nuovo ufficiale passò di squadrone in squadrone e fu accolta da ovazioni ripetute: quel rompipalle di un barbaro sapeva vivere da vero soldato.

Era uno dei fardelli del comando che un vero ufficiale non poteva mai mettere in discussione, e su cui solo di rado poteva esprimersi liberamente. Certo che i civili temevano l'arrivo dei soldati: la minaccia di saccheggi indiscriminati si univa al pericolo di stupri e rappresaglie. Nessuna comunità pacifica avrebbe visto di buon occhio una colonna di uomini armati. Ma Balista sapeva bene che, se fosse stato lui a dover tendere una trappola, la prima cosa che avrebbe fatto sarebbe stata esattamente quella: sgombrare le strade dagli abitanti.

Dopo che ebbero aggirato la spalla della collina, la città gli si presentò davanti agli occhi. Vesontio sorgeva in un'ampia ansa del fiume Dubis, riparata dalla barriera naturale costituita dal crinale ripido. Si entrava in città attraversando una porta maestosa, ma la struttura aveva ormai un valore puramente ornamentale: lunghi secoli di pace avevano reso superflue le difese cittadine. L'élite locale aveva speso i suoi soldi in altri modi. Invece di essere collegata a dei bastioni, la porta sorgeva accanto a un vasto ninfeo che raccoglieva l'acqua trasportata dal lungo acquedotto. Di sicuro Vesontio doveva offrire numerosi altri esempi di magnificenza civica – templi e teatri, statue e fontane – ma le case più vicine coprivano la visuale dell'interno della città.

«Signore!».

Balista sollevò lo sguardo sul crinale, verso il punto indicato dal soldato. Il capo esploratore stava tornando di corsa, inclinandosi all'indietro sulla sella per controbilanciare la pendenza. Nonostante la difficoltà della discesa, teneva un angolo del mantello alto sulla testa. Ogni singolo soldato sapeva cosa significava quel segnale: *Nemico in vista!*

Balista ordinò alla colonna di fermarsi.

Un trombettiere si portò alle labbra il suo strumento, ma Balista si sporse per abbassarglielo.

«Ricorda i miei ordini!».

Sollevandosi sui corni della sella, Balista fece segno ai sei uomini dell'avanguardia di tornare indietro; erano quasi arrivati alla porta della città.

Il capo degli *speculatores*, intanto, era giunto ai piedi del crinale senza particolari problemi. Sollevò una piccola valanga di pietruzze e terreno quando si avvicinò a Balista, che lo aspettava provando a calmare il suo cavallo sempre più inquieto.

«Cavalleria in arrivo, stanno entrando in città dal ponte all'altro estremo della strada principale».

«Quanti uomini?».

Il veterano scosse la testa. «Impossibile da dire con certezza, ma ho visto più di uno stendardo, quindi più di uno squadrone. Direi almeno un'*ala*, forse anche più».

«Quanto ci vuole ad attraversare la città?»

«La strada dev'essere lunga circa un miglio».

Solino si avvicinò a Balista con il suo cavallo. «Siamo arrivati troppo tardi».

«Silenzio!». Balista era concentrato sulla decisione da prendere e non lo guardò nemmeno.

In quel momento giunsero i sei uomini dell'avanguardia.

«Quanto è larga la porta?».

Gli uomini a cavallo si guardarono, stupiti per quell'interrogatorio inatteso.

«Quanti cavalieri affiancati possono passarci?»

«Tre, forse quattro?». Sembrava più una domanda che una risposta.

Balista si voltò verso la lunga schiera di uomini alle sue spalle.

«Formate colonne da tre, svelti! E fatelo in silenzio».

«Non starai pensando di combattere?», disse Solino. L'ufficiale allargò le braccia sconsolato, come per mostrare quanto, a suo avviso, fosse grande la follia di quella decisione. «Uomini e cavalli sono sfiniti».

«Ti ricordo che qui comando io».

«Vesontio è caduta, ed è nostro preciso dovere ritirarci e informare Gallieno».

«Lo decido io qual è il nostro dovere».

«Ma...».

Tarchon spinse il suo cavallo accanto a quello di Solino. «Meglio che tieni le parole al riparo nella bocca».

Terrorizzato, l'ufficiale non aggiunse altro ma sollevò gli occhi al cielo, dissociandosi da ciò che gli era stato ordinato.

Il silenzio fu spezzato dal nitrito di un cavallo.

Balista studiò il crinale e la città, provando a raffigurarsi il territorio dall'alto, come l'avrebbe visto un'aquila o un dio. Forse era davvero troppo tardi, ma valeva la pena correre il rischio; se le cose si fossero messe male, la collina avrebbe potuto offrire riparo all'*ala*. Certo, il prezzo sarebbe stato alto.

«Come ti chiami?», chiese Balista al capo degli *speculatores*.

«Fabio, signore».

«Fabio, prendi il comando dell'ultimo squadrone e riportalo al crinale. Se ci vedete tornare inseguiti dai nemici, prendete al fianco gli inseguitori e teneteli impegnati il più possibile per farci guadagnare tempo prezioso».

«Faremo ciò che ci viene ordinato e a ogni ordine saremo pronti».

«Ti è chiaro cosa voglio dire?»

«Chiarissimo, signore. Non ho mai pensato di essere immortale».

«Fabio, qualunque sarà l'esito dello scontro, ciò che farete oggi verrà ricordato».

«Ti ringrazio, signore».

Il veterano si allontanò verso l'ultimo squadrone.

L'*ala* era pronta, schierata in file da tre. Balista prese posto davanti ai suoi uomini. Non c'era tempo per uno dei lunghi ed elaborati discorsi che piacevano tanto agli storici. Ma qualche parola andava detta.

«Soldati della Terza tracia, preparatevi ad avanzare al piccolo galoppo. Lasciate a terra i giavellotti. Il nemico non si aspetta di dover combattere: una sola carica con le spade in pugno, e la città sarà nostra. Se la daranno a gambe».

Le aste di legno dei *pila* risuonarono sulla strada come grandine sulle tegole. Un attimo dopo, si udì il sibilo di centinaia di spade estratte dai foderi.

Balista tenne le redini e lo scudo con la mano sinistra, e con le cosce ordinò al cavallo di partire al piccolo galoppo.

«Seguitemi!».

Non si voltò indietro.

Sguainò Sole della Battaglia e si avvolse intorno al polso il laccio che pendeva dall'impugnatura. Sentire sotto le dita il cuoio dell'elsa gli diede uno strano conforto: era una sensazione familiare, stringere quel manico che dopo tanti anni aveva assunto la forma della sua presa. Con Massimo a sinistra e Tarchon a destra, Balista non temeva nulla.

Irruppero sotto le arcate dell'acquedotto, superando il muro esterno del ninfeo. La strada curvava a gomito davanti alla porta, che ora torreggiava sopra di loro: alte colonne, dèi e guerrieri scolpiti e dipinti a colori accesi contro il marmo bianco. Un attimo di penombra sotto la volta dell'ingresso monumentale e si ritrovarono di nuovo sotto il sole chiaro di mezzogiorno.

La strada principale era dritta come una freccia. Circa a metà, all'angolo con un portico di pietra chiarissima, c'era l'armata nemica. Gli stendardi sventolavano al di sopra degli elmi piumati degli ufficiali a cavallo e delle loro armature splendenti; dietro di loro c'erano i soldati. Erano truppe ausiliarie alla fine di una lunga marcia, stanche e ansiose di gettarsi sulla prima branda disponibile. Quegli uomini esausti erano venuti per prendere possesso di una città senza difese, e non potevano immaginare che non fossero soli.

Quando la dura verità fu impossibile da negare, le truppe parvero risvegliarsi dal torpore: in un turbinio di vessilli e pennacchi, gli ufficiali urlarono i loro ordini e le trombe squillarono per trasmetterli. I cavalli sembravano agitati e confusi.

Balista resisté all'impulso di lanciarsi subito alla carica per sfruttare l'effetto sorpresa e colpirli prima che ritrovassero un ordine di battaglia: trecento passi di distanza, troppi. Mai caricare al galoppo prima degli ultimi cinquanta passi.

Sulla sinistra si apriva una stradina riparata dal sole da una serie di grandi tende stese da un edificio all'altro. Neanche il tempo di notarla e l'avevano superata. Eccone un'altra sulla destra. Ma era troppo tardi per pensare a una manovra di aggiramento. Mancavano duecento passi: una sola carica, a testa bassa. Non c'era spazio per tattiche raffinate. Sarebbe stato uno scontro duro, acciaio contro acciaio. E sarebbe durato poco.

Cento passi.

L'entrata monumentale di un superbo *forum* completamente deserto comparve e scomparve l'istante dopo.

Cinquanta passi.

«Carica!».

Balista batté con i polpacci sui fianchi del cavallo per ordinargli di lanciarsi al galoppo, ma la bestia non gradì: correva con la testa piegata di lato, lottando contro il morso che aveva in bocca. Non era un cavallo da guerra.

Il nemico si era schierato in file da quattro, ma restava immobile.

In prima linea c'era un giovane ufficiale di bell'aspetto, dalla barba bionda e curata; Balista vedeva che stava incitando i suoi uomini, ma le sue parole si perdevano nel fragore delle urla e delle centinaia di zoccoli.

Non c'era tempo per organizzare una controcarica. Il nemico li avrebbe affrontati da fermo.

Un attimo prima dell'impatto, successe ciò che Balista temeva. È difficile costringere un cavallo non addestrato a caricare fino all'impatto con il nemico. Il baio puntò gli zoccoli e si rifiutò di proseguire. La frenata improvvisa portò Balista a rovinare sul collo dell'animale, e un altro cavallo si scontrò con il suo da dietro, facendogli perdere l'equilibrio. Balista lasciò andare lo scudo e sollevò la gamba destra sulla sella appena prima che il cavallo crollasse a terra, evitando per un pelo che gli schiacciasse lo stivale. Non c'era niente di peggio che restare con un piede intrappolato sotto un cavallo caduto.

Balista si schiantò al suolo e si sentì mancare il fiato. Decine di zoccoli gli scalpitavano vicinissimi alla testa. Da quella posizione, il tumulto della battaglia era impressionante. Riuscì a rialzarsi e provò a riprendere fiato. Grazie agli dèi il laccio di pelle legato al polso gli aveva impedito di perdere Sole della Battaglia.

C'erano alcuni cavalli a terra, altri che provavano a rialzarsi. Quelli che non erano caduti scalciavano e scartavano di lato, con il terrore negli occhi. I cavalieri finivano gli uni sugli altri, non riuscendo a gestire i movimenti incontrollati degli animali. La carica dei traci era già finita:

si era trasformata in una mischia in cui solo le prime linee riuscivano a scontrarsi. Quelli più indietro erano semplici spettatori.

Massimo era alle prese con il giovane ufficiale, mentre Tarchon si batteva da solo contro due cavalieri nemici, ma sembrava in difficoltà e i suoi movimenti erano impacciati. Balista si accorse che lo svan stava impugnando la spada con la mano sinistra, e si ricordò solo allora che aveva perso di recente due dita della destra.

Un cavallo passò vicinissimo a Balista e lo colpì alla schiena con i fianchi. L'impatto lo fece piegare sulle ginocchia, e di nuovo avrebbe perso la spada se non fosse stato per il laccio al polso. Si voltò e vide un cavaliere nemico pronto a colpirlo dall'alto. Sollevando d'istinto Sole della Battaglia, riuscì a deviare l'attacco all'ultimo istante. Prima che il suo assalitore potesse levare di nuovo l'arma, Balista gli afferrò il braccio destro e tirò con tutta la sua forza, facendolo cadere dalla sella. Il nemico gli cadde addosso, ma Balista rotolò di fianco e lo colpì al volto con il pomolo della spada. Tre colpi, quattro. Non c'era tempo per finirlo. Balista si rialzò a fatica.

Tarchon aveva perso la spada e lottava contro gli avversari agitando lo scudo come un animale messo all'angolo. Ma con ogni colpo, il legno si indeboliva: non lo avrebbe protetto ancora a lungo.

I due cavalieri che lo stavano assalendo erano troppo distratti dalla loro furia omicida per accorgersi dell'arrivo di Balista. Afferrò uno stivale al nemico più vicino, lo spinse verso l'alto e lo sbalzò a terra sul lato opposto. L'altro provò a voltarsi, ma fu troppo lento: Balista gli lacerò la coscia con la lama di Sole della Battaglia. Urlando di dolore, il cavaliere perse subito la voglia di infierire su Tarchon e si rintanò fra le truppe amiche, lasciando spazio alla fila successiva.

Aspettare e vedere gli altri combattere prosciuga ogni risolutezza anche nei soldati più motivati, consumando i nervi più in fretta di quanto farebbe un effettivo scontro armato. Nel bel mezzo di un combattimento non si ha la possibilità di riflettere sui rischi corsi, o su quanto sarebbe più comodo girare i tacchi e fuggire. Le file nemiche avevano visto abbastanza. A volte basta anche che un solo uomo si dia alla fuga per seminare il panico, come una scintilla in un campo di erba secca.

La strada si trasformò all'istante nel palcoscenico di una confusa ritirata.

Balista montò in groppa al primo cavallo senza padrone che gli passò accanto.

Il giovane ufficiale non si era arreso, e aveva ancora al suo fianco due dei suoi uomini.

«Tagliategli la ritirata!», urlò Massimo.

«No!», ordinò Balista. «È finita, lasciatelo andare».

Sempre meglio concedere al nemico una possibilità di ritirarsi, piuttosto che lottare inutilmente contro qualcuno che combatte per la sua vita.

Massimo si allontanò di qualche passo dal nemico.

I due cavalieri rimasti videro un'opportunità di fuga e la colsero al volo.

Lasciato solo, l'ufficiale si guardò intorno come se la sconfitta andasse oltre la sua comprensione. Poi voltò il cavallo e fuggì al galoppo.

«Ora inseguiamoli!», urlò Balista. «Non lasciamo che si schierino di nuovo!».

Le truppe in fuga avevano un certo vantaggio e gli uomini di Balista non sarebbero riusciti a riprenderle. Ma alla fine della strada, vicino al ponte, il nemico aveva piazzato dei soldati di guardia. Se non li avessero eliminati, tutti quegli sforzi sarebbero stati inutili.

Sporgendosi in avanti, Balista accelerò l'andatura del suo nuovo cavallo. Gli alti edifici ai lati della strada sfilarono in una successione confusa di pareti chiare e porte sbarrate.

Di fronte a decine di cavalieri del loro stesso schieramento in fuga, le guardie al ponte pensarono a mettersi in salvo: tagliarono le pastoie ai loro cavalli, saltarono in sella e guidarono la ritirata oltre il fiume.

Arrivato a pochi passi dal ponte, Balista si rese conto di essersi spinto molto più in là del resto dei suoi uomini. Spesso frenare una carica di cavalleria è più difficile che farla iniziare.

Balista si chinò all'indietro e tirò forte le redini, costringendo il cavallo a interrompere di colpo la corsa.

«Fermi! In formazione attorno a me!».

Posizionò il cavallo lateralmente in modo che occupasse buona parte della strada.

Le truppe erano sul punto di travolgerlo come un'onda. Se non si fossero fermate l'avrebbero schiacciato.

Balista allargò le braccia come se volesse fermarli con la forza bruta.

I cavalieri tirarono le redini e le loro bestie scivolarono in avanti cercando di mantenere l'equilibrio.

Uno dei cavalli non riuscì a fermarsi e finì nel fiume portandosi dietro il soldato, ma poco a poco tutti gli altri si riunirono intorno a Balista.

I traci si goderono la vittoria, ridendo e scambiandosi pacche sulle spalle. Lanciarono insulti ai nemici in fuga e urlarono per incitare lo sfortunato cavaliere trascinato nel fiume.

«Quaranta di voi più vicini al fiume smontino da cavallo».

Ubriachi di trionfo e di stanchezza, felici di aver affrontato il pericolo ed essere sopravvissuti, i soldati non lo ascoltarono, continuando a festeggiare.

«Ora!».

Qualcuno obbedì, poi gli altri capirono di aver esagerato e si affrettarono a scendere a terra.

«Uno ogni quattro porti via i cavalli, e il resto blocchi il passaggio al ponte. Formate un muro di scudi, spalla contro spalla».

Mentre i soldati mettevano in pratica i suoi ordini, Balista si voltò a guardare il resto dell'*ala* che era rimasta a cavallo. Vide la cresta di un ufficiale al comando di uno squadrone.

«Decurione, porta i tuoi uomini a sud lungo la riva e metti al sicuro tutti i ponti che trovi sul cammino».

Nella confusione della partenza dello squadrone, l'unico altro ufficiale che Balista riconobbe fu Solino; era la prima volta che lo rivedeva da quando era partita la carica.

«Solino, prendi uno squadrone e difendi i ponti a nord».

L'equestre assunse un'espressione indignata. «Devo restare con il grosso dei miei uomini».

«No, devi fare ciò che ti viene ordinato o subire le conseguenze delle tue azioni».

Solino esitò, poi, senza troppa convinzione, diede ordine ad alcuni dei suoi uomini di seguirlo.

Balista si slacciò l'elmo e lo appese a uno dei corni della sella, poi fece un respiro profondo e si passò una mano tra i capelli intrisi di sudore. Era strano sentirli così corti sotto le dita.

Padre di Tutti, non era ancora il momento di rilassarsi.

«*Stator*, avvicinati!».

Dove diamine è il cavaliere che trasmette dispacci? Che sia caduto in combattimento?

«Signore». L'ennesimo soldato più vecchio degli altri: dall'aspetto sembrava più un veterano che si era trovato una posizione pagata meglio invece che un cavallerizzo rapido.

«Prendi un cavallo riposato in città e corri a informare l'esercito. Di' a Gallieno che Vesontio è nostra».

«Faremo ciò che ci viene ordinato e a ogni ordine saremo pronti». La formula di rito era stata pronunciata senza ombra di entusiasmo.

Balista osservò gli altri soldati e indicò due di quelli che gli sembravano più promettenti.

«Voi due, fate lo stesso. Una moneta d'oro a chi arriva prima».

Massimo gli si avvicinò e gli porse una borraccia.

Balista bevve un sorso di vino forte, non diluito, e lo sentì bruciare in gola.

«Appena in tempo». Massimo puntò il dito oltre il fiume.

Una lunga fila di cavalieri nemici percorreva la strada che portava alla riva all'altro capo del ponte.

«E, cosa più importante, siamo ancora vivi, persino il vecchio Tarchon». Riprendendosi la borraccia, Massimo bevve un po' di vino e mormorò a Balista: «Il tuo amico Volusiano sarà molto deluso».

CAPITOLO CINQUE

Città di Vesontio
Tredici giorni prima delle calende di luglio

Con un gesto della mano Volusiano ordinò al suo schiavo di versargli altra acqua nel vino; voleva evitare di risvegliarsi il mattino dopo con la testa che gli batteva come se fosse sul punto di spaccarsi in due. L'imperatore non sembrava avere le stesse preoccupazioni. Gallieno beveva da una coppa d'oro: non c'era nulla di più volgare del vetro, stando alle sue parole. Di qualunque materiale fosse, la coppa non era mai vuota. Falerno campano, cecubo pontino e vitigni di Chio e di Lesbo: la dispensa dell'imperatore traboccava di vini da ogni angolo dell'impero. E Gallieno non beveva mai due coppe dello stesso vino.

Unico sobrio tra i rumorosi commensali, Volusiano osservò i fuochi dei due campi degli eserciti contrapposti, due linee di luci tremolanti distese sulla pianura scura. Vicino al fiume e alla città c'erano le tende delle forze imperiali. Circa un miglio più a ovest, quelle dei ribelli. Volusiano si chiese se anche Postumo e i suoi ufficiali si stessero riempiendo lo stomaco di vino la notte prima della battaglia.

Tipico di Gallieno, il modo in cui aveva ordinato che il piano più alto dell'anfiteatro di Vesontio fosse trasformato in una lussuosa sala da pranzo. Durante i giochi, quello era il livello destinato a donne e schiavi; Gallieno faceva sempre tutto al contrario. Nuovi vini arrivavano in ogni periodo dell'anno e si mangiavano meloni nel cuore dell'inverno, dissipando tesori come nulla.

Alcuni schiavi in livrea vennero a portare via i vassoi, e il secondo flautista in gara cominciò a suonare. Se possibile, era anche più scarso del precedente. Malgrado tutti gli sforzi, gli occhi che stavano per saltargli fuori dalle orbite e le guance gonfie come otri, non riusciva a mettere in fila due note corrette. Aveva la testa troppo grossa per il corpo esile, pochi capelli sparsi sul cranio calvo e lucido. Con i suoi movimenti sgraziati sembrava una scimmia senza peli, pensò Volusiano. Una scimmia ammaestrata, rasata e messa lì a rendersi ridicola.

Sui letti più distanti le chiacchiere avevano lasciato il posto a mormorii isolati. Gallieno stava ridendo, e la maggior parte dei convitati mostrava di condividere la sua allegria, anche se era impossibile stabilire con quale grado di sincerità.

Un servitore liberò il tavolo davanti al letto su cui era adagiato Volusiano. Era impressionante notare quanto cibo tornasse alle cucine senza nemmeno essere stato assaggiato. La prima portata era consistita in una quantità eccessiva di leccornie e prelibatezze, tra cui ostriche, lumache, e un'insalata di rucola e cerfoglio selvatico. Il cibo era ottimo, ma Volusiano mangiò con moderazione, limitandosi a un polletto e a un po' di pane secco accompagnato da lattuga. Consumare afrodisiaci la sera prima di una battaglia significava con ogni probabilità passare la notte senza chiudere occhio.

Bravo!

La fine dell'esibizione fu salutata con ovazioni di scherno. Se ci fosse stato ancora del cibo sulle tavole, il flautista avrebbe dovuto difendersi dal lancio di ossicini e verdure. Per sua fortuna, nessuno era tanto ubriaco da lanciare le coppe di vino.

Gallieno sollevò una mano per chiedere silenzio.

Il primo flautista andò ad affiancarsi a quello che aveva appena finito di suonare. Era più alto di lui, ma aveva una gobba pronunciata ed era tanto peloso quanto l'altro era calvo. Davanti al letto imperiale, quella coppia mal assortita aveva l'aria ansiosa, e a ragione.

«Lo stesso Radamanto, giudice dell'Oltretomba, avrebbe difficoltà a scegliere un vincitore in una simile gara», esordì Gallieno.

Tutti gli invitati, gli uomini più potenti dell'impero, applaudirono la sagacia e l'eleganza di quell'allusione al mito. Persino l'arcigno Volusiano colse l'ironia nelle parole di Gallieno. L'imperatore era per i presenti ciò che Radamanto era per i defunti, un giudice la cui sentenza non ammetteva appello.

«C'è ben poco da scegliere», proseguì Gallieno. «A entrambi manca il più minimo talento, e andrebbero scuoiati vivi come Marsia».

Stavolta Volusiano non si unì alle risate generali, perché non aveva capito il riferimento mitologico. In ogni caso, il prefetto del pretorio aveva una reputazione da difendere, ovvero quella di un uomo austero e distaccato. Nessuno l'aveva mai accusato di essere un leccapiedi.

«Il vincitore!».

Gallieno lanciò una borsa di monete e una cinghia di pelle al flautista più basso.

L'altro, stizzito, provò a spezzare in due il flauto battendoselo contro un ginocchio, ma gli ci vollero tre tentativi per riuscirci. Poi rivolse i palmi delle mani verso il vincitore, che li frustò con forza con la cinghia tra le urla di dolore del malcapitato.

Adesso i presenti ridevano a crepapelle. Poche cose divertivano l'élite romana quanto l'umiliazione e la sofferenza dei loro inferiori. Se le vittime avevano qualche deformità fisica, poi, era tutto ancora più spassoso. Volusiano non aveva origini altolocate, ma capiva perché quei ricchi godessero per la sofferenza di quel poveraccio: il grottesco, soprattutto se accompagnato da urla e gemiti, provocava il riso, e il riso teneva lontani i *daemones*. Persino un contadino lo sapeva, anzi, *soprattutto* un contadino. Ecco il problema: quel tipo di divertimento era più adatto ai cortili di campagna o ai vicoli dei bassifondi come la Suburra che alla corte imperiale.

Gallieno non era l'imperatore che era stato suo padre Valeriano. Il vecchio non avrebbe mai portato con sé buffoni e mimi durante una campagna militare; a dirla tutta, ne tollerava a stento la presenza persino a palazzo. Il prefetto del pretorio guardò sdegnato i giullari dell'imperatore: avevano un tavolo tutto per loro accanto a quello di Gallieno, al posto d'onore.

A Gallieno mancava la *dignitas* necessaria per ricoprire un ruolo così importante; alla compagnia di senatori e ufficiali militari preferiva quella di prostitute e protettori, buffoni e teatranti. Perdeva tempo a scrivere poesie e a dialogare inutilmente con i filosofi. Il denaro che sperperava era sulla bocca di tutti. Una statua colossale con le sue fattezze sull'Esquilino, un grandioso portico al Campo Marzio: il lungo elenco degli enormi progetti avviati e mai portati a termine prosciugava le casse dell'impero. Il più insensato di tutti era Platonopolis: che benefici traeva la *Res Publica* da una città remota nel cuore degli Appennini governata secondo le incomprensibili regole scritte secoli prima da un filosofo greco?

Gli schiavi servirono la portata principale esibendosi in gesti plateali e affettati. Al centro troneggiava un cinghiale intero, ma ad accompagnarlo c'era una miriade di altre pietanze, tra cui fagiani e pavoni in quantità.

Prima di ricominciare a mangiare, l'imperatore si alzò in piedi per proporre un brindisi. Indossava una tunica porpora e oro e una cintura tempestata di pietre preziose. Persino sui lacci degli stivali luccicavano rubini e zaffiri. I capelli sembravano ancora più biondi alla luce delle lampade a olio.

Tutti scattarono in piedi.

L'imperatore guardò in direzione di Volusiano e disse: «Agli amici assenti».

Per gli dèi inferi, questa non ci voleva!

Gallieno sogghignò.

Lo stratagemma avrebbe funzionato solo grazie al fattore sorpresa; non erano servite a niente le raccomandazioni di Volusiano?

Oh dèi, se l'imperatore avesse nominato Aureolo, il generale che mancava al banchetto... Maledette spie, infestano l'esercito come zecche!

«Ad amanti e mogli... che possano non incontrarsi mai!».

Gallieno fece l'occhiolino a Volusiano e vuotò la coppa.

Tutti lo imitarono, compreso il prefetto del pretorio.

Senza sedersi, l'imperatore si fece versare altro vino. Evidentemente ci sarebbe stato un ulteriore brindisi. Gli schiavi si affrettarono a riempire le coppe di tutti i presenti, e Volusiano annusò la sua senza dare nell'occhio: mamertino siciliano, facile da buttare giù, difficile da dimenticare il mattino dopo.

Gallieno portò una mano all'elsa della spada legata alla cintura, e il suo volto rosso di vino parve intristirsi.

«È per Salonino che impugniamo queste».

Tutti i *protectores* toccarono le proprie armi e pronunciarono quelle stesse parole.

Come sopraffatto dall'emozione, Gallieno si abbandonò sul suo letto.

Volusiano era presente al banchetto che l'imperatore aveva voluto commemorare con quel gesto. Erano tutti a cena a palazzo, a Roma, e gli ufficiali avevano lasciato le loro spade all'ingresso. Salonino era solo un bambino all'epoca, e per fare uno scherzo aveva nascosto le armi. Gallieno, divertito, aveva allora stabilito che da quel giorno in poi i *protectores*, i membri della sua ristretta cerchia di ufficiali fidati, avrebbero portato la cintura con la spada anche durante i banchetti con l'imperatore.

«Se ne è preso di tempo per decidersi a cercare vendetta», sussurrò Cecropio all'orecchio di Volusiano per non farsi sentire dal terzo commensale steso sul lettino, appena dietro il prefetto.

Erano passati cinque anni dalla rivolta in Gallia. Cinque anni da quando Postumo aveva ordinato che Salonino fosse giustiziato. Il ragazzo era stato decapitato, il corpo nemmeno sepolto. La sua ombra era condannata a vagare nel mondo dei vivi per l'eternità, senza mai trovare pace.

Subito dopo l'uccisione Gallieno aveva varcato le Alpi, ma la campagna non aveva portato ad alcun risultato ed era stata presto abbandonata. Ci erano voluti cinque lunghi anni affinché l'imperatore ci riprovasse.

«La ruota della giustizia si muove lentamente, ma schiaccia tutto ciò che incontra sulla sua strada». Volusiano aveva parlato a voce alta. «Come Marco Antonio, il nostro nobile imperatore sa sempre quando è il momento di mettere da parte il piacere per dedicarsi al dovere. La sua vendetta sarà inesorabile».

Il terzo commensale sul letto mormorò una preghiera: «Che gli dèi possano guidare la sua mano». Ma Cecropio si limitò a un sorriso di circostanza.

Volusiano non era del tutto sicuro che il paragone con Marco Antonio fosse appropriato: quel poco di istruzione l'aveva acquisita da solo, sudando sui libri nei rari momenti liberi da quando aveva raggiunto la posizione elevata che ricopriva.

E così finalmente Gallieno era sceso in campo. Volusiano non metteva in dubbio il coraggio dell'imperatore né la sua capacità di comandare le truppe se necessario. Una volta eliminato Postumo lì in Gallia, avrebbe marciato verso est per unire le sue forze e quelle di Odenato di Palmira, il suo *rector Orientis*, allo scopo di muovere guerra ai persiani e sottrarre Valeriano alla prigionia. A quel punto, liberato il padre, Gallieno avrebbe trovato il modo di uccidere Odenato e ristabilire il vero controllo di Roma su tutto l'impero. Se l'imperatore avesse compiuto il suo dovere, sarebbe andato tutto nel verso giusto.

Volusiano assaggiò solo della carne di fagiano, facile da digerire; aveva ancora molto da fare quella notte e non voleva risvegliarsi gonfio di cibo e vino.

Nel frattempo, tre danzatrici di Gades avevano rubato la scena. Coperte di vesti quasi trasparenti, agitavano le loro grazie in una danza lasciva. Chi aveva mangiato ostriche avrebbe fatto fatica a nascondere il suo gradimento.

Volusiano osservò il cielo stellato: la luna era avanzata, era quasi la seconda *vigilia*. A breve avrebbe dovuto lasciare il banchetto.

Urla improvvise.

Volusiano saltò dal lettino e mise mano alla spada ancora prima di capire da dove venissero. Cecropio era al suo fianco, le dita già strette sull'impugnatura dell'arma. Quasi tutti i *protectores* erano in allerta.

Il letto dei giocolieri era collassato, colpendo i tavoli vicini e riversando a terra vassoi e coppe ancora piene di vino. Gli stessi buffoni di corte erano rotolati sul pavimento, con abiti macchiati e avanzi di cibo tra i capelli.

Gallieno rideva e batteva le mani per quello spettacolo inaspettato. La sua allegria si diffuse anche agli altri tavoli, e l'allarme rientrò.

Tornando a sdraiarsi sul letto, Volusiano si sforzò di sorridere come un vecchio zio di fronte alla bravata innocua del nipotino: il lettino mezzo rotto era uno scherzo che risaliva almeno all'imperatore Eliogabalo.

Quando le risate si spensero, Volusiano si chiese come avrebbe dovuto comportarsi se Gallieno non avesse fatto il suo dovere fino in fondo. Certo, l'imperatore sapeva combattere quando non era ubriaco e l'esercito l'avrebbe seguito in capo al mondo. Ma era anche imprevedibile e mancava di costanza: la sua attenzione volava di qua e di là come un'ape su un prato fiorito. L'imperatore aveva una grande pecca: la sua fatale frivolezza. Volusiano, invece, si era sempre vantato di essere un uomo che affrontava le difficoltà di petto, senza sottrarsi alle scelte più delicate. Bisognava essere onesti con sé stessi.

La prima congiura era stata troppo frettolosa e mal pianificata e Volusiano sapeva di avere buona parte della colpa. Si guardò intorno studiando gli invitati. Cecropio era lì accanto a lui. Dalla parte opposta rispetto al tavolo principale c'era il *protector* Eracliano, e poco più in là due senatori: Acilio Glabrione e Nummio Faustiniano. Il prefetto del pretorio fece attenzione a non soffermarsi troppo a lungo sui congiurati, ma quando i suoi occhi si posarono su Balista, l'uomo che aveva sventato il piano, lui sollevò di colpo il viso e incrociò il suo sguardo.

Volusiano sollevò la coppa e sorrise.

Balista fece lo stesso, ma i suoi occhi azzurri sembravano quasi neri alla luce fioca delle lampade.

Ha capito tutto, pensò Volusiano. Solo gli dèi potevano sapere come aveva fatto – Volusiano era stato molto attento a coprire le sue tracce – ma Balista aveva intuito che il prefetto del pretorio era coinvolto nel tentativo di assassinare l'uomo che aveva giurato di proteggere. Dovevano essere stati dei piccoli dettagli a tradirlo, dal momento in cui erano partiti da Roma. Durante la marcia, o nel corso delle riunioni del consiglio imperiale, più di una volta Volusiano aveva sorpreso Balista a osservarlo, e gli era parso di notare uno sguardo indagatore o un'espressione quasi sdegnata sul volto del barbaro.

Balista non poteva capire. Non era tradimento, il suo. Quando un imperatore nominava un prefetto del pretorio gli consegnava una spada. *Se governerò bene, usa questa lama a mio favore. Se governerò male, puntala contro di me.*

E Gallieno non aveva governato bene.

Non era stato il primo imperatore a donare la spada a Volusiano: suo padre, Valeriano, lo aveva tirato fuori dall'anonimato di una carriera militare come tante, prima nominandolo comandante delle guardie a cavallo, poi promuovendolo a prefetto del pretorio. Lui sì che era stato un ottimo imperatore. Ma ora i persiani lo tenevano prigioniero da qualche parte in Oriente. Era stata una vergogna per tutto l'impero e aveva minacciato la sicurezza stessa di Roma. Se quel figlio inaffidabile non voleva spingersi a est per liberare Valeriano, bisognava rimpiazzarlo con un imperatore disposto a farlo. La lealtà di Volusiano spettava a un solo imperatore, malgrado in quel momento fosse in mano nemica.

Era ora di andare. Volusiano si asciugò il mento con un panno pulito e si alzò dal letto, dirigendosi verso l'imperatore. Gallieno lo seguì con lo sguardo mentre si avvicinava.

Il prefetto gli rivolse un saluto militare; perfino sotto quell'inetto di Gallieno un banchetto non era il posto giusto per inchinarsi in adorazione.

«Mio signore, con il tuo permesso vorrei andare a ispezionare il campo».

«Così presto?», chiese Gallieno sorseggiando vino. «I giocolieri hanno ancora altri numeri da mostrarci».

«Mio signore, se voglio ridere di un buffone non devo cercare lontano. Mi basta guardarmi allo specchio».

L'imperatore sollevò la coppa in segno di approvazione per la battuta riuscita.

«Qual è la parola d'ordine per domani, mio signore?»

«Direi "Salonino"».

«"Salonino" sia, mio signore».

Mentre si allontanava, il coro *Salonino! Salonino!* lo accompagnò per le scale.

Il ricco e sfarzoso padiglione del prefetto del pretorio profumava di cannella e incenso.

Volusiano fece segno al suo servitore di andare via. Rimasto solo, si sfilò la cintura con la spada e la appese accanto al cuscino del letto da campo. Stanco per la lunga giornata, si stese sulle coperte. Era più tardi di quanto avrebbe voluto, di lì a quattro ore sarebbe sorto il sole.

Aureolo aveva ricevuto le istruzioni finali: Volusiano lo aveva visto allontanarsi con i suoi uomini per la strada scura. Con un po' di fortuna, la loro partenza sarebbe passata inosservata nel campo nemico. La notte era buia, e il banchetto di Gallieno, rumoroso e illuminato da mille fiammelle, avrebbe dovuto attirare eventuali sguardi indiscreti.

Quando Aureolo era scomparso alla vista, il prefetto si era aggirato per il campo. Le sentinelle erano sveglie e si trovavano ai loro posti di guardia, mentre il resto dell'armata dormiva. Volusiano aveva informato gli ufficiali della nuova parola d'ordine. Ora aveva davvero svolto tutti i suoi compiti; ciò che sarebbe accaduto al mattino era nelle mani degli dèi.

Sapeva che avrebbe dovuto prendere sonno. Si tolse tunica e stivali e li sistemò accanto al letto, nel caso avesse dovuto risvegliarsi di colpo, poi si infilò nudo sotto il lenzuolo.

Era una notte calda, non c'era bisogno di coprirsi troppo. L'unica fiammella rimasta accesa, quella di una piccola ma splendida lampada in bronzo, proiettava la sua debole luce sull'interno della tenda: l'armatura dorata sul supporto; tavoli e sedie di legno pregiato; tappeti esotici a terra. Tutte cose sconosciute durante la sua infanzia nelle campagne etrusche. I mobili della baracca dove aveva vissuto erano di legno locale, rozzi e fatti a mano da suo padre. Tutta la famiglia dormiva in una sola stanza, gli animali nell'unica altra della casa. Di quattro fratelli e una sorella, Volusiano era stato l'unico a sopravvivere fino all'età adulta. Strangolato dai debiti, suo padre aveva dovuto vendere il terreno. L'esercito aveva offerto al giovane Volusiano una via di fuga. Ne aveva fatta di strada, il prefetto del pretorio.

Volusiano pensò a suo figlio, nato in circostanze così diverse dalle sue. Publio era stato questore, e la magistratura gli aveva aperto le porte del Senato. Aveva l'aspetto di un qualsiasi membro dell'élite romana, modi e atteggiamenti che Volusiano poteva solo provare a imitare, senza mai riuscire a fare propri. Il ragazzo viveva una vita privilegiata e passava il suo tempo tra battute di caccia e banchetti. Non sapeva nulla delle macchinazioni del padre, né della congiura fallita. Ma la sua innocenza non l'avrebbe salvato, se il piano di Volusiano fosse stato scoperto. Bisognava evitarlo a ogni costo.

Tre dei congiurati erano già morti; ne restavano quattro, oltre allo stesso Volusiano. Cecropio ed Eracliano, due uomini dell'esercito, erano affidabili, sebbene sul secondo il prefetto avesse qualche dubbio. Di tutt'altra pasta erano i senatori Acilio Glabrione e Nummio Faustiniano, anche se persino ai loro occhi di politicanti doveva essere chiaro che denunciando la congiura avrebbero finito per denunciare anche loro stessi. E poi Gallieno non aveva buoni rapporti con il Senato: nel caso fossero volate accuse incrociate, avrebbe di certo creduto alla parola del prefetto del pretorio. Volusiano era combattuto. Se Gallieno si fosse sottratto al suo dovere, se fosse ricaduto nell'indolenza e nella frivolezza, sarebbe stato necessario un altro tentativo per eliminarlo. Ma questa volta nulla doveva andare storto. E in quell'impresa disperata l'aiuto dei senatori era indispensabile. Ma nel frattempo costituivano un'insidia, soprattutto nel caso in cui la congiura si fosse rivelata non necessaria. Una guerra civile portava via tante vite, e nel caos delle lotte gli assassini restavano spesso impuniti; sarebbe stato meglio che i due senatori finissero nel novero dei caduti.

Infine, c'era Balista. Nonostante fosse un barbaro, a Volusiano piaceva. Era un soldato come lui, un vecchio compagno d'armi. Avevano combattuto insieme nella battaglia di Spoletium che aveva portato Valeriano sul trono. Un uomo che ce l'aveva con lui aveva provato a imbastire un piano per uccidere Balista, ma era stato un pessimo errore che gli era costato la vita. Balista non era soltanto sopravvissuto, ma aveva anche sventato l'assassinio di Gallieno. Pur non avendo prove, Volusiano era sempre più convinto che Balista sospettasse di lui e del suo ruolo nella congiura contro l'imperatore.

Volusiano aveva sperato che il problema si risolvesse da sé: già due volte, durante quella campagna, aveva assegnato a Balista delle missioni da cui raramente si tornava vivi. Ma il barbaro era sopravvissuto a entrambe. Il prefetto amava definirsi un uomo pragmatico. Mai voltare lo sguardo altrove di fronte a un problema, mai prendere decisioni affrettate, tranne sul campo di battaglia. Ma una volta stabilito un piano, mai arrendersi prima di portarlo a compimento. Ora che aveva dato il via alle danze, poteva rilassarsi almeno fino al mattino. Con il volere degli dèi, sarebbe stato l'acciaio nemico a uccidere Balista e risolvere il problema per lui.

Con la testa finalmente sgombra da pensieri, Volusiano si girò su un fianco e chiuse gli occhi per riposare. Era un peccato che Balista dovesse morire, ma non c'era altra strada.

CAPITOLO SEI

Piana di Vesontio
Dodici giorni prima delle calende di luglio

A volte agli dèi serve un piccolo aiuto per rendere più chiaro il loro volere. I fegati delle prime due vittime non erano stati propizi, e Postumo non aveva alcuna intenzione di lasciare che fosse così anche per il terzo. Mentre i sacerdoti si apprestavano ad aprire il ventre della pecora per estrarne le viscere, Postumo si fece scivolare di nascosto nel palmo della mano il piccolo oggetto di ferro a forma di "v".

L'esercito schierato attendeva. Il sole non aveva ancora scacciato la foschia delle prime ore del mattino, ma l'assenza di nuvole in cielo prometteva una bella giornata.

Il sacerdote capo dispose le viscere fumanti sull'altare.

Con la dovuta riverenza, Postumo prese il fegato tra le mani e lo sollevò per esaminarlo e stringerlo tra le dita, mentre il sangue gli colava sulle braccia.

Tutti trattennero il fiato in attesa del responso.

«Vittoria!», gridò l'imperatore.

Quando mostrò agli altri il fegato sollevandolo con la mano destra, i più vicini riuscirono a distinguere il marchio a forma di "v" che indicava la lettera greca *ni*, la prima di *Nike*.

Un'acclamazione liberatoria si levò da ufficiali e soldati. Era lo stesso segno che, anni prima, era comparso quando Postumo aveva tratto gli auspici prima di sconfiggere i franchi a Deuso.

«Per Ercole Deusoniense», mormorarono i soldati.

Lo schiavo più anziano della *familia* di Postumo porse al padrone dei panni con cui ripulirsi dal sangue. L'imperatore ne usò uno per avvolgere e nascondere l'oggetto di ferro, poi lo consegnò al suo servitore fidato.

A Deuso non c'era stato bisogno di quel sotterfugio. Postumo era sicuro che quel segno fosse arrivato da Ercole in persona. Erano giorni che sentiva la presenza del dio al suo fianco, a guidarlo e proteggerlo;

ogni impresa in cui si era avventurato si era rivelata un successo. Di recente, però, aveva cominciato a sentirsi abbandonato e perso. L'anno prima le sue truppe avevano subìto la loro prima sconfitta, quando Gallieno si era ripreso la provincia della Rezia, a nord delle Alpi. Dato che gli dèi sembravano averlo abbandonato, si sarebbero offesi ora per quel trucco meschino?

Ma non c'era tempo per starsene a riflettere sul volere degli dèi e non si potevano ignorare i rituali da svolgere prima della battaglia.

Postumo salì sulla tribuna riservata al comandante. Non era né alta né elaborata: era fatta di semplici zolle di terra ammassate, ma serviva comunque al suo scopo, ovvero quello di elevare l'imperatore un po' più verso il cielo. Dall'alto, Postumo osservò i ranghi serrati del suo esercito.

«Soldati di Roma, oggi non ci battiamo per la causa di un solo uomo, ma per libertà e giustizia! Tutti voi sapete che non avevo alcuna ambizione di diventare imperatore. Siete stati voi e il popolo della Gallia ad acclamarmi come tale. Abbandonate dal tiranno Gallieno, le province occidentali erano oppresse dalla minaccia dei barbari. Alla luce delle fiamme che consumavano città e campagne, franchi, alemanni e turingi seminavano morte e violenza tra Gallia e Hispania; caledoni e ibernici devastavano la Britannia. Se voi non aveste nominato un vostro difensore, non sarebbe rimasto nessuno a piangere i morti».

Postumo fece una pausa a effetto, soddisfatto del suo richiamo al pianto funebre.

«Non avevamo scelta, né io né voi. Ma lo stesso non può dirsi di quell'effeminato che osa fingersi imperatore. Sapete tutti che gli ho scritto per assicurargli che non avrei oltrepassato le Alpi. Gli ho offerto la pace. Ma lui ha preferito dare sfogo al suo orgoglio ferito e ha varcato le montagne. Ha scelto la guerra».

Si era sollevata una leggera brezza che accarezzava le creste degli elmi e agitava gli stendardi delle truppe. Pochi soldati riuscivano a sentire le parole del loro imperatore, ma Postumo aveva ordinato che per ogni unità ci fosse un ufficiale ai piedi della tribuna che ascoltasse bene il discorso e lo riferisse poi agli altri per sommi capi.

«In guerra contano tre cose: il coraggio, la disciplina e il favore degli dèi. Di quest'ultimo abbiamo appena avuto prova. Il volere degli immortali si è manifestato davanti ai nostri occhi; e come poteva essere altrimenti? Gli dèi sono sempre a favore di chi sostiene una causa giusta. Non siamo stati noi a cercare questa guerra. Combattere per difendersi è sempre giusto. Gli dèi puniranno quell'empio impostore che costringe migliaia di miserabili a morire in nome della sua vanagloria».

Un mormorio di approvazione si diffuse fra le truppe.

«Non ho bisogno di ricordarvi il vostro coraggio. Quante volte abbiamo sconfitto i selvaggi franchi e turingi? Se proprio vi serve un promemoria, guardate dove sono schierati ora quegli stessi barbari: nel nostro esercito. È stato il nostro valore a far sì che da fieri nemici diventassero leali seguaci».

La presenza degli alleati non poteva essere ignorata, ma le parole di Postumo erano state scelte con cura. Aveva evitato di specificare che solo alcuni dei barbari erano stati sconfitti, e che c'erano ancora dei franchi che combattevano le sue truppe sui Pirenei. I capi barbari che avevano portato le loro bande di guerrieri a Vesontio erano stati lautamente ricompensati. Senza le miniere d'argento ispaniche, l'impero di Postumo sarebbe stato in grave pericolo.

In ogni caso, l'accenno ai guerrieri barbari fu accolto da un silenzio ostile; molti dei soldati consideravano i propri alleati germani poco più che animali selvatici appena ammaestrati. Meglio averli come alleati che come nemici, ma meglio ancora non fidarsi di loro.

«Per quanto riguarda la disciplina... La notte scorsa, soldati, abbiamo consumato la nostra razione di cibo sotto i vessilli delle truppe. Al tramonto le sentinelle hanno montato la guardia, mentre gli altri uomini sono andati a riposare nelle tende. Ma a disturbare il nostro sonno sono arrivati i rumori delle gozzoviglie del campo nemico. Oggi ci siamo risvegliati riposati e sicuri dei nostri mezzi, mentre coloro che tra poco cadranno sotto i nostri colpi stanno ancora cercando di capire dove si trovano. La testa gli martella, hanno lo stomaco sottosopra e le mani che tremano, e si maledicono per la loro stessa sconsideratezza».

Era il momento di concludere il discorso con un tema molto caro ai soldati.

«Quando Gallieno si trascina tra palazzi del potere, bordelli e bagni termali, quando il suo stesso demone lo costringe a scendere in campo, si porta al campo ciò che trova. E i suoi ufficiali fanno lo stesso. Nelle loro tende sono ammassate le ricchezze dell'Italia, dell'Africa e di tutto l'impero. Una volta che li avrete scacciati da Vesontio, una volta che li avrete mandati a nascondersi tra i monti, quei tesori saranno vostri!».

Il boato dei soldati dimostrò la loro approvazione.

«Le nostre parole d'ordine saranno *Libertà e Abbondanza*!».

Allo squillo delle trombe, gli ufficiali rivolsero il saluto militare all'imperatore e cavalcarono verso le postazioni.

Postumo restò solo, a osservare le truppe dalla tribuna. La foschia si era diradata, e il sole proiettava lunghe ombre sulla dolce pianura ondulata. Il mattino odorava di legna bruciata e cavalli.

Davanti ai suoi occhi, dettagliato come un dipinto, si apriva il paesaggio della battaglia: la pianura con gli eserciti schierati, le colline boscose a nord, e a est, al di là delle schiere nemiche, il fiume e la città. Postumo studiò le proprie forze schierate in modo del tutto conforme alla tradizione militare romana: la fanteria pesante occupava il centro, dando le spalle agli arcieri; la cavalleria era divisa su due ali, e la riserva era composta dai pretoriani e dalle guardie a cavallo di Postumo.

L'imperatore sollevò lo sguardo verso le file nemiche. L'esercito di Gallieno era disposto allo stesso modo. Nella fanteria pesante c'erano più o meno lo stesso numero di uomini per entrambi gli schieramenti, circa venticinquemila per parte. Difficile averne la certezza da quella distanza, ma sembrava che Gallieno avesse più arcieri. Di certo la sua riserva era composta da più uomini, schierati su una collinetta poco distante. A giudicare dal numero degli stendardi, Gallieno aveva al seguito circa tremila pretoriani, contro i mille di Postumo. Il gruppetto compatto schierato accanto ai pretoriani doveva essere composto dai cinquecento guerrieri della guardia germanica dell'imperatore.

Malgrado il numero di soldati di fanteria pendesse a vantaggio del nemico, Postumo si rese conto che altri fattori giocavano a suo favore. Le spie avevano parlato di una grande armata di cavalieri, ma quelli schierati in campo erano pochi. A destra, Postumo notava un certo equilibrio, circa duemila uomini a cavallo contro altri duemila, ma a sinistra i suoi tremila cavalieri ne avevano davanti non più di un migliaio. Era lì che bisognava vincere la battaglia: mettere in fuga i cavalieri nemici, impedire che le sue truppe li inseguissero, e poi – a gran velocità, prima che i soldati di riserva intervenissero – ordinare ai soldati di colpire la fanteria di Gallieno sul fianco. Qualunque esercito si sarebbe visto perso, se attaccato di lato o da dietro: era uno dei capisaldi della guerra. Quando la scintilla di panico attacca tra le file di soldati, le fiamme divampano e si propagano come una peste.

Certo, lo stratagemma avrebbe richiesto tempismo perfetto e ordini tempestivi, ma durante una battaglia a Postumo non erano mai mancati né il coraggio né l'acume. In testa sua si stava già svolgendo il combattimento, era come se immaginasse la coreografia dei gladiatori in un anfiteatro. Una volta che la fanteria di Gallieno avesse rotto lo schieramento, ci sarebbe stato il caos. Tre barriere ostacolavano la fuga dei nemici. Alle loro spalle c'erano l'accampamento e le case dei sobborghi di Vesontio, e al di là di quel dedalo di tende esisteva un solo ponte che portasse in città. Schiacciati in quella strettoia come in un imbuto, gli uomini in fuga avrebbero offerto le loro schiene indifese alle lame nemiche. La sera prima, durante il consiglio di guerra, i membri della cerchia di Postumo più assetati di sangue – Mario su tutti – si erano detti ansiosi di partecipare al massacro, ma l'imperatore aveva ordinato di non fare vittime inutili e limitarsi a mettere in fuga il nemico. Se Gallieno non fosse morto in battaglia, non sarebbe comunque sopravvissuto a lungo: ci avrebbero pensato i suoi stessi uomini a eliminarlo dopo la sconfitta. I soldati nemici erano pur sempre cittadini romani, e all'impero non avrebbe giovato in nessun modo massacrare migliaia dei suoi uomini già addestrati alla guerra.

I pensieri di Postumo furono interrotti da uno squillo di trombe lontano, seguito da un'acclamazione.

Una schiera di cavalieri, le armature abbaglianti alla luce del sole, stava avanzando verso le prime file dell'armata nemica. Sopra il capo di ciascun ufficiale veterano, il vessillo dell'unità risplendeva. Alla testa del gruppo c'era un uomo alto e grosso, in sella a un cavallo bianco.

Più avanti c'era un uomo solo a cavallo, con le spalle coperte da un mantello color porpora. E così quel depravato di Gallieno aveva deciso di scendere in campo.

Senza volerlo, Postumo si gettò uno sguardo alle spalle: il suo esercito, a differenza di quello nemico, aveva una linea di ritirata senza ostacoli. Una strada in ottime condizioni tagliava la pianura per un paio di miglia prima di attraversare un ponte di legno, che avrebbe costituito un ottimo punto per prendere tempo in caso di necessità. Se la giornata non fosse andata come sperato, la gran parte dell'esercito sarebbe comunque riuscita a mettersi in salvo.

Un generale doveva sempre prepararsi al peggio, ma quei pensieri equivalevano ad attrarre la sfortuna.

Cogli l'attimo, non dare a Gallieno il tempo di smaltire i bagordi notturni e fare un discorso alle truppe. Sfrutta il vantaggio di essere sceso in campo per primo.

«Suonare l'avanzata!».

I trombettieri ai piedi della tribuna diedero il segnale, che fu ripreso e trasmesso lungo le file.

Cogli l'attimo! Postumo si sistemò l'elmo sulla testa e strinse i lacci. *Carpe diem!* Scese i gradini della tribuna. Uno scudiero gli avvicinò il suo cavallo, un altro gli diede l'appoggio per montare in sella. Avvolto da un'aura di calma e concentrazione, Postumo prese posto nella prima linea delle sue guardie a cavallo.

Il tempo non scorre mai così lento come nei minuti che precedono una battaglia. La fanteria avanzò lentamente, la cavalleria si mosse al suo passo. Migliaia di stivali e zoccoli sollevarono le prime nuvole di polvere e terra, polvere che presto avrebbero coperto tutto il campo.

Arrivò il debole suono delle trombe nemiche: anche l'esercito di Gallieno stava avanzando. Ora che il primo passo era stato fatto, solo un intervento divino – un fulmine dal cielo senza nuvole, un terremoto o l'apparizione di un dio – avrebbe potuto fermare il massacro.

Postumo guardò verso le colline a nord, coperte di foreste. Solo pochi uccelli si sollevavano in volo dagli alberi turbando la quiete del paesaggio. Di colpo gli tornò in mente l'immagine nitida della valle in cui aveva trascorso l'infanzia, sulle sponde del Reno: la paglia e le tegole rosse dei tetti delle fattorie, il verde scuro dei pascoli, l'argento del grande fiume. Ricordava ancora l'odore del fango degli argini, l'oro del grano maturo, i richiami delle rondini. L'esercito era tutta la sua vita, ma la guerra era un abominio.

«E così si aprono i giochi!».

Postumo fu richiamato bruscamente alla realtà.

Meciano, il comandante delle guardie a cavallo, sembrava divertito come stesse assistendo a uno spettacolo circense.

Le prime ondate di frecce cominciarono a volare da una parte all'altra, e i primi fanti morti o feriti caddero. La falange di Postumo continuò ad avanzare lasciando i caduti a punteggiare il terreno come fiori su un prato.

C'era qualcosa di sovrumano, o forse sarebbe stato meglio dire *disumano*, nel vedere degli uomini che morivano da una distanza di sicurezza.

Altri squilli di tromba: la cavalleria di ciascun schieramento si mosse al trotto, poi accelerò al piccolo galoppo. Le unità sapevano che avrebbero dovuto lanciarsi davvero al galoppo solo una volta che si fossero trovate vicine al nemico.

Ora la nuvola di polvere si faceva sempre più densa.

«Dovremmo andare», disse Meciano.

«Non ancora».

Pur avendo iniziato a odiare la guerra, Postumo ne conosceva bene i capricci, come un uomo conosce quelli di una moglie rosa dal rancore. Le guerre il cui esito veniva deciso dalla carica iniziale della cavalleria si contavano sulle dita di una mano; quasi sempre, uno squadrone dopo l'altro, le truppe si alternavano a caricare, lottare per un po' e poi si ritiravano per raccogliere le forze e caricare ancora. Fatica e paura prosciugavano la scorta di coraggio di tutti i soldati come olio che gocciola dal foro di un'anfora. A meno che una forza esterna non fosse intervenuta, la vittoria sarebbe andata a chi avrebbe dimostrato di avere più scorte.

Un boato si propagò per la pianura: le due fanterie si erano scontrate. Ora la polvere era ovunque, e la brezza era troppo debole per disperderla. Si vedeva ben poco della battaglia, solo qualche riflesso metallico di tanto in tanto, o uno stendardo sventolato.

«Guardie a cavallo, prepararsi ad avanzare». Postumo si rivolse a Vittorino: «Il vessillo imperiale resterà con te e i pretoriani. Anche se Gallieno riuscisse a vedere qualcosa in mezzo a questa nuvola di terra, non capirà comunque cosa stiamo facendo».

«Sì, signore».

«Avanti, al passo!».

I soldati a cavallo si mossero come se fossero un animale unico, una bestia mitologica dalle tante teste. Quattro file composte da duecentocinquanta cavalieri ciascuna seguirono Postumo verso l'ala sinistra dello schieramento.

Dalla nuvola di terra emergevano i primi feriti, alcuni a piedi, altri ancora a cavallo. Non erano davvero tutti in difficoltà: alcuni fingevano, altri erano più che disposti a scortare un compagno ferito per metterlo al riparo.

In quel momento si sollevò un vento più forte e Postumo lanciò un'ultima occhiata alle colline idilliache a nord.

«Al trotto!».

Cavalcare nella nuvola di polvere era come correre nella nebbia: visibilità ridotta, rumori prima ovattati e poi di colpo fortissimi che sembravano provenire da punti a caso.

Dalla penombra comparve uno squadrone piuttosto malmesso.

«*Libertà e Abbondanza!*».

Erano soldati del suo schieramento, che subito si fecero di lato per fare spazio ai nuovi arrivati.

«Serrate le file! Formate un cuneo attorno a me!».

Per secoli gli imperatori romani non avevano partecipato in prima persona ai combattimenti, ma le incessanti invasioni di popoli stranieri e le infinite guerre civili avevano messo fine a quel privilegio. Tempi disperati richiedono misure disperate. Postumo sguainò la spada e sollevò lo scudo.

Figure indistinte nella semioscurità.

«*Salonino!*».

Era il nemico. Gli squadroni erano numerosi, ma l'ordine delle truppe lasciava a desiderare.
«Carica!».
Postumo spronò il cavallo, che scattò in avanti senza esitare.
Ignorando il numero degli assalitori, gli uomini di Gallieno optarono per una controcarica.
Per un attimo, Postumo, terrorizzato, pensò che i suoi lo avessero abbandonato.
Un ufficiale cercò di colpirlo con violenza alla testa, ma lui sollevò lo scudo. Sentì l'impatto che gli si riverberava lungo il braccio sinistro.
In men che non si dica, una delle sue guardie eliminò l'aggressore.
Da destra spuntò un altro nemico.
Postumo deviò il colpo con la spada e si preparò a contrattaccare, ma il soldato era scomparso.
Le guardie avevano ormai superato il loro l'imperatore, che era rimasto fermo.
Inspiegabilmente, Postumo si ritrovò solo. Sentiva davanti a sé gli inconfondibili rumori che segnalano una ritirata e un inseguimento: lo sferragliare delle bardature dei cavalli lanciati a tutta velocità, le urla di dolore e agonia, le acclamazioni esultanti.
Tutto sarebbe dipeso dagli istanti successivi. La cavalleria di Postumo rischiava di disperdersi troppo nell'inseguimento spietato del nemico.
Meciano emerse dalla polvere insieme a un trombettiere; dietro di lui c'erano altri soldati.
Postumo provò a dare l'ordine necessario, ma aveva la gola secca per via della terra inalata e non riusciva a parlare.
Afferrò il *bucinator* per una spalla e gli gracchiò all'orecchio: «A raccolta! Suona il segnale di raccolta!».
Il trombettiere provò a sputare a terra, poi si portò lo strumento alle labbra ma riuscì a produrre solo una nota tremolante. Allora recuperò una fiaschetta legata al corno della sella e si sciacquò la bocca; il secondo tentativo fu molto più efficace.
Postumo si guardò intorno. Aveva gli occhi pieni di polvere, ma ora che il vento si era fatto più forte riusciva a vedere un po' più lontano. Contò più di duecento uomini. Altri stavano tornando a raccolta.
Strappò la fiaschetta al trombettiere e bevve un sorso di vino.
«Riformate la linea intorno a me, ancora a cuneo». Fece un gesto con la mano indicando verso sud. «Da questa parte».
Da un momento all'altro la polvere si sarebbe dispersa, e avrebbero visto cosa li attendeva.

CAPITOLO SETTE

Piana di Vesontio
Dodici giorni prima delle calende di luglio

Balista sentiva la cavalleria muoversi nella nuvola di terra: calpestio di zoccoli, rumori di armature e finimenti, grida e nitriti. Ogni tanto comparivano dei cavalieri avanzando chi da un lato, chi dall'altro. Nemmeno il tempo di avvistarli ed erano già spariti nella penombra soffocante. Le truppe di entrambi gli schieramenti erano armate allo stesso modo, ed era difficile distinguere chi combattesse per chi. Impossibile riconoscere uno schema pianificato nei loro movimenti, impossibile capire chi stesse vincendo.

Da giorni il sole cocente abbrustoliva la pianura. Balista aveva combattuto in Oriente, nei grandi deserti intorno all'Eufrate, ma non aveva mai visto una battaglia che la polvere e la terra avessero condizionato tanto. I soldati ne avevano pieni gli occhi e il naso, respiravano a fatica e non riuscivano a vedere a un palmo dal naso.

Balista si concentrò per tentare di penetrare la cortina con lo sguardo. Le sorti della battaglia poggiavano sullo scontro fra le due cavallerie, che in quel momento non riusciva a vedere. Da quel combattimento dipendeva a sua volta la sopravvivenza di Balista e degli uomini della Trentesima lì sul lato destro della fanteria.

«Pensi che si rifaranno sotto?».

La domanda di Massimo riportò Balista alla cruda realtà: la cavalleria nemica non era l'unica minaccia.

A cinque o sei passi dalla prima fila di legionari c'erano i guerrieri franchi schierati con Postumo. I barbari avevano già lanciato un primo attacco, che i legionari avevano respinto a fatica. Dopodiché, come succedeva quasi sempre quando una delle due parti non cedeva al primo scontro, dopo una mischia furibonda durata almeno un quarto d'ora, i combattenti si erano separati. Qualsiasi soldato ha una riserva limitata di energie e morale, non può lottare ininterrottamente per tutto il giorno. Balista l'aveva visto spesso, ma il fenomeno non smetteva mai di sorprenderlo: com'era possibile che tutte e due le parti si tirassero indietro nello stesso momento, come rispondendo a un reciproco segnale muto?

«Sì, appena avranno recuperato le forze», disse Balista.

Non era mai facile per i soldati raccogliere il coraggio necessario a coprire quei pochi passi che li dividevano dal pericolo, dall'acciaio nemico; il secondo attacco era molto più complicato del primo. Balista aveva ordinato di tenere la linea: non era lì che Gallieno puntava a vincere la battaglia. Il loro ruolo era tenere la posizione più a lungo possibile, per dare tempo ad Aureolo e ai suoi uomini di assicurare la vittoria all'esercito.

Balista camminò tra le ultime file della formazione, incoraggiando i legionari per nome quando ne riconosceva qualcuno. *Ben fatto, Tito. Continua così, Marco.* Parole banali, ma molto apprezzate dai soldati in momenti del genere.

«Signore», lo salutò Feroce. Sul volto gli correva un lungo taglio guarito solo per metà. Non aveva più la punta del naso. Quando la ferita si sarebbe rimarginata, il centurione avrebbe finito per somigliare a Massimo, che anni prima aveva avuto lo stesso incidente. Era meglio non sollevare la questione: a nessuno piaceva avere il naso che somigliava al culo di un gatto.

«Quanti feriti?»

«Sei, più tre morti».

«Non male, centurione». Balista alzò la voce per farsi sentire dai suoi uomini. «L'ho sempre detto: nessuno rompe il cazzo alla Trentesima, soprattutto non una manciata di franchi scopa-pecore!».

I legionari sogghignarono. «Non con il vecchio Biondo dalla nostra parte!», gridò uno di loro.

Ba-li-sta! Ba-li-sta!

Il coro incuteva timore, non tanto per il nome acclamato quanto per l'energia con cui gli uomini battevano il tempo sugli scudi con le spade. Non avevano perso le energie. Potevano combattere ancora a lungo.

«Avanti, centurione».

Feroce era capacissimo di guidare i suoi in battaglia. Il ruolo di Balista come comandante era più simbolico che altro. Nell'esercito di Gallieno c'erano molti più alti ufficiali di quanti ne servissero davvero; le guerre incessanti avevano causato un'ondata di promozioni dai ranghi inferiori, e ora che le province occidentali erano andate perdute non c'erano posizioni sufficienti per tutti quelli che erano saliti di grado. Quasi ogni unità dello schieramento aveva in testa uno dei *protectores* dell'imperatore. Il patrizio Acilio Glabrione era con la Decima, l'unità successiva sulla sinistra.

Balista sentì il terreno tremare sotto le suole degli stivali. Sia i legionari che i franchi fecero silenzio, e tutti rivolsero lo sguardo a nord. Da qualche parte in quella nuvola impenetrabile stava arrivando una carica di cavalleria pesante. Balista si allontanò dalla linea per cercare di capirne di più.

Dannata polvere! Cosa stava succedendo appena al di là di dove riuscivano a spingersi i suoi occhi?

Un cavaliere solitario spuntò dalla nuvola di terra, galoppando come se avesse alle calcagna le Furie degli inferi. Vedendo la fanteria, tirò le redini e si diresse verso Vesontio; a meno che non si fosse trattato di un nemico spaesato, doveva essere per forza un soldato di Gallieno.

Ora i rumori erano cambiati: numerosi cavalli che correvano come un unico animale; cori di esultanza; grida di dolore. Senza mai uscire dalla nebbia di polvere, quei suoni si spostarono verso est.

«Porta i cavalli», disse Balista a Tarchon. «Massimo, resta con me».

Balista tornò da Feroce.

«Centurione, ti lascio la Trentesima. Porterò dei rinforzi per coprirvi ai fianchi. Finché non farò ritorno, sarà Acilio Glabrione il tuo diretto superiore».

Tarchon tornò cavalcando un baio e portando con sé Cavallo Pallido e il morello di Massimo.

«Seguitemi», disse Balista montando a cavallo.

Acilio Glabrione era in sella a un magnifico sauro dietro l'ultima fila della Decima. Come era successo ai legionari di Feroce, anche quelli della Decima avevano visto i loro nemici ritirarsi temporaneamente per raccogliere le forze per una nuova carica.

«Cosa c'è? Hai paura che la terra ti rovini i capelli?». Il patrizio non apriva mai bocca se non per prendersi gioco degli altri.

«Sto andando dall'imperatore per chiedere rinforzi. Abbiamo un fianco scoperto».

«Abbiamo l'ordine di mantenere la posizione. Stai violando il giuramento militare. Del resto, non sarebbe la prima volta che abbandoni i tuoi superiori».

Balista ignorò l'accusa e replicò in tono secco: «Prendi il comando della Trentesima».

«I disertori vengono messi a morte, lo sai?»

«Fa' come ti dico».

Balista non aveva tempo per quelle stupidaggini.

«Anche a mio fratello hai fatto la predica sui suoi doveri, prima di lasciarlo a morire?»

«Ne parliamo un'altra volta, Glabrione».

«Con piacere».

Balista spronò Cavallo Pallido e si allontanò.

Gallieno aspettava su una collinetta insieme alla sua riserva. Lì la polvere non era arrivata, e se le condizioni fossero state migliori avrebbero avuto la visuale dell'intero campo di battaglia. Ma in quel momento non riuscivano a distinguere praticamente nulla di ciò che stava accadendo.

«Porti notizie?». L'imperatore aveva parlato in tono rilassato, ma il suo volto pallido tradiva stanchezza. Gallieno aveva vinto molte battaglie, e Balista aveva già servito al suo fianco: sapeva che quel pallore era dovuto più ai bagordi della sera prima che alla preoccupazione per le sorti dello scontro.

«La nostra cavalleria di destra è in ritirata».

Gallieno agitò una mano come se stesse scacciando un insetto. «Erano i loro ordini: attirare il nemico».

«Mio signore, non si tratta di una finta. Stanno fuggendo sul serio».

«Nessun segno di Aureolo?».

Balista allargò le braccia in un gesto eloquente. «Non prima che si sollevasse la polvere... Ora laggiù potrebbe esserci qualunque cosa».

Volusiano si inserì nel dialogo tra i due: «Allora come fai a dire che le nostre truppe sono in fuga?»

«So riconoscere il suono di una sconfitta».

Un senatore lì accanto non trattenne una risata.

«E sa riconoscere anche quello di una vittoria», disse Gallieno per rimproverare il suo senatore senza nemmeno degnarlo di uno sguardo. «Quanti dei miei generali possono dire di aver sconfitto il Re dei Re persiano?».

Gli ufficiali alle spalle dell'imperatore non osarono aprire bocca. L'ostilità di alcuni di loro nei confronti di Balista era palpabile.

«Prendi i pretoriani e la guardia germanica e proteggi il fianco scoperto».

Malgrado i postumi della sbronza, Gallieno era ancora in grado di prendere decisioni rapide.

«Non tutti, mio signore», disse Volusiano. «Non è appropriato che l'imperatore resti senza la protezione dei suoi pretoriani».

Lo sguardo di Gallieno fissava il vuoto, quasi ad analizzare un qualcosa che solo lui vedeva.

Balista immaginò che nella testa dell'imperatore si stesse dipanando lo svolgimento dell'intera battaglia.

«Molto bene», disse Gallieno dopo averci riflettuto su. «Balista, porta con te i germani più duemila pretoriani. I mille rimasti, uniti alle guardie a cavallo, saranno più che sufficienti a garantire la mia incolumità. E in caso di necessità, avrò abbastanza truppe di riserva da guidare in battaglia. Volusiano, trasmetti gli ordini».

Il tempo scorreva impietoso e Balista si costrinse a non fremere per l'impazienza mentre il prefetto del pretorio scriveva con lentezza; nonostante i suoi tanti anni di servizio, Volusiano maneggiava lo stilo come se lo stesse utilizzando per la prima volta.

Infine il messaggio fu impresso nella cera e la tavoletta di legno richiusa.

Inchinandosi come meglio poteva sulla sella, Balista ringraziò l'imperatore baciandosi la punta delle dita e ripartì al galoppo.

Osservando il messaggio di Volusiano, il tribuno assunse un'aria dubbiosa. «Non è facile capire cosa ci sia scritto».

«Ma il senso mi sembra chiaro. Volusiano è un soldato, non uno scriba. C'è scritto che devi fare come ti dico».

«Faremo ciò che ci viene ordinato e a ogni ordine saremo pronti». Il tribuno non avrebbe potuto pronunciare la formula di rito con meno entusiasmo.

«Due colonne, una per ciascun lato dell'unità di germani. Preparatevi ad avanzare».

Balista prese posizione accanto a Freki, il capo alemanno che guidava la guardia germanica.

«È come cavalcare sul ghiaccio con un puledro irrequieto, non ancora domato e senza nemmeno i ferri agli zoccoli», disse Freki.

«Non c'è da fidarsi», concordò Balista. «Come di un lupo che sbadiglia, di un'onda di marea e delle parole dolci di una sposa».

«Non aspettarti troppo dai pretoriani». I due stavano parlando in lingua germanica. «Bravi a pestare civili indifesi, ma non altrettanto entusiasti di combattere contro uomini armati».

«E cosa dice il tuo cuore oggi, Freki?».

L'alemanno si strinse nelle spalle. «La mia gente non ama voi angli. Sono pochi quelli che non vi odiano, a dire il vero. Ma io e te abbiamo prestato giuramento per Gallieno. Siamo come neve che soffia da un albero all'altro».

«Da un albero all'altro», ripeté Balista.

Massimo fece un gesto scaramantico.

«Pronti!», urlò Balista tornando a parlare nella lingua di Roma. «Presto, accelerate il passo!».

Correre indossando una cotta di maglia con quel caldo era sfiancante. Il terreno che si era infilato sotto l'armatura e gli abiti di Balista gli stava raschiando via strati di pelle dalle spalle. Una parte di lui si pentì di aver ordinato a Tarchon di riportare al campo Cavallo Pallido. Ma solo una parte. Lo svan non l'aveva presa bene, lo considerava un insulto al suo onore. Era ancora un assassino nato, anche con un paio di dita in meno. Ma Balista non aveva preso quella decisione perché temeva che il suo amico non fosse in grado di combattere: voleva semplicemente mettere al sicuro il cavallo. Se ne sarebbe occupata la fanteria. Non c'era bisogno di mettere in pericolo Cavallo Pallido. Se l'animale si fosse ferito o perso mentre lui era impegnato a combattere, Balista non se lo sarebbe perdonato. Teneva molto a quella dannata bestia.

«Qui può bastare», suggerì Massimo.

A testa bassa, concentrato soltanto sul mettere un piede davanti all'altro, Balista non si era reso conto di quanto lontano si fossero spinti. Il vento aveva acquistato forza, e nonostante ora gli soffiasse dritto negli occhi, almeno stava portando via il grosso della polvere. Sulla sinistra riuscivano a vedere il distaccamento della Trentesima guidato da Feroce. Di fronte la nuvola si stava disperdendo, e si riuscivano a distinguere delle forme vaghe e dei riflessi metallici.

«Fermi! Formate una linea ad angolo retto rispetto ai legionari. Tre file, scudi sovrapposti, pronti a opporvi a una carica di cavalleria. Pretoriani, in posizione ai due lati!». Balista fu costretto a urlare quell'ultimo ordine.

Ancora affannati per la marcia, i germani si misero in formazione completando la manovra con rapidità, mentre i pretoriani correvano qua e là senza alcun ordine.

Fa' che possiamo mostrare il nostro coraggio.

Freki recitò a bassa voce il verso della poesia.

In silenzio, Balista eseguì il suo rituale di battaglia: sollevò di un paio di dita il pugnale e lo rimise al suo posto, poi con la sinistra fece lo stesso con la spada; infine, portò la mano destra all'amuleto legato al fodero.

Avvolto dalla nube di polvere che si stava dissolvendo, il nemico apparve.

Cinquecento cavalieri, forse anche seicento, armati di spada e protetti da elmo, armatura e scudo.

Qui, prima del tramonto,
Leveremo rumore di lance.

I pretoriani non reagirono bene all'apparizione del nemico: grida nervose e agitate si sollevarono da entrambi i gruppi in cui erano stati divisi. Le vistose piume bianche dei loro elmi balzavano da una parte e dall'altra mentre i soldati stavano ancora cercando la posizione giusta. I centurioni urlavano ordini, abbattendo i bastoni nodosi sulle schiene dei più recalcitranti.

«Maledetti *nithing*», disse Freki. «È così che ripagano il denaro che ricevono dal loro capo. Uomini nati per essere schiavi».

Un ufficiale nemico dall'elegante armatura cesellata stava incitando i suoi cavalieri.

«Pronti per la guerra?». Sulle sue spalle, un mantello porpora.

«Pronti!», ruggirono le truppe.

Balista si posizionò in prima fila, con Freki a destra e Massimo a sinistra. Se le Parche avessero reciso il filo della sua vita quel giorno, sarebbe morto in ottima compagnia.

«Pronti!».

Alla terza acclamazione, la cavalleria si mosse al passo.

C'era qualcosa di solenne e inesorabile in quell'avanzata lenta.

I pretoriani erano ancora disorientati.

«Al trotto!».

Il nemico era a un centinaio di passi.

I germani attendevano in silenzio.

Su ciascun lato delle truppe di pretoriani arrivavano ordini ansiosi e grida di guerra poco convinte.

«Mantenete la posizione!», urlò Balista in latino per farsi sentire dai soldati romani. «Nessun cavallo riuscirà a sfondare una linea solida e compatta. Non arretrate, e loro non passeranno! Tenete la linea e sarete al sicuro!».

«*Libertà e Abbondanza*!», gridò l'ufficiale nemico lanciando il cavallo al galoppo.

«Postumo!», urlarono i suoi uomini. «Postumo!».

Cinquanta passi. Gli zoccoli macinavano il terreno.

Persino l'aria pareva tremare per l'avanzata nemica. Balista spinse bene lo stivale destro sul terreno, poggiando la spalla contro lo scudo. Sentiva la cassa toracica che rimbombava di suoni e rumori, e restrinse il campo visivo alle bocche schiumanti dei cavalli nemici. Mancavano pochi secondi all'impatto.

Poi, come per mano di un dio, la carica si interruppe, e al suo posto sopraggiunse il caos più totale. I cavalli scalciavano o puntavano gli zoccoli nel terreno, fermandosi di colpo e costringendo i cavalieri ad aggrapparsi alle criniere per non essere disarcionati.

Uno degli animali, in preda alla follia e al terrore, irruppe sulla linea di scudi alla destra di Balista. Infilzato dalle lance tese in avanti, crollò a terra schiacciando un paio di germani e sbalzando all'indietro lo stesso Freki nell'impatto.

«Lì!», urlò l'ufficiale con il mantello porpora. «Dove la linea ha ceduto!».

Il cavallo morente aveva aperto un varco tra i germani con la forza della sua spinta. Senza pensarci due volte, Balista si affrettò a occupare lo spazio libero. Il cavaliere dell'animale caduto stava provando a tirarsi in piedi, ma Balista lo uccise con un colpo alla nuca.

Rimettendosi in posizione, Balista si rivolse verso il nemico. Massimo era al suo fianco. Per un attimo si ritrovarono soli, ma quando i cavalieri nemici puntarono verso di loro, i guerrieri nordici arrivarono a richiudere la crepa e riformare la linea.

Balista non aveva bisogno di guardare per sapere che i pretoriani su entrambi i fianchi avevano rotto la formazione: bastava sentire le loro grida di terrore e agonia.

«Suonate il segnale di raccolta!».

Il comandante della cavalleria sapeva il fatto suo. Se non avesse recuperato presto il controllo dei suoi uomini, molti di loro sarebbero finiti fuori dal combattimento: assetati di sangue, avrebbero inseguito i pretoriani fino all'accampamento e oltre, fra le strade di Vesontio.

Al suono delle trombe, Balista urlò il nuovo ordine.

«Formate un cerchio! Muro di scudi!».

Con la disciplina che deriva dall'esperienza sul campo e non dalle parate militari, i guerrieri germani obbedirono.

La cavalleria stava tornando in formazione a un centinaio di passi da loro. L'ufficiale aveva ancora a disposizione circa trecento cavalieri sotto i suoi vessilli. Il risultato non era scontato, e molti uomini sarebbero morti prima che fosse stato deciso.

Freki si posizionò al fianco di Balista senza dire una parola. Non c'era niente da dire: dovevano solo resistere.

Un messaggero si avvicinò all'ufficiale che si sollevò poggiandosi ai corni della sella e scrutò oltre le teste dei suoi, verso nord.

Un altro ufficiale, dall'armatura un po' meno elaborata, stava parlando in maniera agitata, ma il suo superiore lo zittì e continuò a osservare la situazione a nord.

Balista riusciva a vedere solo le creste delle colline boscose. Al di sopra, una nuvola bassa opprimeva il paesaggio come un enorme e pesante mantello.

Ormai tutti i cavalieri si sporgevano a osservare. Un'onda di sgomento e paura fece tremare le file nemiche come fa la brezza con l'erba nei campi. Dal retro della formazione, un uomo spronò il suo cavallo e scappò verso ovest, e un attimo dopo una decina di altri cavalieri lo imitarono.

Era una nuvola o un ammasso di polvere e terra?

Mentre le sue truppe si disperdevano, il comandante nemico gli urlava di restare in posizione, assicurando ai suoi uomini che non c'era nulla da temere: era tutto parte del piano. Ma le sue parole non sortirono l'effetto sperato, e altri soldati scapparono a mettersi in salvo.

Ora era chiaro: si trattava decisamente di una colonna di polvere. Alta e stretta, prima di essere spazzata via dal vento.

L'ufficiale più giovane prese le briglie del cavallo del suo comandante e provò a voltargli la testa verso ovest, ma un ordine perentorio lo obbligò a fermarsi.

Balista si costrinse a spegnere dentro di sé ogni scintilla di speranza. Se si fosse sbagliato, avrebbe ricevuto una delusione enorme.

L'uomo dal mantello porpora si risistemò sulla sella e osservò i germani che gli tagliavano la strada. Puntò gli occhi su quelli di Balista, poi spinse in avanti il cavallo.

I soldati rimasti al suo fianco si mossero per seguirlo, ma lui gli fece cenno di non avanzare e si fermò a poca distanza da Balista.

«Gallieno non merita il vostro coraggio». Aveva l'accento di un uomo cresciuto nei territori intorno alla foce del Reno.

«Abbiamo prestato giuramento a lui», replicò Balista.

«E non siete disposti a giurare per un altro?»

«No, *imperator*».

Postumo sollevò una mano in segno di saluto, o persino di benedizione, e si allontanò con i suoi uomini.

Passato il pericolo, i germani abbassarono gli scudi e tirarono un sospiro di sollievo. Tra risa e pacche sulle spalle, riconobbero che a quel bastardo di Postumo non mancavano le palle. Non male, persino per un batavo.

Balista fece qualche passo in avanti seguendo con lo sguardo la ritirata dell'imperatore ribelle. Al suo fianco erano rimasti non più di una ventina di cavalieri leali. Volgendo lo sguardo a nord, Balista vide quattro colonne di cavalleria scendere dalle colline. Il generale

Aureolo era arrivato. La lunga marcia di accerchiamento lungo il fiume Dubis e attraverso le colline fitte di foreste aveva dato i suoi frutti.

Allo squillo di trombe, la cavalleria si fermò e si schierò su una lunga linea. Le bestie pestavano il terreno e agitavano le teste, desiderose di lanciarsi al galoppo. Postumo non aveva alcun modo di mettersi in salvo.

Balista aspettò di sentire le trombe che suonavano la carica.

CAPITOLO OTTO

Città di Augustodunum
Sei giorni prima delle calende di luglio

Malgrado gli inciampi della fortuna e l'enorme portata della delusione, la vita andava avanti. La lunga lista di impegni quotidiani di un imperatore romano non si interrompeva nemmeno nel mezzo di una guerra civile, nemmeno dopo una battaglia persa. Quando Postumo era tornato ad Augustodunum, aveva trovato la città sottosopra: i cittadini avevano cominciato a rivoltarsi contro i cristiani del posto, con aggressioni in strada, attacchi gratuiti a case e botteghe, e soprattutto linciaggi indiscriminati. Era un segno dei tempi agitati che stavano vivendo. La colpa di qualunque disastro, naturale o causato dall'uomo, compresa una sconfitta in battaglia, veniva sempre attribuita agli atei che offendevano gli dèi tradizionali. E non aiutava il fatto che ad Augustodunum tutti i seguaci di Chrestus, l'ebreo crocifisso, fossero immigrati dall'Oriente greco. Nonostante le truppe a sua disposizione, il governatore *pro tempore* Trebellio non era riuscito a sedare i disordini, e non appena era tornato in città Postumo era stato costretto a intervenire, ordinando che i rivoltosi fossero tratti in custodia.

Ora, come stabiliva la legge di Roma, i cristiani più influenti nella comunità cittadina avevano il diritto di parlare in propria difesa.

«Ci accusate di ogni evento che sconvolge il vostro mondo, vorreste che fossimo noi a pagarne la colpa, solo perché non veneriamo i vostri stessi dèi. A questo proposito, dal momento che ignorate la saggezza di Dio e la verità vi è estranea, dovreste sapere che il mondo sta invecchiando. Le piogge invernali non nutrono più i campi, in estate il sole non fa più maturare il grano».

Postumo lasciò scivolare il suo sguardo sulla grande mappa dell'impero dipinta sulla parete di fondo della scuola di retorica che lui stesso aveva trasformato in tribunale. Il cristiano che aveva preso la parola era un uomo colto, e l'ampollosità della sua orazione era adatta al contesto. Gli alberi rinsecchivano, le nuvole primaverili non davano più pioggia, la luna si era rimpicciolita e l'armonia tra vicini era svanita, così come l'integrità dei giudici. Un uomo colto, sì, ma a suo modo stupido. Era tipico dell'intransigenza di quegli atei non riuscire a trattenere gli insulti neanche durante un appello in propria difesa: quell'uomo aveva insultato l'imperatore guardandolo negli occhi, aveva osato definirlo estraneo alla verità e insinuare che il suo tribunale fosse corrotto.

D'altra parte, forse il cristiano non era stupido, ma solo realista. Quel processo poteva finire in un modo solo. L'accusatore, un giovane retore locale di nome Eumenio, aveva raccolto prove dettagliate; forse le sue stesse origini greche l'avevano spinto a costruire l'impianto di accuse contro l'imputato con quanto più zelo possibile. Qualunque fossero state le sue motivazioni, Eumenio aveva dimostrato in maniera inconfutabile che, quando Trebellio aveva ordinato a tutti i cittadini di fare sacrifici per favorire la vittoria di Postumo a Vesontio, i cristiani si erano rifiutati. Non avevano offerto libagioni, né assaggiato nemmeno un pezzetto di carne degli animali sacrificati. La colpa era evidente, restava solo da stabilire quale sarebbe stata l'entità della punizione.

«Dio non si trattiene quando usa la sferza. Solo il suo giudizio spalanca le porte della prigione eterna, del fuoco che mai si estingue, della sofferenza perpetua».

Il cristiano sembrava averci preso gusto. Stava elencando tutti i peccati dell'umanità – maledizioni, menzogne, massacri, furti, tradimenti – e annunciando un'apocalisse ormai prossima. Le bestie nei campi, le serpi che strisciavano sulla nuda terra, gli uccelli che solcavano l'aria... insomma, ogni essere vivente avrebbe sofferto pene indicibili. Nessuno poteva opporsi al volere di Dio.

Osservando la mappa, Postumo puntò il suo sguardo su Vesontio. Era stato così vicino alla vittoria. Se solo quei germani non avessero intralciato i suoi piani... E ce l'avrebbe fatta comunque, se i suoi uomini non si fossero lasciati prendere dal panico all'arrivo di Aureolo e della sua cavalleria. Ovviamente, Postumo non aveva rivelato ai suoi che Aureolo non sarebbe intervenuto. Ogni esercito aveva i suoi informatori e le sue spie. Un cavallo carico di oro ispanico e la promessa della promozione a un rango più elevato, forse persino a quello di Cesare, erano bastati a comprare la temporanea neutralità di Aureolo.

Se non altro, aveva mantenuto la parola: i suoi cavalieri erano rimasti seduti sulle loro selle, senza dubbio increduli e confusi, mentre assistevano alla fuga del nemico dal campo di battaglia. Eppure, il tradimento di Aureolo aveva turbato Postumo, e un successivo incontro clandestino con un altro dei *protectores* di Gallieno non aveva fatto altro che aggravare quel turbamento. Neanche in seguito a una vittoria gli uomini vicini a Gallieno gli erano rimasti fedeli. Postumo non aveva bisogno di scrutare i volti di quelli seduti intorno a lui nel tribunale per sapere che erano ambiziosi e venali come coloro che fingevano di proteggere e consigliare Gallieno. Da qualche parte nella sua mente aleggiava il ricordo di quell'antica storia del re costretto a vivere con una spada sospesa a un filo sottile sopra la sua testa.

«Confesso di essere un cristiano di mia spontanea volontà, e questo infastidisce voi e i vostri dèi. Ma perché aggredire la mia debole carne mortale? Piegate la forza della mia mente, distruggete la mia fede, sconfiggetemi con le vostre argomentazioni, se ne siete capaci. Schiacciatemi con la ragione!».

La clessidra ad acqua si era svuotata, e Postumo non aveva alcuna intenzione di restare a discutere con quel fanatico come un volgare sofista. Si rivolse ai suoi consiglieri, e Vittorino chiese il permesso di parlare.

«È risaputo che Gallieno ha emanato un editto di tolleranza: in tutta questa follia, un raro momento di sanità mentale».

Negli occhi del cristiano si accese una scintilla di interesse verso il prefetto del pretorio: forse credeva che il suo Dio avesse iniziato a operare in modi misteriosi.

«E non perché chi venera quel criminale giudeo meriti qualcosa di diverso dalla morte...».

L'imputato reagì a quella virata retorica quasi con compiacimento, anziché disperazione. Doveva considerarla l'ennesima prova della malvagità dei potenti, e del mondo in generale.

«...ma perché la prima qualità di un buon imperatore è il perdono, anche nei confronti dei colpevoli. Se un tiranno come Gallieno mostra talvolta la capacità di perdonare, quanto sarebbe più appropriato per un sovrano giusto come Postumo esibire la stessa virtù? Per questo propongo la confisca dei beni terreni degli imputati e il loro esilio a vita. Che nessun cittadino offra loro fuoco o acqua, pena la morte».

Mario sollevò la mano per parlare. Di certo si sarebbe detto in disaccordo. Quando sarebbero finite quelle insopportabili scaramucce tra i suoi tirapiedi?

«Capita spesso che un uomo non istruito veda le cose in maniera più chiara rispetto a chi è stato castrato da anni passati a sedere sulle panche di una scuola. Le ampollose teorie dei filosofi spingono a formulare interpretazioni inutili e dannose. Questo greco ha parlato senza freni, ammettendo di non venerare gli dèi da cui dipende la stessa sicurezza dell'*imperium* dei romani. La plebe cittadina ha ragione a chiedere vendetta».

Mario si guardò intorno indicando il bel portico di marmo, come se la famosa scuola meniana di oratoria di Augustodunum e il prefetto del pretorio Vittorino che vi aveva studiato fossero responsabili del decadimento dei vecchi costumi di Roma.

«Non bisognerebbe mai prendere esempio dal tiranno Gallieno. Suo padre, Valeriano, è stato un buon imperatore. Rispettava gli dèi e non aveva paura di nessuno. È stato lui a ordinare che i cristiani fossero perseguitati in tutto l'impero. Suo figlio, invece, è un codardo che trema davanti alle parole di questa feccia atea e del suo dio morto in croce. Per cinque lunghi anni Gallieno ha avuto troppa paura persino di provare a salvare il padre dai persiani. Prendete esempio da Valeriano, non da Gallieno! Gettate questi cristiani in pasto alle bestie!».

Malgrado i consiglieri fossero uomini istruiti nelle scuole dei filosofi tanto odiate da Mario, annuirono tutti con approvazione.

Esaltato dal martirio che sentiva ormai vicino, il cristiano, urlando, cominciò un sermone improvvisato contro lussuria, frode, crudeltà, empietà e ira, prima che un centurione mettesse fine alla sua tirata con una rapida bastonata alla nuca.

Il cristiano crollò a terra dolorante, mentre i suoi fratelli e sorelle univano le mani in una preghiera silenziosa.

Postumo assunse la stessa espressione con cui il divo Marco Aurelio era raffigurato nelle statue: composta e severa, in comunione con gli dèi.

«La guerra si avvicina. Non dobbiamo illuderci. E in tempo di guerra, l'unità è fondamentale. I cristiani generano disordini».

Fece una pausa ben soppesata, per conferire più *gravitas* alle parole che stava per pronunciare.

«Ci sono molti dettagli che decidono l'esito di una guerra. Tra questi, il volere degli dèi è di gran lunga il più importante. I cristiani negano l'esistenza stessa dei nostri dèi. Se Gallieno ha deciso di tollerare gli atei, gli immortali si rivolteranno contro di lui. Al contrario, se noi non permetteremo a questi empi di camminare per le nostre strade, non c'è alcun dubbio che gli dèi ci premieranno con il loro favore, ci terranno al sicuro nelle loro mani e ci garantiranno la vittoria finale».

L'imperatore cercò di farsi venire in mente qualche frase particolarmente ispirata con cui concludere il discorso.

«Pietà e necessità vanno a braccetto. Dobbiamo sempre fare la cosa giusta per gli dèi e per gli uomini. Con l'autorità conferitami dal Senato e dal Popolo di Roma, e secondo il volere degli stessi dèi, ordino che i cristiani siano rinchiusi nelle celle sotto l'anfiteatro, e che, in data futura, siano condotti nell'arena per essere giustiziati in pubblico nei modi che più si convengono ai loro disgustosi crimini».

I consiglieri applaudirono con moderazione mentre le guardie portavano via i condannati.

Il cristiano che aveva parlato a difesa dei suoi fu trascinato per le gambe, battendo la testa ferita sui gradini di marmo. Postumo bevve un sorso di vino diluito con acqua. Non era ancora mezzogiorno, e la lista di impegni era lunga.

Il processo successivo riguardava un uomo che non aveva restituito una cauzione. Ancora pochi istanti e l'imputato e l'accusatore sarebbero stati condotti ai loro posti dalle guardie.

La guerra si avvicinava davvero. Guardando la mappa, Postumo ne ricostruì il tragitto più probabile: la strada da Vesontio ad Augustodunum, lungo la quale lui stesso era battuto in ritirata. In quel momento esatto, Gallieno la stava percorrendo con il suo esercito: gli esploratori avevano avvistato la cavalleria nemica a Pons Dubris proprio quella mattina. Una volta passato il fiume, Gallieno avrebbe raggiunto Augustodunum nel giro di un paio di giorni. Postumo decise di rimandare l'esecuzione dei cristiani fino a quando la città non fosse stata cinta d'assedio: niente di meglio di un massacro pubblico per tenere alto il morale degli assediati.

Augustodunum era pronta: malgrado Trebellio non fosse stato in grado di sedare i disordini religiosi, si era dimostrato molto efficiente nell'accumulare una grande quantità di provviste. Gallieno avrebbe di certo sabotato gli acquedotti, ma la città aveva i suoi pozzi e i torrenti che scorrevano ai piedi delle mura come ultima risorsa. La cinta difensiva aveva avuto bisogno di poche riparazioni superficiali; sebbene fosse stata costruita molto tempo prima, più per orgoglio civico che per reale necessità, era un'opera imponente: alta e larga, costituita da un solido nucleo di pietre e malta rivestito da blocchi levigati di arenaria. Non meno di quarantaquattro torri permettevano agli arcieri e ai mezzi d'artiglieria a torsione di tenere sotto tiro qualunque tentativo di incursione. I fiumi Arroux e Accoron, rispettivamente a nord e a est della città, fungevano da fossati naturali.

L'unico punto debole erano le quattro porte, ma ciascuna era affiancata da due bastioni; inoltre, non appena tornato dalla battaglia di Vesontio, Postumo aveva ordinato di aggiungere una merlatura alle loro sovrastrutture ornamentali. Tuttavia, non aveva fatto murare i quattro portali: la difesa di una città non doveva mai essere solo passiva.

La minaccia di sortite impreviste avrebbe impedito agli assedianti di sentirsi al sicuro.

Le mura si estendevano per diverse miglia, racchiudendo un'area enorme, ma di certo non mancavano i soldati per presidiarle. Gli ottomila uomini che avevano montato la guardia ai valichi delle Alpi si erano raccolti in città agli ordini di Trebellio. Grazie alla neutralità di Aureolo, comprata a caro prezzo, quasi tutti i cavalieri e più della metà dei fanti erano riusciti a tornare vivi dalla battaglia di Vesontio. In tutto, a difendere Augustodunum c'erano circa trentamila uomini in armi.

Gallieno sarebbe rimasto inutilmente davanti alle mura di Augustodunum finché la fame, qualche epidemia o un tradimento non l'avessero costretto a smontare le tende e ritirarsi.

L'accusatore era pronto a prendere la parola.

«Dovrebbe esserci una pena per l'avidità. Non esiste buona fede tra gli uomini senza la minaccia della punizione».

Persino nel mezzo di una guerra civile, la gente non smetteva di azzannarsi a vicenda e inseguire facili guadagni. Postumo notò che suo figlio stava prendendo appunti; non aveva mai capito perché quel ragazzo fosse così affascinato dalla legge. I pensieri dell'imperatore tornarono quasi subito alla sfera militare, l'unica di cui avesse mai compreso il fascino.

Forse la fame avrebbe minacciato gli assedianti molto prima di quanto Gallieno si aspettasse. Le forze che Postumo aveva convocato dalla Britannia e dal Reno, circa quattordicimila uomini, si sarebbero incontrate a Mogontiacum, nella Germania Superiore. Da lì, al seguito del governatore Leliano, avrebbero potuto muoversi facilmente verso sud e tagliare all'esercito di Gallieno i rifornimenti in arrivo dall'Italia attraverso il Summus Poeninus.

Allo stesso modo, il giorno prima, Postumo aveva inviato istruzioni alle truppe stanziate in Hispania affinché oltrepassassero i Pirenei. Mille legionari, altrettanti fanti ausiliari, cinquecento angli alleati e cinquemila cavalieri, la maggior parte dei quali appartenenti a tribù di mori, avrebbero marciato fino alla valle del basso Rhodanus. Una volta che fossero giunti tutti a destinazione, sarebbe stato molto difficile per Gallieno assicurare l'afflusso di viveri attraverso i valichi più meridionali delle Alpi.

Quell'ultima decisione non era stata semplice, perché significava indebolire le guarnigioni di stanza in Hispania. Postumo sapeva bene che i franchi, annidati tra i Pirenei, non avrebbero perso occasione per tornare a creare problemi. I barbari avevano già saccheggiato Tarraco, e ora diversi altri insediamenti sulla penisola iberica avrebbero patito la stessa sorte. Ma era una questione di priorità. Dopo aver ricacciato Gallieno in Italia – o, meglio ancora, dopo averlo ucciso – Postumo sarebbe stato libero di guidare un esercito in Hispania per pacificare la regione. Come avveniva per alcune malattie, era necessario un certo livello di sofferenza per assicurarsi una salute duratura.

«Chiunque non restituirà una cauzione, paghi quattro volte tanto. Così dice la legge. E senza la legge, che speranza resta all'umanità?».

Quanto amano sentire il suono della propria voce, questi galli.

Il figlio di Postumo era ancora impegnato a scrivere con grande attenzione. Che chiacchierassero e scribacchiassero, l'importante era che a proteggere la città ci fosse un esperto nell'arte della guerra. Augustodunum era una roccaforte sicura. Ma un dubbio si insinuò subito nei pensieri dell'imperatore: anche Silvano e Salonino credevano di essere al sicuro dietro le mura di Colonia Agrippinensis.

No, si disse Postumo, *non è affatto la stessa cosa.*

Erano stati colti alla sprovvista, avevano poche truppe e scarse provviste.

Non è per niente la stessa cosa.

Postumo osservò di nuovo il figlio. Il primo dovere di un padre era proteggere la sua prole. Nessuno avrebbe torto un capello al ragazzo, non finché lui fosse stato in vita.

CAPITOLO NOVE

Città di Augustodunum
Quattro giorni prima delle calende di luglio

Le offese verbali non bastavano, evidentemente. L'uomo sulle mura doveva aver pensato che servisse qualcosa di più eclatante. Era salito fin sopra i bastioni, si era calato le brache e aveva mostrato il culo all'imperatore.

«Bastardo insolente», disse Volusiano. «Quando prenderemo la città lo farò crocifiggere».

«Potresti crocifiggerlo a testa in giù», commentò Gallieno ridendo. «Oppure farlo impalare: sarebbe appropriato infilargli un'asta su per il sedere. In ogni caso faremmo meglio a muoverci, invece di ammirare il panorama».

Certo che faremmo meglio a muoverci, pensò Balista.

La cerchia ristretta dell'imperatore era fuori portata per gli arcieri nemici; i difensori avevano scagliato un primo sciame di frecce, che si era spento sul terreno a una certa distanza dagli assedianti. Ma alcuni disertori avevano informato Gallieno che su ogni torre erano stati montati dei pezzi di artiglieria a torsione, per i quali avrebbero costituito un bersaglio comodo se non si fossero allontanati al più presto. Nel giro di pochi istanti sarebbero finiti nel raggio d'azione di tre delle torri, e con ogni probabilità gli uomini di Postumo si stavano già preparando a bersagliare Gallieno e i suoi generali con dardi e proiettili.

Balista non aveva idea di dove e quando fosse nato il rituale secondo il quale il comandante di un esercito assediante doveva mettere a rischio la propria vita cavalcando attorno alle mura senza tenersi a distanza di sicurezza. Certo, era utile per farsi un'idea delle difese nemiche, ma c'erano modi più discreti. Forse quell'inutile esibizione di sprezzo del pericolo mirava a sollevare l'animo dei soldati o gettare nello sconforto i nemici, dimostrando che non si temevano le armi a disposizione della città cinta d'assedio. O forse era solo una prova di coraggio per attirarsi il favore degli dèi. Il rito sembrava universale: Balista aveva assistito a qualcosa di simile nel lontano Nord della sua infanzia, e sapeva che in Oriente i soldati si aspettavano che il Re dei Re persiano si avvicinasse così tanto da poter scagliare una freccia oltre le mura. Era una pratica davvero rischiosa, a discapito delle origini e di quanto profondo potesse essere il significato.

Balista non riusciva a staccare gli occhi dalle torri. Il sudore gli scorreva sotto l'armatura. La cotta di maglia sarebbe stata inutile contro un dardo scagliato dalle mura: avrebbe trapassato qualunque strato di metallo, cuoio, carne e ossa sulla sua traiettoria. No, quella pratica non era solo rischiosa: era folle.

«Al galoppo!», ordinò Gallieno.

Nessuno se lo fece ripetere due volte. Come un corpo solo, gli uomini a cavallo – non più di una decina – spronarono le bestie e si appiattirono contro le loro criniere per offrire un bersaglio più ridotto ai nemici. L'imperatore doveva aver visto sollevarsi le tavole di legno che proteggevano le postazioni nemiche prima degli altri.

Il primo dardo gli fischiò sopra le teste. Il secondo aprì un solco nel terreno a pochi passi. L'ultimo mancò il cavaliere in fondo alla fila di un paio di piedi.

Gallieno rallentò. Cavalcava senza elmo, i suoi capelli chiarissimi risplendevano al sole. Sollevandosi sulla sella, schernì i difensori con un plateale inchino.

«Credo che abbiamo visto abbastanza, possiamo tornare al campo».

Balista ammirò la sua calma. Gli uomini sulle mura non avrebbero impiegato molto a ricaricare le armi.

Gallieno spronò il cavallo e si lanciò di nuovo al galoppo.

Balista lo seguì in sella a Cavallo Pallido.

Duecento lunghi passi alla salvezza. Balista aveva la schiena terribilmente esposta e indifesa: un dardo d'artiglieria avrebbe penetrato la sua cotta di maglia come un coltello nel burro. Gli ultimi cento passi sembravano una distanza infinita.

L'imperatore scartò a sinistra. Un dardo volò sopra le loro teste sulla destra, un altro li superò di poco. Balista sentì l'inconfondibile suono metallico di un'arma a torsione che sferrava il colpo.

Per gli dèi inferi, dove avranno mirato?

Non alla sua schiena, dèi immortali! Qualcosa gli intimò di schiacciarsi in avanti contro la criniera di Cavallo Pallido. Il dardo fischiò a un palmo dalla sua testa, mancando quella dell'animale di appena un paio di dita.

A circa quattrocento passi dalle mura, la guardia imperiale a cavallo aprì un varco nei ranghi per far passare l'imperatore. Finalmente al sicuro, Balista tirò un lungo sospiro di sollievo. Gli altri ridevano come ubriachi per via del pericolo scampato.

A nord della città, oltre il fiume Arroux, c'era un teatro, dove gli scudieri li stavano aspettando per occuparsi degli animali. Balista lasciò Cavallo Pallido a Massimo, e non fu sorpreso di notare che l'imperatore non aveva perso occasione di dare il suo tocco all'edificio: c'erano tappeti e grandi cuscini, vino in fresco nella neve e servi in livrea con vassoi di cibi prelibati. La vista sulla città era perfetta.

Gallieno smontò da cavallo e si slacciò la cintura con la spada.

«Bene, amici, cosa abbiamo imparato oggi, oltre al fatto che il nemico non è capace di usare l'artiglieria?».

L'imperatore si lasciò cadere su un ampio cuscino e fece cenno a Balista di sedersi al suo fianco. Gli altri presero posto senza troppe cerimonie; solo Volusiano restò in piedi.

«Le mura sono imponenti e ben tenute». Come sempre, il prefetto del pretorio parlò con estrema lentezza, come se stesse scegliendo le parole con cura certosina. «Il fiume da questa parte non può essere guadato, e il torrente lungo le mura a est è un ostacolo non indifferente. Non c'è modo di avvicinarsi alle fortificazioni senza finire a tiro delle armi montate sulle torri. Le porte sono protette da bastioni sporgenti, e Postumo dispone di abbastanza uomini per sorvegliare e rafforzare l'intera cinta muraria, per quanto sia molto lunga. Non ci sono punti deboli notevoli. Dal momento che qualsiasi tentativo di prendere la città con la forza è destinato al fallimento e a un inutile massacro, siamo costretti a puntare sul tradimento, sulla fame o sui consueti lavori d'assedio, scavi e quant'altro».

«Puntare sulla fame non servirà», disse Aureolo. «Potremmo sabotare gli acquedotti, ma la città ha diversi pozzi, e in ogni caso ci sono dei torrenti ai piedi delle mura a cui il nemico potrebbe attingere, al costo di qualche perdita. I disertori hanno rivelato che le provviste ammassate in città possono bastare per mesi e mesi, e non dimentichiamo che durante un lungo assedio c'è sempre la possibilità di trasformare in campi coltivati gli spazi liberi all'interno delle mura».

Il prefetto della cavalleria ne sa qualcosa, di tradimento, pensò Balista.

Sembrava che Gallieno avesse accettato la scusa di Aureolo secondo cui non era intervenuto a Vesontio perché i cavalli erano esausti dopo la marcia notturna. Ma Balista non se l'era bevuta. Se fosse stato lui l'imperatore, come minimo il prefetto della cavalleria sarebbe stato sollevato dall'incarico; meglio ancora, ci avrebbe rimesso anche la testa. E la stessa sorte sarebbe toccata a Volusiano. Non c'era alcun elemento che lo legasse in maniera evidente ad Aureolo, ma il modo in cui si comportavano puzzava di tradimento. Sarebbero stati tutti più al sicuro se entrambi fossero morti. Vivere tra i romani, rifletté Balista, non l'aveva certo reso una persona migliore.

«Filippo il Macedone, il padre di Alessandro il Grande, amava ripetere che nessuna città è inespugnabile se è possibile farvi entrare un mulo con una borsa d'oro in groppa». Gallieno bevve un sorso di vino. «Qualcuno dei nostri dovrà avvicinarsi alle mura di notte e offrire una lauta ricompensa a chiunque aprirà una porta o una postierla. Possiamo anche lanciare frecce oltre le mura con la stessa proposta allegata. Per il resto sono d'accordo, il tradimento non è una scienza esatta».

Gallieno si alzò in piedi e si avvicinò al parapetto del teatro, osservando la città. I membri dell'alto comando dell'esercito lo seguirono.

«Divideremo le truppe in due campi principali», disse l'imperatore indicando con un dito i luoghi prescelti. «Uno a sud, l'altro più distante a ovest; da lì non ci saranno corsi d'acqua tra le tende e le mura. Posti di guardia fortificati bloccheranno le strade a est e a nord. Una volta costruite le quattro postazioni, le collegheremo con un fossato e un terrapieno, isolando del tutto la città».

«Ci sarà molto lavoro da fare», disse Volusiano. «Gli uomini non ne saranno felici».

«Ma se li lasceremo ad attendere con le mani in mano dimenticheranno ogni disciplina». Gallieno si rivolse a Bonito e Celere, i due comandanti del genio militare, esperti nell'arte dell'assedio. «Che tipo di macchine bisogna costruire per abbattere sezioni di mura davanti ai nostri campi?».

I due parlarono di arieti e tettoie, torri e rampe. Il livello delle acque era troppo alto per tentare di indebolire le mura con gallerie sotterranee. Balista poggiò i gomiti sulle pietre del parapetto. Sebbene avesse già difeso con successo Mileto e Didima dai goti, ciò che tutti ricordavano era l'assedio della città di Arete, sulle sponde dell'Eufrate. I persiani l'avevano conquistata e il fratello di Acilio Glabrione era morto durante il saccheggio della città. Balista, invece, era riuscito a mettersi in salvo. Se ora si fosse azzardato a dire la sua, il patrizio non gli avrebbe risparmiato commenti caustici e accuse.

Balista osservò il paesaggio di campagna immerso in una pace bucolica, turbata solo dai movimenti delle truppe. Tutti gli assedi gli riportavano alla mente quello di Aquileia, il primo a cui aveva partecipato dalla parte dei romani. Era solo un ragazzo, appena sedici inverni, quando il centurione era arrivato alla Grande Sala dell'isola di Hedinsey e aveva chiesto a suo padre di affidargli in ostaggio uno dei suoi figli per conto dell'imperatore Massimino il Trace. Gli ci erano voluti anni per perdonare il padre per aver scelto lui. Era stato felice, nel profondo Nord. Era un atheling, un principe della dinastia Himling degli angli, e la sua vita scorreva tranquilla tra battute di caccia e feste, e qualche combattimento di tanto in tanto. Suo padre gli aveva acquistato libri costosi facendoseli arrivare dai territori dell'impero; col senno di poi aveva capito che era stata solo una forma di addestramento. Se gli fosse stato concesso di restare a Hedinsey, Balista avrebbe sposato Kadlin, il suo amore di gioventù. Dopo la sua partenza, la ragazza era stata data in sposa al capo di una tribù alleata.

L'assedio di Aquileia non era finito bene. Mentre l'esercito di Massimino pativa la fame davanti alle mura nemiche, alcuni ufficiali avevano ordito una congiura, costringendo Balista a unirsi a loro e insistendo che fosse proprio lui a sferrare il primo colpo. Era stata la sua prima lezione sulla disonestà dei romani. Massimino era stato decapitato, e il suo corpo esposto alla folla. L'ombra di quel pessimo imperatore non aveva mai smesso di perseguitarlo.

Balista era riuscito a tornare a Hedinsey solo un anno prima della campagna di Gallieno oltre le Alpi. Ma non era andata come aveva sperato. Kadlin si era comportata in maniera strana, come se tra loro fosse rimasto qualcosa di non detto. Non si erano salutati con affetto. Balista aveva compiuto la sua missione, convincendo il padre a ritirare il suo appoggio a Postumo in favore di Gallieno, ma nel farlo aveva dovuto uccidere uno dei suoi fratellastri. Ora non c'era più modo di tornare nella sua vecchia patria. La morte dell'uomo non gli sarebbe stata imputata: era stato un combattimento equo, un duello all'ultimo sangue, e per giunta si trattava di un traditore che aveva consegnato nelle mani di Postumo un altro dei loro fratelli, Arkil, e cinquecento angli. Tra loro c'era anche Starkad, il figlio di Kadlin. Balista sapeva che non sarebbe mai riuscito a prendere le armi contro Arkil, e men che meno contro un ragazzo uscito dal grembo di Kadlin; si sarebbe fatto uccidere prima di fare del male all'uno o all'altro.

I suoi occhi seguirono il volo di una poiana, sospesa in cielo da correnti invisibili.

Secondo le ultime notizie che aveva ricevuto, Arkil era di stanza in

Hispania tra le truppe di Postumo impegnate a dare la caccia ai predoni franchi. Ma la guerra si sarebbe decisa lì in Gallia; le possibilità di trovarsi di fronte a suo fratello erano minime.

Un debole miagolio, come quello di un gattino, gli arrivò alle orecchie. Era un verso insolito per un grosso uccello rapace come una poiana.

CAPITOLO DIECI

Città di Augustodunum
Due giorni prima delle calende di luglio

«Il valore di Traiano, la rettitudine di Antonino, la moderazione di Augusto».

Il panegirico di Nummio Faustiniano era tanto dolce quanto falso. Al cospetto dell'imperatore un poeta avrebbe recitato dei versi, un acrobata avrebbe fatto capriole, ma da un senatore ci si aspettava un discorso di elogio formale.

Gallieno non stava nemmeno ascoltando. Steso sul lettino imperiale con una coppa di vino in mano, accarezzava una delle sue danzatrici. La seta di Cos della veste di lei lasciava trasparire le forme più che se fosse stata nuda. Volusiano non poté fare a meno di notarle i capezzoli imbellettati di rosso.

«E anche se questi ottimi imperatori non fossero mai esistiti, basterebbe l'esempio del nostro Gallieno a indicare la strada a tutti quelli che verranno dopo di lui».

Il padre di Gallieno non avrebbe mai mostrato così apertamente il suo disdegno per il Senato. Il popolino aveva affibbiato un nuovo nomignolo a Valeriano: *Colobius*, un termine volgare per indicare una canotta. Ogni giorno, quando il re persiano voleva uscire a cavallo, l'imperatore prigioniero doveva chinarsi su braccia e ginocchia sulla terra nuda; Shapur gli poggiava il piede sulle spalle e usava quell'uomo tanto venerabile, che un tempo aveva regnato su buona parte del mondo, come un gradino per montare in sella. Quello era il vero posto che gli spettava, avrebbero detto i persiani. E ora, per colmo di crudeltà, a Valeriano non era concesso di indossare altro che una canotta. Già solo il pensiero era inaccettabile, per Volusiano.

«C'è forse qualcosa in lui che non sia degno di ammirazione? Qualcosa che non parli della sua grandezza?».

Volusiano distolse lo sguardo dalla puttana seminuda. Aveva schiave nei suoi alloggi in grado di soddisfare le sue voglie in privato, come richiesto dalla decenza. Si era sempre compiaciuto del proprio autocontrollo, nei riguardi dei piaceri della carne e di tutto il resto; e comunque, con l'avanzare dell'età gli stimoli della lussuria si erano fatti sempre meno frequenti. Senza dare nell'occhio esaminò la grande tenda imperiale. Non c'erano molte persone: dieci letti, ognuno con tre uomini. Eppure, ad appena due giorni dall'inizio dell'assedio e con le fortificazioni del campo ancora incomplete, un simile banchetto sembrava prematuro.

«Ai malvagi riserva la pubblica condanna, ma sa tendere la sua mano indulgente ai deboli».

Nummio Faustiniano si stava guadagnando il cibo che avrebbe consumato, riuscendo persino a sembrare sincero. Sul suo viso rasato di fresco non c'era traccia di irritazione per il disinteresse ostentato dall'imperatore.

Volusiano cercò con lo sguardo gli altri che erano al corrente della congiura fallita. Poggiato su un gomito con la solita eleganza, Acilio Glabrione ascoltava il panegirico con l'aria di affettata cortesia richiesta a un uomo del suo rango. Eracliano e Cecropio stavano conversando tra loro a bassa voce. Certo, quell'encomio untuoso non poteva essere di alcun interesse per due militari come loro, eppure la vicinanza che dimostravano inquietò non poco Volusiano. Ma non era nulla in confronto all'agitazione che lo pervase quando il suo sguardo si posò su Balista. Il barbaro stava fissando le tende porpora dell'ingresso e sembrava perso in qualche pensiero gravoso.

Il bastardo sapeva, stava solo aspettando il momento giusto per denunciarli all'imperatore. Senza farsi vedere, Volusiano infilò un pollice tra indice e medio per allontanare il male e la sventura. Era stato un gesto involontario: un contadino ripulito e addestrato restava pur sempre un contadino. Innervosito con sé stesso, Volusiano si portò la coppa di vino alla bocca. Balista aveva aspettato troppo per colpire: presto non sarebbe stato più nella posizione di minacciare il prefetto del pretorio.

Volusiano prese un sorso, tenendo la coppa con mano ferma.

La strategia più comune prevedeva un assalto di cavalleria in territorio nemico per conquistare i terreni intorno alla città e impedire l'arrivo di provviste. Balista aveva tutti i requisiti per capeggiare una simile spedizione; sarebbe bastato informare il nemico in anticipo, per assicurarsi che né i soldati né il loro comandante facessero ritorno.

C'era un'unica questione rimasta aperta, ovvero chi dovesse accompagnare il barbaro in quella missione destinata a finire in un bagno di sangue.

«Quali virtù possono dirsi superiori all'amore per la famiglia e per l'umanità? Il nostro nobile imperatore ha mosso guerra per vendicare la crudele uccisione del suo amato figlio. Quando avrà schiacciato l'usurpatore qui a ovest, Gallieno marcerà a est per liberare suo padre dall'insopportabile prigionia. Il dovere familiare ben si sposa con la devozione agli dèi e la protezione delle leggi dell'uomo. Il nostro imperatore getterà nel fango i tiranni di ogni angolo del mondo, riportando pace e libertà».

Volusiano si arrischiò a lanciare un'altra occhiata a Balista, che era ancora immerso nei suoi pensieri. Non era un uomo facile da eliminare. In molti ci avevano provato, ma pochi erano sopravvissuti al tentativo. Anche se il nemico fosse stato informato della sortita della colonna di cavalieri, Balista avrebbe potuto trovare il modo di mettersi in salvo. Forse c'era bisogno di qualcos'altro, di una mano malevola che cavalcasse al suo fianco. La soluzione più elegante sarebbe stata quella di farlo accompagnare da uno dei congiurati, ma in quel caso Volusiano aveva un'idea migliore: avrebbe scelto una persona al di sopra di ogni sospetto.

Assassinare un solo individuo o consegnare al nemico un'intera colonna? Non c'era alcun bisogno di decidere in maniera affrettata. Ciò che contava era riuscire a piazzare un traditore nel cuore dell'accampamento.

L'orazione di Nummio Faustiniano era terminata. Come c'era da aspettarsi quando i *protectores* facevano a gara a chi bevesse di più con l'imperatore, il banchetto scivolò subito nella trivialità. Qualcuno aveva scommesso che Aureolo non sarebbe riuscito a sollevare la statua dorata di Ercole esposta al centro della tenda imperiale.

Il prefetto della cavalleria si alzò dal lettino con un'aria spavalda.

Tutti i presenti cominciarono a piazzare le loro scommesse. Il *protector* Claudio offrì una quota di uno a quattro contro Aureolo, che da parte sua scommise su di sé una grossa cifra. I due ufficiali non facevano nulla per nascondere il loro odio reciproco.

Volusiano studiò Aureolo mentre si sgranchiva i muscoli delle braccia e del collo. In una guerra civile combattuta dalla generazione precedente alla sua, un generale di nome Leto aveva impedito ai suoi uomini di agire finché non fosse stato certo su quale parte avrebbe avuto la meglio. Il vincitore l'aveva fatto giustiziare. Una marcia notturna era certamente stancante, ma la scusa secondo cui gli uomini di Aureolo non avevano attaccato a Vesontio perché i cavalli erano sfiniti non reggeva. Leto aveva pagato il prezzo della sua indecisione, mentre Aureolo era ancora lì, nella cerchia più intima dell'imperatore, autorizzato a portare la spada in sua presenza. Gallieno si fidava troppo dei suoi uomini. Volusiano ebbe il sospetto di non essere l'unico, in quella tenda, ad avere un contatto clandestino con Postumo.

Aureolo puntò i piedi a terra e strinse la statua con le braccia, ma nonostante gli sforzi non riuscì a sollevarla. Tra le urla di incoraggiamento e di scherno dei presenti, provò a spingere di nuovo, rosso in viso e con le vene del collo gonfie. Ercole si mosse in maniera quasi impercettibile, e infine si sollevò di un paio di dita dal suolo.

Con un ruggito quasi selvaggio, Aureolo lasciò ricadere la statua.

«Oro contro oro», urlò esultando. «Non deriva forse da *aurum* il mio nome?»

«È un nome che si dà ai gladiatori!», commentò Claudio.

«Zitto e paga!».

Claudio lanciò tutto il contenuto della sua borsa ai piedi di Aureolo.

«Non mi meraviglia che il figlio di un capraio sia capace di uno sforzo fisico».

«Almeno io so chi era mio padre».

«Come osi?», disse Claudio alzandosi in piedi.

Aureolo sogghignò. «Be', nessuno ha mai accusato *me* di essere il figlio bastardo di un degenerato».

Claudio era rosso di rabbia. «La mia stirpe discende da Dardano, nel mio sangue c'è quello di Ilo, fondatore di Troia».

«Come no, Dardano e Ilo...».

Entrambi avevano portato una mano sull'elsa della spada.

Gallieno, intanto, rideva come se fosse a teatro.

Volusiano osservò la scena con interesse, soprattutto quando Balista e un altro ufficiale si misero tra i due per dividerli.

«Tua madre era una puttana messa incinta da quell'ubriacone e impostore di Gordiano». Aureolo provocava Claudio senza alcun ritegno.

Le tende all'ingresso si spalancarono e un tribuno dei pretoriani entrò trafelato.

«Il nemico è nel campo!».

La stanza piombò nel silenzio, come se un dio avesse rubato a tutti il dono della parola.

«Ora... qui... nel campo... un'incursione». Il tribuno faticava a trovare le parole.

Gallieno saltò giù dal lettino e si strinse la cintura con la spada.

«Seguitemi!».

L'imperatore corse via dalla tenda, ogni traccia di ebbrezza svanita di colpo.

Quando scomparve, scoppiò un pandemonio: i *protectores* sguainarono le spade e i senatori si affrettarono a impugnare coltelli da cucina o altre armi improvvisate, intralciandosi a vicenda nel tentativo di uscire dal padiglione.

Non più agile e scattante come in gioventù, Volusiano si ritrovò nelle ultime file insieme ai senatori.

All'esterno, il cielo notturno era illuminato di un rosso vivo. L'aria puzzava di carne bruciata, le tende dei soldati erano in fiamme. Nella confusione di urla e richieste d'aiuto, nessuno sapeva dire dove fosse finito l'imperatore. I pretoriani di guardia all'ingresso del padiglione dovevano essersi mossi insieme a Gallieno, perché non c'erano più sentinelle nei paraggi. I rumori più forti venivano da nord, verso la città. I senatori si sparpagliarono in direzioni opposte. Volusiano impugnò la spada e si avviò per andare incontro al nemico insieme ai più coraggiosi.

A parte i pochi uomini che erano usciti dal padiglione imperiale, le stradine tra le tende erano deserte. Già con il fiato corto, Volusiano correva a occhi bassi per evitare i tiranti delle tende e altri eventuali ostacoli. Il suono si diffondeva in modo strano nella notte: i rumori del combattimento ora sembravano venire da nord-est. Volusiano si infilò in un vicolo sulla destra, seguendo un senatore armato di un coltello da arrosto.

All'incrocio successivo, il senatore si fermò per prendere fiato, poggiando le mani sulle ginocchia.

«Da che parte?». Era Nummio Faustiniano.

Volusiano non rispose. Si guardò intorno: nessuno in vista.

Chino sulle gambe, Nummio non vide partire il colpo che lo trafisse al collo. Con un rantolo più di incredulità che di dolore, collassò a terra esanime.

«Dritto nell'Ade».

Prima colpire, poi parlare. Sempre.

Volusiano si avvicinò a Nummio per assicurarsi che fosse morto.

«Signore?».

Un pretoriano era comparso nel vicolo e lo osservava con uno sguardo confuso.

«Un assassino inviato da Postumo», disse Volusiano rialzandosi. «Perquisiscilo».

Abituato a obbedire al suo comandante, il pretoriano rinfoderò la spada e depose lo scudo.

C'erano solo due modi per uscire da quella situazione, e soltanto uno era sicuro.

La guardia si abbassò sul cadavere per perquisirlo.
Volusiano si guardò di nuovo intorno: solo qualche figura distante, troppo lontana per vedere granché.
Un pretoriano non era un senatore. Qualcosa disse al ragazzo di sollevare la testa, e la spada lo colpì al volto. L'impatto lo fece cadere di lato, sulle ginocchia. Sguainando la sua arma provò a mettersi in posizione di difesa, ma Volusiano fu rapido a colpirlo al polso facendogli cadere la spada. Ora arrivavano i passi di alcuni soldati non troppo distanti: non c'era tempo da perdere.
Volusiano si preparò al colpo decisivo.
I denti della guardia rilucevano contro il sangue scuro che sgorgava dalla mascella squarciata del ragazzo. Aveva negli occhi lo sguardo di un cane che non si spiega perché il padrone lo stia bastonando.
Volusiano lo finì affondandogli la lama nel collo.
Gli dèi erano stati propizi: nessun altro si era avvicinato. Volusiano spinse con lo stivale contro il petto del pretoriano per estrarre la spada dal cadavere.
Era ora di andare. Un congiurato in meno: non sarebbe stato Nummio ad accompagnare Balista nella missione in campo nemico.
Con la lama insanguinata ancora in pugno, Volusiano si diresse verso le fiamme.

CAPITOLO UNDICI

Valico di Aspalluga, sui Pirenei
Calende di luglio

Forse quella era l'ultima volta.

I guerrieri franchi si stavano raccogliendo in cima al valico.

Magari non sarebbe stata l'ultima battaglia di Starkad, ma non avrebbe mai più combattuto sotto il vessillo di Postumo. Ricordava il giuramento in latino prestato dall'atheling Arkil come se l'avesse sentito il giorno prima:

> Nel nome di Giove Ottimo Massimo e di tutti gli dèi, giuro di eseguire gli ordini dell'imperatore, di non abbandonare mai le insegne della mia unità né sottrarmi alla morte, se necessario, e di mettere la sicurezza dell'imperatore al di sopra di tutto.

Arkil aveva proposto tre anni, Postumo aveva insistito per cinque. Ma l'imperatore aveva risposto in toni affabili alla recente richiesta di Arkil di tornare alla sua stima iniziale, e dal giorno del giuramento erano passati giusto tre inverni.

Postumo aveva trattato gli angli con rispetto e mantenuto la sua parola, evitando di schierarli contro la loro gente. L'imperatore era stato anche generoso, garantendo al loro gruppo la stessa paga dei pretoriani, più del doppio di quanto guadagnava un legionario. Le borse degli uomini di Arkil traboccavano di monete, anche se in quell'ultimo anno non c'erano state molte occasioni di spenderle, impegnati com'erano a bloccare i razziatori franchi sui monti. I bagagli dei loro muli erano carichi di merce preziosa, piatti d'oro e d'argento, armi riccamente decorate, ed erano riusciti ad accaparrarsi anche un certo numero di schiavi. In cambio, gli angli si erano battuti per Postumo con valore, sul Reno, sulle Alpi e lì in Hispania. Come imponeva il giuramento, non si erano sottratti alla morte: meno della metà del loro gruppo originario era ancora in vita. I superstiti si erano guadagnati il ritorno promesso alle terre bagnate dal Mare di Svevia, su navi in partenza da Burdigala.

Nonostante i piaceri offerti dalle città della Gallia e dell'Hispania,

Starkad moriva dalla voglia di tornare a casa. Dei suoi ventotto inverni trascorsi nella Terra di Mezzo, tre erano trascorsi lontano da Hedinsey e dal Nord. Sentiva la mancanza della sua famiglia, degli amici, delle abitudini di un tempo.

Avvistò alcuni franchi che uscivano dai ranghi; le loro teste coperte dagli elmi si potevano distinguere in maniera molto chiara, segno che dovevano essere distanti meno di settecento passi.

«Hanno intenzione di danzare», disse un vecchio guerriero.

«Proprio così», replicò Starkad.

«I guerrieri-lupo sono invasati da Woden. Abbaiano e ululano per invocare il potere della belva schiumante del Padre di Tutti. Insensibili al dolore, difficili da fermare, sono loro quelli da temere di più. Uccidili, e tutti gli altri perderanno la voglia di combattere».

Con chi pensava di star parlando, quel Guthlaf? Un bambino? Un rammollito del Sud? Starkad aveva fatto parte del muro di scudi, affrontato l'acciaio nemico, ricevuto la carica di eorl e comandato una nave prima ancora di mettere piede nell'impero. Quando Arkil era rimasto ferito, era stato lui a guidare i superstiti sulle Alpi, lontano dalla Rezia; da quel momento, tutti avevano accettato che combattesse al fianco dell'atheling, come suo secondo.

«L'atheling ha scelto un'ottima posizione». Guthlaf aveva ancora voglia di dire ovvietà. «Il valico è stretto, non possono aggirarci. Ai lati del sentiero la terra è piena di grossi sassi che li costringeranno a rompere la formazione. Forse nel centro riusciranno a tenere un ordine, ma sui due fianchi ci attaccheranno al massimo con uno o due uomini per volta».

Starkad non commentò. I consigli non richiesti del vecchio lo irritavano più di qualunque altra cosa, tranne quando Guthlaf gli parlava delle sue origini e dei suoi antenati.

Una decina di franchi saltava agitando le lance in aria, nel tentativo di farsi possedere dalla ferocia delle bestie selvatiche.

Starkad osservò la linea dei suoi compagni che aspettavano in silenzio. Scudi dipinti a colori vivaci, riflessi metallici di elmi, cotte di maglia e punte di lancia. Lo stendardo di Hedinsey, un cavallo bianco in campo verde, campeggiava al di sopra delle truppe di riserva, lì dove avrebbe preso posto Arkil. Anche il drago bianco di Starkad sventolava nella brezza leggera.

I franchi si stavano muovendo. Avrebbero continuato a camminare finché non sarebbero stati abbastanza vicini da lanciarsi all'assalto.

Si sarebbero battuti fino all'ultimo respiro: intrappolati sui monti, stavano morendo di fame. Non avevano altra scelta che sfondare le linee nemiche o morire.

In silenzio, Starkad sollevò di un paio di dita spada e pugnale dai foderi e subito li rimise al loro posto, poi toccò il pezzo d'ambra legato al fodero della spada come pietra protettiva. Non avrebbe deluso i suoi antenati.

Arkil avanzò da solo davanti alla linea. Come tutti gli Himling era alto e grosso, e i capelli biondi gli scendevano fino alle spalle. Discendenti di Woden, comandanti nati.

«Non servono molte parole. Loro sono franchi, noi siamo angli. Sono già fuggiti molte volte davanti alle nostre spade, e fuggiranno ancora».

Arkil sguainò la lama. Gli Himling possedevano diverse spade celebri. Quella era Gaios l'ululante, vecchia quasi quanto Woden e responsabile di un numero incalcolabile di morti.

«Un'ultima battaglia e potremo tornare alle nostre case!».

I guerrieri batterono le aste delle lance contro gli scudi.

La linea si divise per far passare Arkil, che diede una pacca sulla spalla al giovane Starkad.

«Coraggio e fiducia, ragazzo, coraggio e fiducia».

I franchi erano a circa duecento passi. Dai loro ranghi si levò un suono basso simile a un mormorio: era l'inizio del *barritus*, il canto di guerra del Nord.

Sollevando gli scudi, gli angli risposero con la loro versione del *barritus*, all'inizio quasi dolce, esplosiva come un ruggito alla fine. Riecheggiando contro il legno degli scudi, il *barritus* coprì del tutto l'urlo dei franchi. Se era vero che misurava la virilità dei combattenti, l'esito dello scontro era segnato.

A un centinaio di passi di distanza, i franchi cominciarono ad accelerare.

«Muro di scudi!».

La prima fila degli angli si inginocchiò, sovrapponendo gli scudi e puntando le lance di traverso contro il nemico, con l'estremità dell'asta poggiata saldamente a terra. Gli uomini della seconda fila sovrapposero gli scudi a quelli dei compagni. Starkad allungò la lancia sopra la testa di Guthlaf. Il muro era formato.

Posseduti dal Padre di Tutti, i guerrieri bestiali si lanciarono in avanti; gli altri franchi, desiderosi di mettere fine al più presto a quella situazione, li seguirono. Guthlaf ci aveva visto giusto: la loro linea si stava già disgregando.

Starkad strinse la presa sull'asta della lancia, con una sensazione di vuoto nel petto.

Un grosso guerriero franco stava correndo dritto verso di lui, e nel delirio dell'invasamento si era strappato di dosso l'armatura, con la bava che gli bagnava la barba.

Spesso il destino risparmiava gli uomini coraggiosi.

I franchi delle file successive scagliarono i giavellotti, e Starkad tese in avanti lo scudo per deviare eventuali pericoli dall'alto. Le punte metalliche delle armi lanciate dai nemici si abbatterono sulle armature, e qualche grido isolato indicò che almeno un paio di giavellotti erano andati a segno.

Gli angli risposero alla raffica con un lancio dalle file posteriori. Sbirciando oltre l'orlo dello scudo, Starkad vide alcuni nemici crollare a terra, ma l'enorme guerriero seminudo non era tra loro.

Coraggio e fiducia…

Il nemico si lanciò in avanti. In qualche modo, torcendosi in aria, riuscì a evitare le punte di lancia, andando ad abbattersi sullo scudo di Starkad. L'impatto fece arretrare l'anglo, che perse la presa sull'asta della sua arma. In preda alla foga guerriera, il nemico provò a strappargli di mano lo scudo, e allo stesso tempo infilò la spada di lato per colpirlo. La punta della lancia strisciò contro la cotta di maglia della spalla di Starkad. Schiacciato dal peso e assordato dal rumore della battaglia, Starkad armeggiò con il manico del pugnale per estrarlo dal fodero. Il colpo successivo gli si abbatté sull'elmo e per poco non gli fece perdere i sensi. Starkad spinse verso l'alto il pugnale alla cieca, e sentì che la lama aveva trovato la carne. Colpì tre, quattro volte, finché il sangue del nemico non gli colò lungo il braccio e negli occhi.

Finalmente riuscì a togliersi di dosso il nemico ferito a morte. Ovunque intorno a lui i guerrieri franchi colpivano con foga sugli scudi per aprirsi un varco, stretti ai nemici in un abbraccio violento. Il muro di scudi stava arretrando, anche a causa della pendenza del terreno.

Guthlaf era rimasto solo, ancora in ginocchio e quasi circondato.

Starkad si fece avanti. Respinse un affondo di lancia da sinistra con lo scudo e parò un colpo di spada da destra opponendo la sua lama. Arrivato alle spalle di Guthlaf, cominciò a lottare contro gli uomini che circondavano il vecchio.

Un colpo inatteso gli si abbatté sull'elmo da sinistra, costringendolo a barcollare di lato. Da lontano sentì un grido di vittoria. In un modo o nell'altro riuscì a sferrare un altro colpo, ma le gambe lo stavano abbandonando. Non sarebbe finita bene.

All'improvviso, con una forza invidiabile per un uomo della sua età, Guthlaf riuscì ad alzarsi in piedi. Spingendo con la spalla contro lo scudo, si liberò dell'uomo che aveva davanti, dopodiché, con una rapidità quasi innaturale, colpì su entrambi i lati. Due franchi crollarono a terra, una fontana di sangue e viscere. Non contento, Guthlaf guidò un attacco dei suoi. Scudi contro scudi, elmi contro elmi. I franchi ora stavano arretrando.

In ogni battaglia c'è un momento in cui una delle due parti capisce di aver perso. Testa e corpo abbandonano la lotta, sfiniti. I franchi cominciarono a correre verso la cima del valico, come un'onda che risale la corrente sfidando le leggi della natura.

Fuori! Fuori! Fuori!

Il tradizionale grido di battaglia degli angli riecheggiò per le colline circostanti.

Starkad affondò la punta della spada nel terreno e crollò sulle ginocchia. Sfinito, si ripulì il viso: era suo, quel sangue? La testa gli batteva così forte da non riuscire a ragionare.

Guthlaf lo aiutò ad alzarsi e lo strinse per le spalle.

«Ti sei battuto bene», disse il vecchio. «Come un vero Himling».

Starkad lo allontanò, recuperando la sua spada.

La gioia selvaggia della battaglia riempiva gli occhi di Guthlaf.

«Bene quasi come tuo *padre*!».

Era troppo. Accecato dalla furia, Starkad sollevò la spada.

«Basta così, Starkad!». Arkil aveva la voce autoritaria di un uomo abituato a comandare da decenni.

Il ragazzo abbassò l'arma controvoglia.

Arkil si rivolse ai suoi uomini. «Finite i feriti nemici e occupatevi dei nostri. I franchi non torneranno. Recuperate tutto l'oro che trovate sui corpi dei caduti». Poi, a voce più bassa, aggiunse: «Starkad, devo parlarti».

Solo la guardia del focolare di Arkil, composta da una decina di uomini che avevano giurato di non abbandonare mai il loro signore, si trattenne dal saccheggiare i cadaveri. L'atheling segnalò ai suoi compagni più stretti di lasciarlo da solo con il giovane eorl.

«Devi avere pazienza con il vecchio Guthlaf».

Starkad non riusciva a trovare le parole per esprimere la sua rabbia.

«Ti vuole bene come a un figlio».

«Le sue parole sono un'onta per la mia famiglia, la Casa dei Wrosn».

«Voleva farti un complimento».

Starkad distolse lo sguardo dall'atheling. I guerrieri angli erano chini a terra per raccogliere i frutti dei loro sforzi, una sorta di parodia macabra del lavoro nei campi.

«Per tutta la vita ho sentito gli altri mormorare alle mie spalle e ridere di me. Ho dovuto sopportare tutte le cose che dicevano su mia madre». Starkad stava per scoppiare in lacrime.

Arkil gli si avvicinò e lo guardò negli occhi. Quelli dell'atheling erano di un azzurro scuro, con le palpebre cadenti agli angoli.

«Sei o non sei uno dei miei uomini?»

«Ti ho dato la mia parola».

«Allora ascolta quello che ti dico. Holen dei Wrosn era un uomo valoroso. Ti ha cresciuto come se fossi suo figlio. Non devi dare la colpa a tua madre: era molto giovane, così come lo era Dernhelm. Dovevano sposarsi. Nessuno poteva sapere che Dernhelm sarebbe stato inviato ai romani come ostaggio».

Starkad barcollò all'indietro, come se avesse ricevuto un pugno in pieno viso.

«Ha abbandonato mia madre mentre era incinta, come se non gli importasse nulla. Si è comportato da *nithing*».

La replica di Arkil fu severa. «Ricorda sempre con chi stai parlando. Dernhelm è mio fratello! E sotto molti aspetti era il migliore fra tutti noi».

Con la testa che gli girava per il colpo preso in battaglia e per la rabbia del momento, Starkad ignorò le parole dell'atheling.

«Se un giorno me lo ritroverò davanti, lo ammazzerò come un cane».

Arkil scosse la testa e sospirò con aria triste. «Affondare la lama nella carne è un piacere che dura poco. Essere un patricida è una cosa orribile».

L'atheling sollevò una mano per impedire al ragazzo di rispondere. «È arrivato un ordine da Postumo: dobbiamo marciare verso la Gallia».

«Poi potremo tornare a casa?»

«Prima di imbarcarci a Burdigala dobbiamo tagliare le linee di rifornimento di Gallieno da sud».

«Ma sono passati tre anni come promesso».

«Siamo ancora nel terzo anno. Finora l'imperatore è stato di parola, e noi non saremo da meno».

PARTE TRE
LA CAVALLERIA

CAPITOLO DODICI

Accampamento alle porte di Augustodunum
Calende di luglio

Il tuo primo dovere è offrire sacrifici agli dèi e pregare affinché ti donino i pensieri, le parole e le opere giuste per far sì che il tuo comando sia gradito agli immortali e che tu, i tuoi compagni e la tua città possiate trarre dalle vostre imprese la più grande gloria e il maggiore profitto.

Balista aveva preso in prestito l'opera di Senofonte sui doveri di un comandante di cavalleria dall'*a studiis* di Gallieno, quando l'imperatore gli aveva affidato il comando della missione in territorio nemico. Partire per una campagna al seguito di un imperatore che amava la cultura aveva dei vantaggi, e tra questi c'era la biblioteca da viaggio affidata al segretario speciale che si occupava dei preziosi testi del suo signore. Certo, quelle parole antiche erano impregnate di saggezza e devozione, ma Senofonte non aveva tralasciato aspetti più mondani e Balista aveva seguito il suo esempio. Negli ultimi due giorni era stato impegnato a ispezionare gli arcieri a cavallo di Emesa. La cavalleria leggera siriana era quasi al completo: quattrocentottantatré uomini sui cinquecentododici che avrebbero dovuto trovarsi sotto le insegne. Il loro equipaggiamento era stato curato e ripulito alla perfezione, ed era stato necessario sostituire appena una decina di cavalli. Il loro nuovo comandante, il *protector* Eracliano, pareva godere della loro fiducia e approvazione.

Non si poteva dire lo stesso della Terza *ala* dei traci: già durante la marcia forzata dalle Alpi a Vesontio, Balista era rimasto deluso e aveva chiesto e ottenuto che Solino, quell'inetto del loro comandante, fosse sostituito. Gli ufficiali che dovevano la loro posizione a Solino non l'avrebbero presa bene. Al comando dell'*ala* era stato nominato Lucio Proculo, un gallo che secondo tutte le informazioni disponibili si era sempre distinto per disciplina e valore, ma che era del tutto sconosciuto a Balista. Quali che fossero le sue doti, non aveva ancora avuto il tempo di apportare miglioramenti significativi all'unità.

Balista aveva ordinato che la cavalleria pesante si radunasse nella piana a est di Augustodunum per un'ispezione. Al suo fianco, oltre a Lucio Proculo, c'era l'ex centurione Grato, che avrebbe operato da prefetto del campo per tutta la durata della missione. Alla dovuta distanza li seguivano due ufficiali di rango minore: l'addetto alle armi dell'unità e il suo maestro dei cavalli.

Come da ordini, i traci erano disposti su due file; ogni soldato indossava l'equipaggiamento di guerra completo ed era in piedi accanto alla testa del suo cavallo. Gli animali erano imbrigliati, ma le selle erano state sistemate a terra e il loro rivestimento di pelle era stato rimosso per mostrarne il telaio in legno. Osservato da una certa distanza, ogni squadrone con cavalli di un colore diverso, il quadro d'insieme era splendido.

«La Terza *ala* di traci, signore». Lucio Proculo aveva un accento vagamente rustico. «Trecentosettantadue uomini sotto le insegne, ottantaquattro distaccati secondo gli ordini ricevuti, cinquanta dispersi, sei caduti».

In tutte le campagne, oltre alle vittime, c'era un certo numero di assenti, e i motivi erano perlopiù sconosciuti: in gran parte ritardatari rimasti indietro durante la marcia, ma spesso anche disertori.

«Quali ordini possono giustificare ben ottantaquattro soldati distaccati?»

«Secondo i documenti firmati da Solino, sono stati inviati a svolgere diversi impegni nei quartieri d'inverno a Mediolanum: recuperare nuovi cavalli, acquistare foraggio, sorvegliare snodi importanti e scortare un esattore delle tasse».

Lucio Proculo aveva risposto in maniera corretta, senza assumere il tono di chi si scusa per una colpa che non ha. Il danno era stato fatto molto prima che lui assumesse il comando. Qualunque ufficiale con una certa esperienza – e Lucio Proculo aveva esperienza da vendere, così come Balista – si sarebbe accorto all'istante che la Terza *ala* era flagellata dalla corruzione. I soldati pagavano i loro superiori – centurioni per la fanteria, decurioni per la cavalleria – per farsi assegnare compiti fittizi che li esentassero dal prestare servizio nelle zone più pericolose. Se la somma era abbastanza ingente, si stabiliva un tacito accordo per il quale non si ripresentavano mai più, e in questo modo i loro superiori, oltre a intascare il malloppo, si accaparravano di nascosto anche la loro paga ordinaria. Era una pratica ben nota e diffusa in tutte le unità, a meno che il comandante non fosse onesto ed efficiente, e Solino non lo era stato.

«Al nostro ritorno avvierò un'indagine su tutti gli assenti».

Balista sapeva bene che quella minaccia neanche troppo velata non gli avrebbe attirato le simpatie di chi era a capo dei singoli squadroni, ma era importante far capire fin da subito con chi avessero a che fare. Ristabilire la disciplina non era mai un'operazione indolore.

Balista fece segno all'addetto alle armi di cominciare l'ispezione.

«Soldato Malco, otto anni di servizio, paga maggiorata, *immunis* esentato dai lavori pesanti».

L'uomo in questione sembrava più vecchio di quanto ci si sarebbe aspettato, dato che prestava servizio da otto anni: o si era unito all'esercito molto più tardi del normale, o si era arruolato una seconda volta.

«Hai già prestato servizio in precedenza?»

«No, signore».

«Quanti anni hai?»

«Non saprei dire, signore».

Malco aveva un'aria furba e saccente. Balista aveva il sospetto che l'uomo avesse prestato servizio in un'altra unità sotto un nome diverso, prima di disertare e tornare ad arruolarsi in seguito fra i traci. Disertore o no, aveva armi e armatura impeccabili.

«E il cavallo?», chiese Balista.

«Quattro anni, manto nero, macchia bianca sulla testa e su una zampa, destrorso, approvato dal prefetto Solino». Il maestro dei cavalli leggeva da un rotolo di papiro.

«Fallo muovere».

Anche solo al passo, la bestia caricava sulla zampa macchiata di bianco. Al trotto, poi, era quasi zoppo.

Balista sollevò una delle zampe anteriori dell'animale: lo zoccolo era attraversato da una crepa.

«Non è adatto al servizio. Prendi nota: ordinare un rimpiazzo».

Il maestro dei cavalli arrotolò il papiro e prese una tavoletta per scrivere.

«Ordinare un cavallo nero sostitutivo per il primo squadrone, signore».

«Il colore non importa, basta che sia sano», disse Balista.

«Sì, signore», rispose l'altro senza nemmeno provare a nascondere il suo disappunto.

«Il prossimo».

«Soldato Tito, quattordici anni di servizio, paga doppia, *immunis* esentato dai lavori pesanti».

Anche in questo caso l'equipaggiamento del soldato era tirato a lucido, ma stavolta il suo cavallo era in piene forze.

«Monta il telaio della sella. No, non lì, gliel'hai messo quasi sul collo».
«Se glielo metti davanti è più facile cavalcare», intervenne il maestro dei cavalli.
«E l'animale si stancherà più in fretta, con tutto il peso caricato sulle zampe anteriori». Balista parlò a voce più alta. «Voglio vedere tutte le selle montate sui cavalli a metà schiena, per non ostacolare la naturalezza del movimento dell'animale».
Anche dopo aver sistemato meglio il telaio, con il cavaliere in sella, era evidente che l'arco del pomello stringeva troppo sul garrese.
«La sella è troppo piccola, andrà sostituita. Se non disponiamo di un'alternativa adatta, bisognerà costruirne una nuova».
L'intera mattinata e il pomeriggio passarono così. Armi e armature erano splendenti, ma i cavalli costituivano uno spettacolo pietoso: troppo giovani o troppo vecchi, affetti da giarde o da attacchi di vomito, scabbia, infezioni e ogni sorta di malattia. Selle dall'arcione o il seggio troppo bassi oppure con la forcella troppo poco elevata.
A metà del pomeriggio, Balista ricevette una visita poco gradita mentre era impegnato a ispezionare un cavallo con l'attaccatura della coda martoriata per via di un sottocoda troppo stretto.
«Ah, Balista, è qui che ti eri nascosto».
Acilio Glabrione, in sella a un superbo sauro, gli aveva parlato come se Balista fosse stato uno schiavo che si era finto malato per scampare ai lavori.
«Glabrione».
«Devo comunicarti che sei stato convocato per il consiglio di guerra imperiale». Il tono del patrizio indicava quanto considerasse sgradevole quel compito. «Tra un'ora. Ti consiglio di lavarti e metterti qualcosa di pulito addosso».
Senza aspettare una risposta, Acilio Glabrione voltò il cavallo e partì al trotto.
Balista cercò di non far trapelare la sua irritazione mentre si rivolgeva a Lucio Proculo e agli altri ufficiali dei traci.
«Prendete nota di dove siamo arrivati con l'ispezione. Domani voglio vedere di nuovo l'*ala* in parata, alle prime luci dell'alba».
«Gli uomini già ispezionati devono partecipare?», chiese il maestro dei cavalli.
«Tutta l'unità è convocata. Che nessuno si allontani dagli alloggi stasera. Che tutti curino al meglio le proprie bardature. Partiremo tra due giorni, e per allora l'*ala* dovrà essere pronta».
Lucio Proculo iniziò subito a trasmettere gli ordini.

Balista tornò a piedi insieme al prefetto del campo.

«Una situazione penosa», disse Grato. «Uomini buoni per sfilare in parata, non per combattere. Solino ha rovinato l'unità. Troppi *immunes* buoni a nulla. Possono creare problemi, così come i loro decurioni. E poi quel maestro dei cavalli è un inetto. Ma conto sul fatto che molti dei soldati, sotto la guida di una mano ferma come quella di Lucio Proculo, si rivelino utili».

Nei pochi giorni che avevano trascorso insieme, Grato aveva fatto un'ottima impressione a Balista. L'ex centurione aveva la calma di chi è davvero competente in ciò che fa. Mentre camminavano, Balista rifletté sugli altri ufficiali.

Lucio Proculo aveva già ricoperto diversi ruoli di comando. Si diceva che il gallo fosse un vero donnaiolo. Le sue tenute di famiglia si trovavano nei territori occupati dai ribelli, ed era risaputo che il comandante delle guardie a cavallo di Postumo fosse suo cugino. Questo aveva dato adito a voci sulla sua presunta slealtà verso Gallieno. Ma nelle truppe al seguito dell'imperatore c'erano parecchi uomini inclini ai piaceri della carne, e ancor più erano quelli che avevano legami familiari dall'altra parte della barricata. Tra i senatori di Postumo c'era persino un cugino della moglie di Balista.

Per quanto riguardava Eracliano, in precedenza era stato responsabile degli *equites singulares* di Gallieno, e non doveva aver preso molto bene la sua retrocessione a comandante degli arcieri di Emesa. Ma aveva pur sempre una carriera illustre alle spalle: aveva combattuto con Gallieno a Mediolanum e in Rezia, e non c'erano motivi per sospettare che non avrebbe continuato a fare il suo dovere.

Ciò che guastava tutto era la presenza di Acilio Glabrione. Fra le truppe di Gallieno c'erano più ufficiali di quanti ne avrebbero giustificati le dimensioni dell'esercito; e allora perché quella piccola spedizione di cavalleria, composta da meno di un migliaio di uomini, doveva avere un secondo comandante? Se Balista fosse rimasto ferito o ucciso, Eracliano o Lucio Proculo avrebbero benissimo potuto prendere il suo posto. Anche Grato ne aveva tutto il diritto. Se doveva esserci un secondo, perché proprio Acilio Glabrione?

Il patrizio odiava Balista, covava il suo disprezzo da quasi dieci anni. Suo fratello era morto durante l'assedio di Arete, e lui era convinto che Balista l'avesse abbandonato al suo destino. Ma non era andata così. Balista tornò col pensiero alla città sulle rive dell'Eufrate. Il fratello di Glabrione era ubriaco e si era rifiutato di obbedire a un suo ordine, così Balista lo aveva spogliato della sua autorità e confinato nella sua casa in attesa della corte marziale. Ma proprio quella notte i persiani erano riusciti a penetrare all'interno delle mura. Il fratello di Acilio Glabrione si era inginocchiato a terra chiedendo di potersi battere al fianco di Balista in qualità di semplice legionario. Quando ormai era evidente che la città sarebbe caduta, loro avevano provato a fuggire, ma i persiani erano sul punto di raggiungerli. Era stato allora che il fratello di Glabrione si era offerto di restare indietro a combattere per dare agli altri il tempo di mettersi in salvo. Balista ricordava ancora le sue ultime parole: *So che non ti importa dei patrizi, ma ti mostrerò come muore uno degli Acilii Glabriones*.

Molte cose pesavano sulla coscienza di Balista – cose che aveva fatto, giuramenti che aveva spezzato – ma la morte del fratello di Glabrione non era una di queste.

Nel frattempo, erano arrivati nei pressi delle prime tende. Grato salutò Balista e si allontanò per la sua strada.

La presenza di Acilio Glabrione sarebbe stata spiacevole, ma non c'era bisogno che fosse qualcosa di più. Dai tempi di Arete, Acilio Glabrione aveva già servito agli ordini di Balista in Oriente, e insieme avevano sconfitto i persiani a Circesium, anche se il patrizio aveva in parte rovinato la vittoria con una carica troppo frettolosa. Ma la spedizione in cui erano impegnati ora non era un'impresa disperata come quella, anzi era poco più che una tranquilla passeggiata nella campagna gallica: avrebbero dovuto intercettare carovane di provviste indifese e minacciare gli abitanti locali affinché si unissero alla causa di Gallieno. Forse si stava preoccupando troppo.

Ma i suoi pensieri volarono subito a un'altra questione che lo turbava: le morti del senatore Nummio Faustiniano e di un pretoriano durante la sortita nemica nel loro campo. Tutti avevano dato per scontato che fossero stati uccisi dagli uomini di Postumo, ma i nemici erano penetrati da nord senza spingersi troppo lontano, mentre i cadaveri erano stati trovati nella zona sud dell'accampamento. Possibile che qualcuno avesse sfruttato la confusione del momento per regolare qualche conto in sospeso?

Balista tentò di scacciare quel pensiero inquietante dalla mente e si incamminò verso i bagni.

CAPITOLO TREDICI

Strada per Lugdunum
Dodici giorni prima delle idi di luglio

Balista ordinò alla colonna di montare il campo. A circa un miglio dalla cittadina di Cabilonnum c'era un ampio pascolo ai lati della strada, con un bosco vicino: il terreno ideale per passare la notte. Balista smontò da cavallo e osservò i suoi uomini all'opera.

Non erano partiti molto presto; era già passata la seconda ora di luce quando avevano lasciato Augustodunum. Per le prime due miglia avevano mantenuto un'andatura lenta e comoda. Gli arcieri a cavallo di Emesa si erano comportati bene, mentre fra i traci della Terza *ala* c'era stata subito qualche incomprensione e Balista era stato costretto a intervenire, separando le cavalle in calore dagli stalloni e spedendo nelle retrovie gli animali che scalciavano o mordevano.

Alla prima sosta i soldati avevano sfilato il morso dalle bocche dei cavalli e li avevano lasciati bere, approfittandone per sistemare meglio i sottopancia. Gli emeseni avevano controllato gli zoccoli degli animali senza aspettare che qualcuno glielo ordinasse. A entrambe le unità fu concesso appena un quarto d'ora per riposarsi e badare ai propri bisogni corporali, ma raramente i soldati sfruttavano quell'opportunità, salvo poi pentirsene: gli uomini che si allontanavano dalla colonna per svuotare le viscere erano il tormento della cavalleria durante una marcia.

Dopo la sosta avevano alternato passo e trotto, fermandosi per qualche minuto ogni ora. A mezzogiorno, poi, avevano fatto una pausa più lunga. Nelle due occasioni in cui Balista aveva ordinato di smontare di sella e proseguire a piedi, aveva sentito chiaramente mugugnare sia i siriani che i traci. Non ritenevano di aver fatto niente di male, e tutti sapevano che condurre il cavallo a piedi era il castigo destinato a chi si era macchiato di insubordinazione o ubriachezza molesta. Balista fece finta di non aver sentito, ma si meravigliò che i suoi uomini non capissero i benefici di quella che consideravano una punizione: loro potevano sgranchirsi le gambe, e i cavalli avere un po' di riposo. Al contrario di quanto pensavano i cittadini dell'impero, i nomadi delle steppe erano abituati a camminare senza lamentarsi quando non avevano a disposizione cavalli di riserva. Ma i soldati di cavalleria non erano famosi né per lungimiranza né per compassione verso i loro animali o qualunque altra cosa.

Balista si sgranchì i muscoli del collo.

«Non dirmi che sei già stanco, non abbiamo coperto nemmeno venti miglia in tutta la giornata», disse Massimo.

«Sto invecchiando».

«Direi più che ti stai rammollendo, come questi soldati».

«Non si stanno comportando malissimo, per adesso».

Forse era vero, ma ogni volta che le due unità dovevano mettersi in formazione c'erano attimi di caos, tra urla e insulti reciproci. Per quanto il numero delle truppe lo permetteva, ogni squadrone doveva sistemare i cavalli per la notte in due file da sedici e lasciando spazio sufficiente tra i ranghi. Prima di poter riposare bisognava dar da mangiare agli animali, e per questo due soldati per ciascun *contubernium* da otto uomini si allontanavano per cercare foraggio. Nel frattempo, i loro cavalli venivano curati e strigliati dai compagni di tenda.

«Lasciategli le coperte addosso mentre riprendono fiato», ordinò Balista alzando la voce nella confusione generale. «Fateli bere mentre li strigliate, e solo dopo dategli da mangiare».

Acilio Glabrione lo superò in sella al sauro, ignorando il suo comandante e gli uomini intorno a lui. A dire il vero, un ufficiale di secondo grado non aveva nulla di particolare da fare in una spedizione del genere a meno che non avesse ricevuto istruzioni specifiche, e Balista non gli aveva dato ordini.

In un angolo del pascolo i soldati stavano montando una tenda molto più grande delle altre. Era un mistero come Acilio Glabrione fosse riuscito a portarsi dietro quell'affare, dal momento che Balista aveva ordinato che ogni ufficiale, compreso lui, disponesse soltanto di tre cavalli e quattro muli per trasportare i bagagli. L'ordine era stato rispettato in maniera scrupolosa, e Balista non se ne era meravigliato: anni prima, durante una campagna in Oriente, aveva proibito agli ufficiali di portare effetti personali sui carri destinati ai bagagli, e quando si era accorto che l'ordine era stato ignorato aveva fatto bruciare sia i carri sia il loro contenuto. In quell'occasione, Acilio Glabrione aveva perso alcuni effetti personali preziosi tra le fiamme. Era una di quelle storie che passavano di bocca in bocca tra le truppe.

Per Balista, il ricordo di quel giorno non era piacevole. Quando aveva bruciato i carri era ubriaco, e non era nemmeno sicuro che fosse stata una sua idea. L'odio di Acilio Glabrione nei suoi riguardi non era infondato, se ne rendeva conto; la sua presenza non avrebbe certo contribuito allo svolgimento pacifico della spedizione.

«Che stai facendo con quella paglia?», urlò Balista a un soldato.

Il trace non rispose subito, restando con il ciuffo di paglia sollevato a mezz'aria e un'espressione quasi incredula.

«Gli animali sono bagnati, li sto asciugando».

In quel momento comparve il maestro dei cavalli. Aveva gli occhi arrossati, forse per la polvere sollevata dalla marcia del giorno, o più probabilmente per il vino, a giudicare dall'odore.

«Non abbiamo guadato un fiume e non sta piovendo», disse Balista. «È solo un po' di sudore, non c'è bisogno di questo lavoro inutile. Basta solo strigliarli».

«Se li asciughiamo prima con la paglia avranno il manto più lucente», replicò il maestro dei cavalli.

«Non mi interessa del loro aspetto, voglio solo che stiano bene».

«Non è così che lavoriamo noi della Terza». La voce dell'uomo era intrisa di disprezzo. «Il prefetto Solino voleva che ci mostrassimo sempre al meglio. "Pronti per l'ispezione dell'imperatore", diceva sempre».

«Solino non c'è più», si inserì Lucio Proculo. «La Terza *ala* ora è mia, e farete tutti come dice il vostro generale».

L'altro grugnì il suo disappunto e si allontanò. Balista era sicuro di avergli sentito blaterare qualcosa, del tipo *maledetti galli* e *barbari del cazzo*. L'uomo procedeva barcollando leggermente. Doveva essere ubriaco.

«No, non così!». Balista strappò la spazzola di mano al soldato. «Devi stare lontano dal cavallo e poggiare il peso sulla mano, così».

L'uomo si fece indietro, con l'atteggiamento di chi sente di avere tutto il mondo contro per qualche motivo che gli sfugge.

«Devi spazzolare contropelo solo se l'animale è sporco di fango, altrimenti segui sempre il verso del pelo. Parti dal collo e prosegui verso il basso».

Gli emeseni avevano cominciato a ridere del povero soldato trace, e un paio avevano persino lanciato commenti di scherno nella loro lingua.

«Silenzio tra i ranghi!», li rimproverò Eracliano.

Se il prefetto avesse conosciuto la lingua siriaca e capito gli insulti dei suoi uomini, la sua reazione sarebbe stata molto più severa.

Balista rivolse lo sguardo verso la carovana di muli, perfettamente in ordine e disposta a cerchio; era assurdo pensare che gli uomini addetti ai muli fossero più disciplinati e capaci dei soldati di entrambe le unità.

Una spedizione in cui i due ufficiali di grado più alto non riuscivano a scambiarsi una parola senza litigare, il maestro dei cavalli era un ubriacone inetto i cui uomini non sapevano come ci si comporta durante una spedizione, e le truppe di ciascuna unità si odiavano a vicenda: cosa poteva andare storto?

Per fortuna non era previsto che la colonna dovesse affrontare un vero e proprio combattimento.

Accampamento davanti alla città di Lugdunum
Otto giorni prima delle idi di luglio

Dal primo accampamento fino a Lugdunum, passando per le cittadine di Tinurtium e Matisco, avevano fatto tre tappe. La strada attraversava i rigogliosi campi coltivati suddivisi in rettangoli, secondo l'uso romano. Una fila di salici fiancheggiava il fiume Arar sulla sinistra, e all'alba e al tramonto il corso d'acqua si riempiva di anatre e altri uccelli selvatici. Il tempo era stato clemente, il caldo non eccessivo. Le truppe avevano cominciato ad assumere una parvenza di ordine. Ma poi, durante la prima notte in città, c'erano stati problemi.

Balista era seduto all'ombra di una quercia insieme ai suoi quattro ufficiali di rango maggiore, tutti nell'uniforme da parata richiesta da un processo marziale. Giudicare il destino di altri esseri umani non gli era mai piaciuto: l'autorità gli pesava sullo spirito come un macigno. Troppo spesso aveva visto grandi uomini trasformarsi in belve una volta ottenuto il potere di vita e di morte sugli altri.

Per molti versi, quel processo era da imputare alla sua stessa noncuranza e leggerezza. In città, i soldati avevano accesso con troppa facilità al vino e alle donne, per non parlare della tentazione di scommettere denaro e rivalersi sui civili se le cose si mettevano male. Raramente la disciplina sopravviveva alla seconda coppa di vino. E poi Balista sapeva bene quanto poco gli emeseni e i traci si sopportassero a vicenda. Quella mattina, quando ormai era già troppo tardi, aveva ordinato alle truppe di uscire dai loro alloggi cittadini e piantare le tende lì sulla pianura a ovest di Lugdunum. Mentre sedeva tra i suoi ufficiali, Balista pensò ai cavalli e alle stalle.

Fino all'incidente, le cose erano andate bene in città. Pur non avendo accolto a braccia aperte la colonna di soldati, gli abitanti non si erano mostrati ostili. Lugdunum pullulava di attività, con i moli fluviali occupati dalle barche che caricavano e scaricavano merci, i mercati pieni, il fumo dei fuochi di vasai e vetrai lungo le sponde dell'Arar. Sembrava quasi che la città si sforzasse di ignorare la guerra civile in corso poco più a nord.

L'unico aspetto che strideva con quell'aria di apparente normalità era la totale assenza dei membri del consiglio cittadino e di quello delle tre province della Gallia. Si diceva che fossero stati tutti nominati in quello che Postumo definiva il suo Senato, e avessero ricevuto l'ordine di seguire l'usurpatore ad Augustodunum. In mancanza di una qualunque autorità cittadina o provinciale, Balista aveva convocato i capi delle varie corporazioni di mercanti, e quella massa eterogenea di uomini, molti dei quali liberti, aveva prestato il giuramento in base al quale Lugdunum era tornata dalla parte di Gallieno. Il capo della corporazione dei trasportatori era stato nominato primo magistrato cittadino *ad interim*. Certo, in circostanze del genere non si poteva fare molto di più, ma Balista aveva anche dato l'ordine di arrestare qualunque consigliere si riuscisse a trovare ancora in città.

«Si facciano avanti imputati, accusatori e testimoni».

Il caso sembrava chiarissimo: due dei traci, una giovane recluta e un veterano dalla paga doppia, stavano bevendo in una locanda, quando erano entrati tre arcieri emeseni, tra cui un decurione. Erano volati insulti e poi la situazione era degenerata. Nella rissa, il veterano trace aveva ferito un arciere, mentre il decurione era stato pestato dalla recluta.

Ciò che non era affatto chiaro era chi avesse scagliato il primo pugno. Gli emeseni giuravano fosse colpa dei traci. E come poteva essere altrimenti? Era risaputo che i traci non avessero autocontrollo e diventassero a dir poco feroci dopo una bevuta. Dal canto loro i traci sostenevano che quello fosse proprio il tipo di menzogna che ci si poteva aspettare dagli orientali, famosi per essere meschini e ambigui: per loro, mentire era facile come respirare. Era la loro natura. I traci proclamarono a gran voce la loro innocenza: avevano solo dovuto difendersi dall'attacco immotivato degli emeseni. I testimoni imparziali non furono di grande aiuto. Il proprietario della locanda disse di non aver visto come era cominciata la rissa, e l'unica cosa che gli interessava era chi dovesse risarcirlo per i danni subiti dal suo locale. Due cameriere e tre uomini che si erano trovati lì per caso fornirono versioni discordanti dei fatti.

Il pomeriggio trascorse tra insulti, recriminazioni e giustificazioni. Dopo aver ascoltato il racconto di tutti i presenti, Balista si rivolse ai suoi ufficiali.

«Ogni volta che un soldato agisce in disaccordo con la disciplina imposta dall'esercito deve essere punito», esordì citando lo statuto che regolava la vita militare. «Le punizioni comprendono percosse, multe, lavori forzati, perdita di grado, trasferimento in altre unità, o, nei casi più gravi, congedo con disonore o morte».

«Mi sembra evidente che siano stati i traci ad attaccare i miei uomini», intervenne Eracliano.

«Non possiamo essere sicuri di chi abbia dato il via alla rissa», replicò Lucio Proculo prendendo la difesa dei suoi soldati.

«Il più vecchio ha ferito un soldato, il più giovane ha aggredito un decurione. Entrambi devono essere messi a morte». Eracliano era inflessibile.

«Secondo la prassi bisogna tenere conto del rango, dei precedenti e dell'età degli accusati», disse Lucio Proculo.

Acilio Glabrione si decise a prendere la parola. «In tempo di pace, certo. Ma ora siamo in guerra, e non possiamo mostrare indulgenza. Il prefetto Eracliano ha ragione, la pena dev'essere la morte».

«Siamo lontani dal campo di battaglia», si inserì Grato. Come sempre, le parole del prefetto del campo erano lente e misurate. «In tutti i proclami dell'imperatore Gallieno, il ribelle Postumo viene definito un bandito, e una campagna contro dei banditi non è una vera guerra. Tecnicamente, equivale a sedare una rivolta di schiavi».

«Ascoltandoti si direbbe che i tuoi genitori abbiano pagato una fortuna per mandarti a scuola da qualche sofista», lo schernì Acilio Glabrione.

L'ex centurione Grato ignorò la frecciatina alle sue umili origini.

«Chiedo sia concessa la grazia agli imputati».

E così la situazione era in stallo: due voti a favore della pena capitale, due a favore della grazia. Balista era obbligato a consultare i suoi ufficiali ma non a seguire i loro consigli, neanche in caso di unanimità di giudizio. Come accadeva per l'imperatore e il suo *consilium*, l'ultima parola spettava al generale. In quel caso, le ragioni di una punizione esemplare e quelle di una clemenza salvifica si equivalevano.

«Se un soldato colpisce un ufficiale, la pena è la morte. Il giovane trace giura di non aver fatto altro che trattenere il decurione, e ci sono testimoni a supporto della sua versione. In questo caso, la legge marziale stabilisce che all'imputato sia semplicemente assegnato un ruolo meno prestigioso».

Mentre Balista parlava, Acilio Glabrione aveva lo sguardo fisso nel vuoto, come se i dettagli del codice non meritassero la sua attenzione.

«Un soldato che ne ferisce un altro con la spada va condannato a morte; se l'arma è una pietra, deve essere congedato dall'esercito. In base a tutte le testimonianze, il veterano trace ha colpito l'altro soldato con una brocca di vino».

Balista resisté all'impulso di scacciare una mosca che gli ronzava intorno alla testa, per mantenere un atteggiamento il più possibile solenne.

«Durante una spedizione come questa, non è praticabile né l'assegnazione a un ruolo diverso né il congedo».

Eracliano intuì dove stava andando a parare il discorso di Balista e si infuriò, mentre Acilio Glabrione sembrava soltanto annoiato.

«La giovane età della recluta e gli anni di impeccabile servizio del veterano impongono una riduzione della pena. A entrambi verranno trattenuti due mesi di *stipendium*, e la somma verrà assegnata al proprietario della locanda come risarcimento. Dopodiché il veterano perderà la paga raddoppiata. Ai due saranno assegnati compiti più faticosi per la durata di un mese a partire da oggi. Il caso è chiuso».

I soldati ebbero modo di balbettare qualche parola di ringraziamento prima di essere portati via.

Grazie agli dèi è *finita.*

Balista aveva molto altro da fare: doveva pianificare i passi successivi, e non aveva ancora ispezionato i bagagli.

«Signore».

L'ufficiale della guardia cittadina, un decurione degli emeseni, aveva portato davanti alla corte due civili. Uno era l'ex schiavo ben vestito e curato a capo della corporazione dei trasportatori. L'altro aveva l'aria compiaciuta ma era sporco e vestito di stracci.

«In qualità di primo magistrato *ad interim* della città di Lugdunum», esordì l'uomo gustando ogni singola parola, «e obbedendo ai tuoi ordini, ho fatto arrestare e portato alla tua attenzione Argicio, figlio di Arborio».

«È uno scandalo», disse l'altro.

«Il prigioniero è stato catturato mentre provava a entrare in città».

«Ti farò scuoiare vivo, ti farò frustare come non sei mai stato frustato quando eri uno schiavo, per aver osato mettere le mani addosso a un membro del consiglio delle tre province della Gallia!». Malgrado l'aspetto cencioso, Argicio non aveva perso la sua sfrontatezza.

«Per quanto possa darsi delle arie, questo Argicio è un traditore, un membro del finto Senato del ribelle Postumo». Il liberto era estasiato dall'umiliazione inferta al proprietario terriero, e tutti gli anni passati a chinare la testa davanti a persone del suo rango non facevano che esaltare il piacere di quel momento.

«È stato scoperto mentre cercava di sgattaiolare in città travestito. Di sicuro l'impostore l'avrà mandato a sobillare il popolo, oppure lo avrà inviato in qualità di spia. O, peggio ancora, di assassino».

«Non ero travestito, non stavo *sgattaiolando*, e non sono stato *mandato* da nessuno. Stavo tornando a casa, alla luce del sole». Argicio si rivolse direttamente ai cinque giudici, poiché non riteneva l'ex schiavo degno della sua attenzione. «In base a quale autorità questo mercante di origine servile ha scavalcato la carica di un magistrato e perseguitato i suoi superiori?»

«In base all'autorità che gli ho conferito io stesso, Marco Clodio Balista, *protector* dell'imperatore e comandante della spedizione del nobile Gallieno Augusto».

«Perché sono stato catturato?»

«Dovrei essere io a fare le domande, qui».

«Non ho niente da nascondere».

La convinzione di Argicio di essere nel giusto ricordava a Balista quella dei cristiani condotti in catene davanti alle autorità. Se non altro, era improbabile che quel dignitario locale dichiarasse di voler morire per la causa.

«Dal momento che non hai seguito l'impostore ad Augustodunum, devo dedurre che sei venuto a giurare fedeltà al tuo vero imperatore? E perché mai sei coperto di stracci non adeguati al tuo rango?»

«Mentre ero in viaggio da una delle mie tenute a ovest sono stato rapito da una banda di quelli che chiamiamo *bacaudae*, ed è così che mi hanno ridotto».

«Quanto hai pagato di riscatto?».

Argicio gonfiò il petto con orgoglio. «Preferirei morire piuttosto che dare una sola moneta a quella feccia. Sono fuggito mentre erano ubriachi».

«Se è così, devo congratularmi con te».

Argicio sorrise per quel complimento inatteso.

«Ora che sei sano e salvo, hai l'opportunità di giurare fedeltà a Gallieno».

L'altro non aprì bocca.

«Con la tua riluttanza avvalori l'accusa di parteggiare per Postumo».

Seppure turbato dalla piega degli eventi, Argicio provò a ribattere. «Quando Postumo ha preso il potere, nessuno di noi ha avuto altra scelta che riconoscerlo come imperatore».

«Bene, ora quindi puoi riconoscere allo stesso modo Gallieno».

Argicio scosse la testa con aria triste. «Mio figlio è stato educato nelle scuole di Augustodunum, e ora è un ostaggio. Se Postumo venisse a sapere che l'ho tradito... Meglio soffrire le conseguenze delle mie azioni, che avere sulla coscienza la morte di mio figlio».

Eracliano si sporse verso Balista e disse a voce bassa: «Mandalo da Gallieno. Con il giusto incentivo, potremmo usarlo per piantare il seme del tradimento tra gli assediati».

«Devo informarvi che ho un ottimo udito», intervenne Argicio. «Non farò nulla che possa mettere in pericolo mio figlio».

Balista si era sbagliato. Argicio aveva davvero l'intransigenza di un cristiano: aveva appena dichiarato di voler morire per la sua causa. Gli tornò in mente suo figlio Isangrim, trattenuto a Roma nella scuola imperiale sul Palatino.

«Il prigioniero rimarrà in custodia, e gli sarà concesso del tempo per ripensare alla sua posizione».

Balista fu costretto ad ammettere a sé stesso che ammirava quell'uomo: Argicio non era un codardo.

CAPITOLO QUATTORDICI

Accampamento davanti alla città di Lugdunum
Sette giorni prima delle idi di luglio

Sedeva da solo nella sua tenda. Un ufficiale poteva permettersi il lusso della solitudine. Ma l'alloggio era piccolo e aveva poche comodità: un letto da campo e un sostegno per l'armatura; due bauli – uno per gli abiti, l'altro per i documenti – che fungevano entrambi anche da tavolini; una tinozza per lavarsi; un'altra per raffreddare una brocca di vino; una ciotola per gli usi più svariati; due coppe e due piatti; posate; materiale da scrittura; una lampada; un piccolo braciere acceso, nonostante fosse una serata calda.

A Lucio Petronio Tauro Volusiano, prefetto del pretorio, vir eminentissimus, dal tuo amico al seguito della cavalleria.
Se il sigillo di questa tavoletta è infranto, la lettera è stata intercettata e letta.

Era una precauzione inutile: nemmeno un sigillo intatto garantiva la sicurezza che il contenuto della lettera non fosse stato letto. Con un po' di abilità e strumenti facilmente reperibili, chiunque si fosse trovato per le mani la tavoletta avrebbe potuto rimpiazzarne il sigillo. Malgrado tutte le precauzioni, non era raro che un sigillo venisse contraffatto, con enormi rischi per i soggetti coinvolti.
L'uomo afferrò lo stilo e scrisse con l'inchiostro direttamente sul legno della parte interna della tavoletta ripiegata sui cardini.

Mi hai ordinato di comunicare notizie con regolarità. Dopo la partenza di colui che ha portato la tua missiva, ho capito l'identità di soltanto quattro altri frumentarii nella colonna. Per questo motivo limiterò la mia corrispondenza all'essenziale.

Ci sarebbero stati altri *frumentarii* nel campo. Era così che funzionava con le spie imperiali: gli osservatori erano sempre osservati. Il prefetto del pretorio aveva assunto il comando dei *frumentarii* qualche mese prima, e Volusiano era noto per essere incredibilmente meticoloso.

Balista ha svolto i suoi compiti in maniera diligente e accorta. È stato duro con i traci, ma grazie alle sue strigliate saranno presto pronti a combattere. A seconda di quale delle due strade alternative mi ordinerai di prendere, le azioni di Balista potrebbero aver reso più difficile la mia missione. A Lugdunum c'è stato un episodio spiacevole dovuto alla mancanza di disciplina delle truppe, e noi ufficiali nel consiglio avevamo un'opinione divisa sull'entità della punizione. Balista ha optato per la clemenza, e questo potrebbe avergli fatto guadagnare simpatie fra i traci. Ripeto: in base a come mi dirai di procedere, l'episodio potrebbe aver complicato il mio compito.

Sollevando lo stilo dalla tavoletta, l'uomo si fermò qualche istante a rileggere ciò che aveva scritto, rigirandosi l'anello che portava al dito medio. Gli sembrava una lettera troppo prolissa, piena di giustificazioni non richieste per un insuccesso che non era ancora avvenuto. Volusiano non aveva tempo per quelle lamentele da burocrate. C'era bisogno di aggiungere qualche notizia positiva.

Meno comprensibile è stato il comportamento di Balista verso un certo Argicio, un membro del finto Senato di Postumo che è stato catturato a Lugdunum. Il gallo ha parlato a lungo; ama sentire il suono della sua stessa voce, come è tipico della sua gente, ma ha ripetuto più volte che non è disposto a sottomettersi a Gallieno. Invece di costringerlo con la forza a giurare per il suo legittimo imperatore o di spedirlo al campo imperiale davanti alle mura di Augustodunum, Balista gli ha concesso del tempo per riflettere. Pare che Argicio viaggerà al seguito della colonna. Sebbene sia in stato di arresto, il sodale dell'impostore non è in catene. Dal momento che un parente della moglie di Balista siede nel consiglio di Postumo, si fanno più concreti i tuoi sospetti circa la lealtà del barbaro verso Gallieno.

Si fermò a riflettere. Volusiano doveva prendere una decisione: dargli un ordine preciso, informarlo su quale dei due piani perseguire. Se il prefetto del pretorio avesse ordinato l'uccisione di Balista, la missione non sarebbe stata semplice, ma non avrebbe turbato la sua coscienza. In fin dei conti, malgrado la posizione a cui era asceso e la famiglia di rango senatorio in cui era entrato grazie a un matrimonio fortunato, Balista non era altro che un barbaro del Nord. Certo, non si poteva negare che fosse un'ottima guida per le truppe, in grado di guadagnarsi persino il rispetto di chi avrebbe potuto ricevere l'incarico di ucciderlo. No, non era questa l'opzione più preoccupante tra le due che Volusiano gli aveva prospettato. L'altra era molto peggio: tradire un'intera colonna e consegnarla nelle mani nemiche non era un'azione degna di un ufficiale romano. Anche se quei soldati provenivano dalla Siria e dalle terre selvagge dei Balcani, erano cittadini romani per diritto di nascita e non meritavano un simile tradimento. In ogni caso, aveva bisogno di sapere quali erano i suoi ordini. Forzare la mano di Volusiano non era una cosa da prendere alla leggera. Si fece coraggio e concluse la lettera.

La colonna marcerà verso ovest all'alba. Una volta che si sarà inoltrata nel territorio dei ribelli, i tuoi messaggeri potrebbero avere problemi a raggiungermi, per cui ti chiedo di comunicarmi nella tua prossima lettera quale dei due piani dovrò seguire, e sarà fatto.

Poteva bastare. Prese una piccola ciotola di metallo e ci versò dentro alcuni pezzetti di cera, poi la mise a scaldare sul braciere.

Non aveva senso angosciarsi troppo per la missione. Doveva molto a Volusiano, e poi, se non avesse accettato il piano del prefetto del pretorio, non sarebbe mai uscito vivo dalla sua tenda.

Usando lo stilo mescolò la cera sciolta, poi prese la ciotola con delle pinze e ne versò il contenuto sopra la tavoletta, coprendo la scritta sul legno.

La sua famiglia viveva in Italia, ma il comandante dei *frumentarii* poteva arrivare ovunque, e la sua ferocia era ben nota. Inutile lamentarsi per la fortuna avversa.

Una volta che la cera si fu raffreddata, la stese per creare una superficie liscia e rifletté sul messaggio innocuo da imprimerci sopra.

Condurre dei soldati romani dritti in trappola sarebbe stata un'azione riprovevole. Avrebbe preferito di gran lunga che Volusiano gli ordinasse di uccidere Balista e basta: un incidente fatale durante la marcia, un colpo fortuito nella confusione della battaglia, o in alternativa l'azione malefica di un veleno o di una lama notturna.

CAPITOLO QUINDICI

Territorio degli arverni
Cinque giorni prima delle idi di luglio

«Due miglia più avanti, in riva al fiume, il terreno è ottimo per montare il campo».

«Bene. Trasmetti l'ordine agli ufficiali, Fabio, e poi occupati di tracciare le file per i cavalli».

Il capo degli esploratori gli rivolse il saluto militare e si allontanò.

Balista stava soppesando l'idea di promuoverlo a decurione di uno squadrone di traci. Aveva dimostrato un certo coraggio, nella battaglia di Vesontio, e in poco tempo una *turma* al suo comando sarebbe diventata un perfetto strumento di guerra. Ma promuovere lui avrebbe significato sollevare qualcun altro dall'incarico. Era pur vero che almeno cinque dei sedici decurioni della Terza *ala* erano inadeguati al ruolo che ricoprivano, ma sbarazzarsi di punto in bianco di un ufficiale gli avrebbe inimicato ancora di più le truppe. Persino dopo che era stato clemente con le punizioni dei due che avevano causato disordini a Lugdunum, i soldati della Terza non gli avevano dimostrato particolare benevolenza. Lucio Proculo, il prefetto della cavalleria pesante, avrebbe dovuto fare il possibile con quella massa di uomini indisciplinati e inaffidabili.

Invece di stravolgere la struttura della Terza, Balista aveva puntato a riordinare le truppe in modo graduale. Fabio era stato promosso a capo degli esploratori per l'intera durata della spedizione, e gli era stato ordinato di formare una squadra di dodici uomini fidati al suo diretto comando, di cui sei traci e sei emeseni. In questo modo la colonna aveva occhi e orecchie migliori su cui contare, e inoltre lavorando insieme il gruppetto poteva fungere da esempio di pacifica convivenza e collaborazione tra le due unità.

Tutto sommato, Balista doveva ammettere di essere più sollevato rispetto a due giorni prima, quando erano partiti da Lugdunum. Il tempo era stato magnifico, con il sole alto in mezzo a un cielo talmente sgombro e azzurro da sembrare di ceramica. Faceva caldo, certo, ma una brezza leggera rendeva la marcia più che sopportabile. La strada era perfetta, fiancheggiata da entrambi i lati da campi ricoperti di grano maturo, separati tra loro da bassi fossati. Di tanto in tanto, una macchia di alberi offriva ombra e ghiande per i maiali da cui si ricavavano gli insaccati che rendevano le Gallie celebri in tutto l'impero. La campagna sembrava fin troppo deserta, ma già a prima vista si capiva che il territorio che stavano attraversando era quello di una provincia agricola ricca e florida.

La notte precedente avevano montato il campo davanti al borgo di Forum Segusiavorum. Pur disponendo di un teatro, un foro e dei bagni termali, l'insediamento non era molto grande, e solo uno dei suoi consiglieri era stato promosso da Postumo a membro di quella sua patetica imitazione del Senato romano. I dignitari rimasti si erano schierati dalla parte di Gallieno. Il senatore di Lugdunum, Argicio, si era dimostrato utile: pur essendo un prigioniero a tutti gli effetti, aveva presentato a Balista molti dei possidenti locali e facilitato il dialogo. A giudicare dalla quantità di persone che conosceva in città, la tenuta da cui i *bacaudae* l'avevano rapito non doveva essere molto lontana.

Durante la marcia, Balista aveva finalmente trovato il tempo di ispezionare i carri di bagagli che proseguivano in fondo alla colonna. I duecento muli da soma e i sessantadue destinati a essere cavalcati erano in ottime condizioni. Forse un po' tozzi, questo sì, ma in fin dei conti, per quel tipo di lavoro, un animale piccolo e robusto era preferibile a uno alto e slanciato. I mulattieri erano più di cinquanta, tutti civili volontari. Più alti dei traci, sembravano addirittura dei giganti in confronto agli esili arcieri siriani: il lavoro faticoso di gestire il carico e gli animali nelle condizioni più disparate richiedeva uomini grossi e ben piazzati. Ma la forza bruta non sarebbe bastata senza una certa competenza ed esperienza. Mentre un soldato di cavalleria poteva essere addestrato in cinque o sei mesi, era risaputo che a un mulattiere serviva almeno un anno di pratica per imparare a padroneggiare i tanti compiti che gli erano assegnati.

Ad appesantire la carovana di carri, però, c'erano più di cento cavalli trainati per le redini. I cinque ufficiali di grado più alto avevano diritto a due animali di riserva ciascuno; ai decurioni e ai soldati con lo *stipendium* maggiorato ne spettava uno. Il problema era che nella Terza *ala* tracia il numero di uomini che percepivano una paga doppia era esorbitante. Tra cavalli di riserva e muli da soma legati in fila singola, la carovana si estendeva per più di un miglio. Contando anche i dieci schiavi degli ufficiali che aiutavano i mulattieri, tuttavia, c'era un uomo per ogni quattro cavalli e sei muli, un rapporto più che sufficiente. Il prefetto del campo, Grato, sembrava avere il controllo della situazione.

Dopo la consueta sosta di mezzogiorno, si erano spinti verso le colline. Sulle cime più distanti si ammassavano nuvole minacciose. Era un territorio più aspro, patria di pastori e non di contadini. I fianchi delle colline erano punteggiati da lastre di granito che spuntavano dal terreno e torrenti rapidi bagnavano grandi massi ricoperti di muschio. Tuttavia, la strada era ancora agevole. Al contrario di ciò che pensava la gente, non tutte le strade romane erano dritte come frecce: quella, per esempio, si snodava in modo sinuoso seguendo le forme dei rilievi. In alcuni punti, era ombreggiata da grandi alberi.

Procedendo tra i muli e i carri, Balista superò l'ultimo crinale e scorse il sito destinato all'accampamento. La sua ammirazione per Fabio non fece che crescere: aveva scelto una posizione ideale. Un ampio pascolo digradava dolcemente fino a un torrente, protetto dalle cime che lo circondavano. L'erba era folta e del colore giusto: non troppo marrone, malgrado il sole cocente.

Il buonumore di Balista svanì non appena fu costretto a tornare ai suoi compiti di comando. Gli emeseni, in cima alla colonna, erano impegnati a strigliare gli animali dopo averli abbeverati. Ora era il turno dei traci, e subito la situazione era degenerata nel caos. Tutti gli uomini dell'unità volevano attingere all'acqua del torrente nello stesso momento, o almeno tutti quelli che non erano impegnati a bivaccare o recuperare foraggio senza che nessuno gliel'avesse ordinato. Di conseguenza, i pochi che erano rimasti indietro dovevano gestire quattro o cinque cavalli ciascuno; alcuni portavano gli animali a bere sulla riva a valle del torrente, altri li lasciavano entrare in acqua nel punto che preferivano, senza curarsi dei propri compagni. Com'era ovvio, i cavalli si scontrarono fra loro scivolando sulle pietre bagnate e cominciarono a prendersela l'uno con l'altro, digrignando i denti e scalciando. Gli uomini li tiravano per le redini con urla e insulti, a dire il vero destinati più ai loro commilitoni che agli animali. Nessuno degli ufficiali si curò di intervenire. Lucio Proculo, ancora in sella al suo cavallo, osservava lo spettacolo penoso, indeciso su quali misure prendere contro quel branco di selvaggi.

Se solo fosse arrivato un allarme improvviso, i traci, colti alla sprovvista nel mezzo del torrente, si sarebbero ritrovati senza cavallo e impossibilitati a combattere. Grazie agli dèi, però, la guerra era molto lontana.

Tenendo a bada la propria irritazione, Balista spronò Cavallo Pallido in direzione del fiumiciattolo.

«Lucio Proculo, permetti una parola».

Il prefetto gli rivolse il saluto.

«Sarebbe preferibile che i cavalli fossero abbeverati uno squadrone per volta». Balista si sforzò di farlo sembrare un consiglio, non un ordine; ciò nonostante, parlò a bassa voce per non farsi sentire dalle truppe. «Potresti dire ai tuoi decurioni di gestire le operazioni così: ogni soldato tiene le redini di due animali al massimo; tutti entrano in acqua nello stesso punto, conducono i cavalli a valle e si assicurano che bevano a sufficienza; poi escono dal torrente in un altro punto preciso, lo stesso per tutti».

«Sì, signore».

L'ufficiale spronò il cavallo, pronto a trasmettere gli ordini.

«Un'ultima cosa, Lucio: ti dispiacerebbe cenare con me stasera?»

«Sarebbe un piacere, signore».

Il volto del prefetto non tradì alcuna emozione.

«Poiché ogni cosa, in natura, si muove seguendo le stesse leggi stabilite dal fato, tutto può essere un segno, per chi sa leggere al di là delle apparenze». Argicio si stava infervorando. «Tutte quelle migliaia di stelle non brilleranno certo senza motivo».

Era una prassi consolidata che il generale cenasse spesso con i suoi ufficiali. A volte poteva essere un'esperienza piacevole, in grado di creare legami forti, ma non era quello il caso. Acilio Glabrione era lì solo perché la sua educazione da patrizio gli imponeva di partecipare alla cena, e non si era impegnato troppo a nasconderlo. Eracliano non apriva bocca se non per bere una coppa di vino dopo l'altra. Lucio Proculo e Grato erano cortesi ma di poche parole. Se non altro, Argicio non si faceva tanti scrupoli a occupare la scena per intrattenere i suoi cinque commensali.

La luna era enorme e luminosa nel cielo notturno.

«Alla mia nascita non c'erano stelle propizie: Venere non splendeva e Giove non era ancora sorto. Né il sole né la luna si trovavano in posizioni favorevoli, e l'unico astro a vegliare sulla mia venuta al mondo era Marte. Il presagio di una vita piena di brutalità, priva di pace».

Balista bevve un sorso di *dulce*, il vino della terra dei voconzi ottenuto dall'uva appassita. Il gusto delicato traeva in inganno: berne troppo significava svegliarsi con un brutto mal di testa la mattina dopo.

«Il mio destino è già scritto: esilio, confisca dei beni e povertà. Ma nessuna condanna capitale». Argicio sorrise. «Quindi sappiate che sono pronto ad affrontare tutti i pericoli del presente. Non fa alcuna differenza, per me, se Gallieno o Postumo mi mandano via dalla mia casa, prendono tutti i miei beni terreni. Mi conforta la certezza che le stelle indichino una rinascita della mia famiglia nella terza generazione dopo la mia, con onori, ricchezze e cariche consolari».

«Almeno parte della profezia finirà per autoavverarsi, se Gallieno sentirà anche solo una di queste tue idiozie», commentò Acilio Glabrione in tono di scherno. «L'astrologia è illegale ed è punita con l'esilio».

«Ma io non oserei mai utilizzarla per indagare sul futuro dell'imperatore».

Acilio Glabrione fece una smorfia di disgusto, come se il vino che stava bevendo, o piuttosto la compagnia, non fosse di suo gradimento. «Gli dèi, se esistono, sono lontani e non si curano degli uomini. Le stelle non hanno nulla da dire. È meglio lasciare queste superstizioni a schiavi, contadini e forestieri. Settimio Severo, l'imperatore africano, si impegnò per tutta la vita a nascondere l'ora della sua nascita, ma tutti erano convinti di sapere quando sarebbe morto. E tu che ne pensi, Grato? Le congiunzioni astrali sono state in grado di predire la tua straordinaria ascesa?»

«Non ho la presunzione di immischiarmi negli affari dei miei superiori», rispose Grato in tono calmo e moderato, non senza una punta di scherno. Sotto l'apparenza mite, il prefetto del campo nascondeva un'anima d'acciaio.

Acilio Glabrione si rivolse quindi a Eracliano. «E tu, prefetto? Avevi idea delle promozioni che avresti ottenuto e delle insidie che avrebbero celato?».

Eracliano gli lanciò un'occhiata severa. «Tutte stronzate!». Vuotò la coppa in un sorso solo e la passò a uno schiavo affinché la riempisse di nuovo.

«Per quanto riguarda me, sono un uomo devoto», intervenne Lucio Proculo. Tutti si girarono a guardarlo: era la prima volta che parlava senza essere interpellato. «Quando sono venuto al mondo, l'influsso di Venere mi ha donato un innato amore per le donne. Quando ero in servizio sul Danubio mandai a catturare un centinaio di vergini sarmate». Bevve un sorso di vino fissando il vuoto, come se stesse ricordando quei momenti passati.

Balista si chiese se fosse ubriaco. Eppure, non aveva bevuto tanto, e di certo non quanto Eracliano.

«La prima notte me ne portai dieci in tenda. Per quanto era in mio potere, nel giro di quindici giorni feci diventare donne tutte e cento. Che bella cosa, la gioventù!».

«Forse è il caso di brindare a lussuria e depravazione?», suggerì Acilio Glabrione.

«Forse no», rispose Balista, seccato.

La serata era durata anche troppo.

«Signori, ci aspetta una lunga giornata, e dobbiamo essere pronti all'alba. Brindiamo all'imperatore Gallieno e alla vittoria».

A Gallieno e alla vittoria!

Dopo aver vuotato le coppe, tutti si scambiarono saluti cortesi e ringraziamenti. Balista notò che Argicio non si era rifiutato di brindare.

Mentre gli altri si allontanavano, Lucio Proculo si trattenne.

«C'è qualcosa che ti turba?», gli chiese Balista.

Il prefetto si assicurò che nessuno stesse origliando; ora sembrava perfettamente sobrio.

«Volevo ringraziarti».

«L'hai già fatto. Quel formaggio di Tolosa era ottimo, ha fatto sfigurare tutto il resto».

Il gallo scoppiò a ridere. «Sempre meglio di quello che ci aspettiamo di mangiare durante la campagna. No, volevo ringraziarti per quello che hai fatto quando eravamo al torrente. È stato un pensiero premuroso, non criticarmi davanti ai miei uomini».

«Non mi sognerei mai di sminuire l'autorità di un ufficiale».

«Peccato che Acilio Glabrione non la pensi come te».

Balista non disse nulla.

«Le tue istruzioni sono state molto utili». Lucio Proculo gonfiò il petto, quasi come se fosse nel bel mezzo di una parata. «Ho passato tutta la vita sotto le insegne militari, prima da ausiliario e poi nelle legioni. Questi tempi incerti non hanno giocato a vantaggio di una carriera normale. È la prima volta che presto servizio nella cavalleria: la mia casa sulle Alpi non era un terreno adatto ai cavalli».

«Felice!», disse Balista chiamando uno dei suoi schiavi. «Va' a prendere il rotolo di papiro accanto al mio letto».

Quando il servitore si fu allontanato, Balista si rivolse di nuovo a Lucio Proculo.

«Il decurione più esperto dei traci è stato nominato prima che il tuo predecessore rovinasse l'unità. Mi sembra una persona affidabile, potresti imparare qualcosa da lui e lasciargli il comando delle operazioni quotidiani più banali».

Lo schiavo rientrò.

«Ah, Felice». Balista prese il papiro e lo consegnò a Lucio Proculo. «*Sui doveri di un comandante di cavalleria*, di Senofonte. Forse ti potrà essere utile».

Quando il prefetto tornò alla sua tenda stringendo in mano il papiro, Massimo uscì dall'ombra in cui era nascosto.

«Sette donne al giorno per quindici giorni, senza mai una notte di pausa... O ha la mia stessa resistenza, o è un pessimo bugiardo».

«Un'ultima coppa prima di dormire?», propose Balista.

Massimo accettò volentieri. «"Per quanto era in mio potere...". Forse Lucio Proculo non è poi tanto virile come crede?»

«Cos'hai scoperto?»

«Su due dei tuoi ufficiali, un bel nulla! Dato che sono un membro della tua *familia*, i due schiavi di Acilio Glabrione non hanno voluto aprirsi con me sul loro padrone. Non mi meraviglia, visto che quel patrizio del cazzo ti odia. Per quanto riguarda Grato, pare non ci sia nulla da scoprire. I suoi schiavi sono stati comprati da poco, non hanno idea di chi siano i suoi familiari o di che carriera abbia fatto. Non sanno nemmeno da quale parte dell'Italia provenga».

Balista sorseggiò il suo *dulce*, sopprimendo la voglia di ubriacarsi con l'amico.

«Sugli altri due, invece, ho scoperto qualcosa di più interessante. A proposito, stanotte ho dovuto bere molto e spendere ancora di più per sciogliere le lingue dei loro schiavi».

«Con l'età sei diventato più spilorcio del vecchio Calgaco! E comunque non ti ho mai visto rifiutare una bevuta».

Massimo ignorò le frecciatine di Balista. «Eracliano è un uomo infelice, più rancoroso di una donna abbandonata. Ripete sempre di aver salvato la vita a Gallieno, a Mediolanum».

«Così si dice».

«In ogni caso, passa le notti a bere da solo nella sua tenda. Gli schiavi lo sentono spesso blaterare di tutto ciò che ha fatto per Gallieno, ottenendo come ricompensa la guida di un mucchio di siriani effeminati. Proprio lui che un tempo comandava le guardie a cavallo dell'imperatore! Ma ciò che gli va meno a genio è dover eseguire gli ordini di un energumeno barbaro. Che saresti tu».

«Niente di nuovo, insomma. Fin qui ci ero arrivato da solo».

«Forse è così, ma comunque è sempre utile avere la certezza di chi ti odia e chi no».

«È impossibile sottrarsi all'infinita invidia degli uomini».

«Ti sei messo di nuovo a leggere poesie?»

«No».
«Nemmeno io, ma come un aedo greco mi sono tenuto il meglio alla fine».
«Hai sbagliato mestiere».
Massimo riempì di nuovo la sua coppa. «Il tuo gallo seguace di Priapo, Lucio Proculo, ha ricevuto un paio di visite clandestine mentre eravamo a Lugdunum. Sono arrivati quando era già calato il buio e ripartiti prima dell'alba. Hanno parlato in una lingua celtica, e i servitori non hanno capito nulla, se non le parole "Gallieno" e "Postumo"».
Balista rifletté su quanto aveva appena ascoltato. «Potrebbe non essere niente di grave. Proculo possiede delle tenute sulle Alpi, nel territorio dei ribelli».
«E questo giustifica un incontro nel cuore della notte, lontano da occhi indiscreti? E che mi dici di suo cugino, che comanda le guardie a cavallo di Postumo?»
«Da proprietario terriero come lui, capisco le responsabilità che comporta la gestione di una tenuta».
«Ah sì? E io che pensavo che i terreni in Sicilia fossero di tua moglie!».
Balista sorrise. Tra loro non c'era quasi nessun segreto.
«È bello sapere che il vecchio Rikiar è in cammino per la Sicilia».
Un velo di tristezza si posò sul volto sfregiato di Massimo.
«Non preferiresti essere lì anche tu?»
«Con tutto il cuore, ma qualcosa mi dice che tu ti annoieresti».
«Potrei sempre trovarmi un paio di servitrici per placare le mie voglie, invece di dover dormire in una tenda in mezzo a centinaia di uomini dal culo peloso».
«Se non altro, sei così brutto che nessuno ti rivolgerà attenzioni indesiderate! Dov'è Tarchon?»
«Ha sistemato Cavallo Pallido per la notte e poi è andato a bere con alcuni traci. Ce ne facciamo un altro?»
«No, devo dormire». Balista versò a terra il vino che gli rimaneva. «Un'offerta per gli dèi».
Massimo vuotò la sua coppa. «Che abitudine stupida, questa dei romani. Da dove vengo io, agli dèi non si offrono gli scarti».

Un tocco leggerissimo dietro l'orecchio e Balista si risvegliò senza fare rumore.
«Cavalli sciolti nel campo», disse Massimo.
Balista si era addormentato vestito. Si alzò dal letto da campo e si infilò gli stivali e la cintura con la spada.

Fuori dalla tenda, degli uomini urlavano in direzione di alcuni cavalli che scalciavano e correvano liberi. Da lontano arrivò il rumore di qualcosa che si infrangeva al suolo. Balista doveva aver alzato troppo il gomito, dato che non si era svegliato in mezzo a tutto quel trambusto. Massimo aveva ragione: stava invecchiando.

La notte era buia, le nuvole avevano coperto le stelle mentre Balista dormiva. La sua tenda era al centro del campo, accanto ai bagagli. I muli, inquieti, annusavano l'aria. I rumori più forti provenivano da nord, dalle file dei traci.

Balista e Massimo si avviarono in quella direzione, e quando li videro passare, i muli si agitarono ancora di più.

Tre cavalli con gli occhi spiritati e le bocche aperte spuntarono al galoppo dall'oscurità. Senza dire una parola, Balista e Massimo si allontanarono un po' l'uno dall'altro, allargarono le braccia e rimasero immobili.

Pur sapendo che i cavalli non travolgono gli uomini se non sono imbizzarriti o folli, Balista chiuse gli occhi all'ultimo momento. Sentì il rumore degli zoccoli che scivolavano sul terreno, seguito da un violento sbuffo d'aria e dall'odore pungente del fiato di uno degli animali. Riaprì gli occhi e vide che i cavalli si erano fermati a un paio di passi di distanza, anche se puntavano gli zoccoli nel terreno con aria minacciosa.

Avanzando con cautela riuscì ad afferrare la cavezza di uno di loro. L'animale provò a sottrarsi alla presa, ma Balista fu rapido a saltargli in groppa, senza sella.

«Piano», mormorò con dolcezza. «Piano, così, vecchio mio».

Senza smettere di sussurrargli alle orecchie, lo rigirò nella direzione da cui era venuto.

La calma ritrovata dall'animale si diffuse anche agli altri due, che ora attendevano pazienti come buoi. Massimo salì su uno di loro e tenne l'altro per la cavezza.

Insieme avanzarono verso l'origine dei rumori, con Balista che continuava quella dolce e insensata cantilena.

La luna spuntò da dietro le nuvole, illuminando il caos che regnava tra le file dei traci. I soldati inseguivano i cavalli dappertutto con minacce e imprecazioni inutili, al pari degli ordini urlati da Lucio Proculo e dai decurioni. Una tenda era andata a fuoco, forse per via di un braciere rovesciato. Il maestro dei cavalli dell'unità avanzò barcollando, palesemente ubriachissimo, incapace di comprendere la piega inaspettata che avevano preso gli eventi.

Balista si fermò e si voltò a osservare le nuvole scure sul fianco delle colline.

«Merda!», imprecò Massimo, indicando a Balista il punto dove guardare. L'ibernico aveva sempre avuto una vista da falco.

Quelle sulle colline non erano ombre, ma le sagome di decine di cavalli affiancati, ognuno con un cavaliere in sella.

«Ladri di cavalli», disse Massimo. «Devono essere i *bacaudae* che hanno catturato Argicio».

I banditi erano troppo lontani, e i traci non avevano modo di lanciarsi all'inseguimento.

Tarchon, spettinato e ancora più brutto del solito, apparve come un demone evocato da un incubo.

«Cavallo Pallido», disse lo svan. «Quei bastardi l'hanno preso!».

CAPITOLO SEDICI

Territorio degli arverni
Tre giorni prima delle idi di luglio

Erano rimasti tutta la mattina acquattati in un boschetto ai piedi del crinale. Ora, nel pomeriggio, avevano cominciato a risalire il pendio. Non era facile avanzare a piedi, lentamente e cercando di non farsi sentire. A differenza di alcuni dei suoi, Balista si fidava di Argicio.

Due notti prima, una volta terminata l'incursione dei *bacaudae,* l'ordine era stato ristabilito. I cavalli sciolti erano stati catturati e legati, i soldati avevano spento l'incendio ed erano state posizionate più vedette intorno al campo. Mentre le truppe si occupavano di sistemare gli animali ai loro posti e curare quelli che erano rimasti feriti nel tumulto generale, Balista aveva convocato i suoi ufficiali a consiglio. Dimostrando di aver mantenuto il controllo e il senno in quel momento difficile, Balista aveva invitato anche il prigioniero Argicio, l'unica persona che conosceva davvero il territorio. Certo, avrebbe potuto guidare una squadra dritta nelle mani dei *bacaudae*, ma conosceva bene il modo in cui operavano i banditi. Di sicuro ce n'era qualcuno appostato sulle alture intorno a osservare i movimenti della colonna, e se le truppe si fossero lanciate all'inseguimento tutte insieme, i *bacaudae* si sarebbero dispersi all'istante, scomparendo tra foreste e colline insieme ai cavalli rubati. Serviva un approccio più discreto.

Gli erano stati sottratti venti cavalli. Al mattino, Balista aveva ordinato alla maggior parte dei decurioni e dei soldati traci con la paga aumentata di consegnare i propri animali di riserva ai compagni che erano rimasti appiedati. Terminato lo scambio, tra mugugni e scatti di rabbia che avevano rasentato l'insubordinazione, la colonna aveva ripreso a muoversi verso ovest. Durante la marcia, Balista aveva selezionato sedici volontari traci e sedici emeseni. Stavolta dietro alla scelta non c'era tanto la voglia di far fraternizzare i due gruppi, quanto il bisogno di due unità con stili di combattimento diversi. Il comando della *turma* fu affidato a Fabio, il capo esploratore.

Quella notte, a una ventina di miglia dal luogo in cui era avvenuta l'incursione, Balista e gli uomini scelti erano sfilati via dal campo senza farsi notare. Argicio li aveva condotti fino a una strada secondaria poco frequentata, che puntava a nord dopo aver disegnato un'ampia curva. Sul cammino, avevano incontrato soltanto le creature della notte: gufi che planavano in silenzio sulle loro grandi ali per ghermire una preda ignara, una volpe a caccia che li aveva osservati con sospetto. L'alba li aveva trovati già nascosti nel boschetto alla base della collina, dove avevano trascorso tutta la mattinata al riparo da occhi indiscreti, o almeno così gli era sembrato. Un pastore era passato con il suo gregge su un sentiero poco lontano, ma per fortuna nessuna pecora si era allontanata costringendolo a guardarsi intorno e scoprire la *turma* nascosta. Tranne che nei versi dei poeti, i pastori erano poco più che banditi, e data la vicinanza al covo dei *bacaudae*, quello doveva essere di sicuro un loro complice. E tuttavia non sarebbe stato bello doverlo uccidere a sangue freddo, senza contare poi il problema che sarebbe sorto subito dopo: cosa farne di un intero gregge belante?

Alla nona ora, circa tre prima del tramonto, avevano lasciato il nascondiglio. Un soldato su quattro era rimasto a trattenere i cavalli tra gli alberi, tutti gli altri avevano seguito Argicio su per un sentiero delle capre, in fila per uno.

Balista schiacciò una zanzara che l'aveva punto sul braccio. Il sole era basso ormai, e le ombre degli alberi si allungavano sul terreno. Lo scudo legato dietro la schiena gli irritava la pelle del collo, il peso della spada gli tormentava la spalla. Prima di lasciare il campo aveva ispezionato i suoi uomini e ordinato che lasciassero nelle tende cinture e imbracature, qualunque cosa che potesse fare inavvertitamente rumore. Malgrado la precauzione, bastavano i passi pesanti sul pietrisco e i loro respiri affannosi per tradire la presenza di un nutrito gruppo di uomini sul sentiero. Quando proseguivano a piedi, i cavalieri erano ancora più rumorosi dei soldati di fanteria. Se gli dèi si fossero dimostrati propizi, quei suoni indesiderati sarebbero stati portati via dalla brezza o attutiti dai fitti tronchi degli alberi.

«Il covo si trova oltre il prossimo crinale», disse Argicio a voce bassa. «Di' ai tuoi uomini di sparpagliarsi».

Balista ripercorse a ritroso la fila per sussurrare gli ordini: sei arcieri su ogni lato, soldati con spada e scudo al centro; restare sempre al di qua della linea dell'orizzonte; non fare rumore; attendere il segnale del comandante.

Un enorme ramo di pino spezzato forniva una buona copertura in cima al crinale. Balista si tolse l'elmo e osservò attraverso gli aghi ancora verdi. Solo Massimo e Argicio si erano arrampicati lassù insieme a lui.

Costruito in un avvallamento del terreno, l'accampamento dei *bacaudae* era già in ombra. Un edificio fatto di canne e fango, simile a una piccola torre, sorvegliava l'accesso a una caverna. Su entrambi i lati erano stati eretti dei recinti, che ora erano pieni di animali; tra i cavalli, il manto di Cavallo Pallido risaltava nella penombra. Sulla sinistra c'erano due guardie. Erano armate, ma in quel momento erano sedute a bere insieme da una fiaschetta. Non si poteva di certo dire che fossero vigili, e comunque quel poco di attenzione la rivolgevano al sentiero principale che arrivava da sud. Non sollevavano mai lo sguardo verso la collina a est, dietro la quale erano nascosti Balista e i suoi.

Su un fuoco acceso vicino alla caverna, un maiale girava sullo spiedo mentre alcune donne ne irroravano la carne con olio e aromi. L'aroma delizioso risaliva fino ai soldati nascosti sul crinale. Un grande tavolo di legno, senza dubbio il frutto di qualche saccheggio, era stato piazzato davanti alla torre. Era già apparecchiato con pane, vino e ciotole piene di salse e verdure cotte. Balista e i suoi avevano mangiato solo delle fettine di pancetta e un paio di gallette bagnate nella *posca*, la miscela di acqua e aceto di vino dei legionari.

I *bacaudae* si stavano preparando per il banchetto. Nello spazio aperto davanti al grande tavolo, si lavavano nudi in enormi tinozze piene d'acqua calda, strofinandosi l'un l'altro con unguenti trafugati in qualche villa di campagna. Avevano lasciato spade e pugnali accanto al tavolo in corrispondenza dei loro posti. Tra loro, ce n'erano pochi che possedevano uno scudo. Tuttavia, Balista contò almeno cinquanta uomini; per rimediare all'inferiorità numerica, il suo squadrone avrebbe dovuto fare affidamento sul fattore sorpresa, sull'addestramento e sulla qualità superiore di scudi e armi.

«Facciamoli fuori alla svelta», sussurrò Massimo, «e poi abbuffiamoci di carne prima che si raffreddi».

«No, aspettiamo prima che si ubriachino», disse Balista.

Secondo le informazioni di Argicio, molte delle bande che infestavano le Gallie erano piene di disertori dell'esercito: gente che sapeva come maneggiare una spada. Non tutti i *bacaudae* erano schiavi fuggiti, bifolchi o avanzi di galera. Sarebbe stato meglio non sottovalutarli.

Negli ultimi due anni la piaga dei banditi si era fatta sempre più grave. Preparandosi alla guerra civile, Postumo aveva richiamato nel suo esercito tutti i soldati che in precedenza facevano la guardia agli incroci e ai ponti nelle sterminate campagne del territorio. E le cose erano peggiorate ancora di più da quando l'impostore aveva ordinato che tutti i membri del suo falso Senato lo seguissero ad Augustodunum. In assenza dei proprietari delle grandi tenute, i disperati e gli affamati si erano rivolti altrove per cercare cibo e sicurezza. I proprietari terrieri meno facoltosi si erano decisi ad agire al di fuori della legge, e i capibanda avevano riempito il vuoto di potere. Tra i capi dei *bacaudae*, secondo Argicio, c'erano anche dei druidi, sacerdoti vagabondi abituati a sobillare i loro seguaci con visioni messianiche di un ordine nuovo, che quasi sempre si traducevano nella caduta di Roma.

Quando finirono di lavarsi, i banditi indossarono brache ampie e corte tuniche e andarono a sdraiarsi sulle balle di fieno che fungevano da lettini.

«Quello al posto d'onore è Eliano, il loro capo», spiegò Argicio. «È un uomo violento che ha sempre preferito prendersi con la forza ciò che voleva, piuttosto che spaccarsi la schiena nella piccola fattoria che possedeva poco lontano da Forum Segusiavorum».

Eliano era un uomo di mezz'età dal fisico ancora invidiabile. Al collo portava una torque d'oro.

Una folla di prigionieri vestiti di stracci uscì dalla caverna per servire al tavolo dei fuorilegge.

«Oh, dèi! No!», mormorò Argicio. «Vedete la donna che serve Eliano?».

Era alta e aveva un portamento fiero, anche quando il bandito si puliva le mani sulla sua tunica logora e le palpava il seno tra le risate dei compagni.

«È la moglie del mio vicino. Sei mesi fa hanno ucciso suo marito e dato alle fiamme la sua villa. Pensavamo che fosse morta nell'incendio insieme ai suoi bambini».

«Non era tra i prigionieri quando hanno catturato anche te?».

Argicio sorrise senza gioia. «Quei bastardi mi tenevano all'aperto, legato insieme agli animali. Nessuno dei servitori aveva il permesso di avvicinarsi a me. Nessuno che mi parlasse o mi portasse del cibo, tranne Eliano. A volte mi lanciava un osso o degli scarti. Pensava che l'isolamento, unito alle percosse quotidiane, mi avrebbe spinto a pagare il riscatto».

«Vuoi che non arrivi a domani, ci scommetto», disse Massimo.

«Voglio che la terra gli sia lieve, affinché i cani trovino più facilmente il suo cadavere».

Il maiale fu affettato e servito a tavola. L'aroma che arrivava era irresistibile. Non c'era da meravigliarsi che la banda avesse trovato così tante reclute: né i contadini né i poveri di città erano abituati a mangiare carne, se non durante i rari banchetti offerti da qualche possidente. Pancia piena e buon vino rubato, compagnia e donne a volontà: la vita dei *bacaudae* era piena di attrattive per i disperati e gli oppressi.

Balista fece qualche calcolo. C'erano circa cinquanta banditi e venti schiavi, sia uomini che donne. Questi ultimi non avevano importanza: non avrebbero mai combattuto per chi li aveva fatti prigionieri. Balista poteva contare su dodici traci, più Massimo, Tarchon e Fabio, per un totale di sedici uomini equipaggiati per una lotta corpo a corpo, lui compreso. Diciassette, contando anche Argicio, che pur non avendo un'armatura aveva chiesto e ricevuto il permesso di portare una spada. Con una tale disparità di forze, molto dipendeva dalle capacità degli arcieri orientali.

I *bacaudae* si godevano la festa tra risate e battute, gonfi di vino e carne, proprio come Balista desiderava. Ma il sole stava tramontando, e per avere efficacia, gli arcieri dovevano vedere a cosa stavano mirando. Era il momento di preparare l'assalto.

Balista e Massimo si allontanarono dalla cresta della collina e si aggirarono tra gli uomini distribuendo ordini e pacche sulle spalle per incoraggiarli; erano tutti al proprio posto e sapevano cosa fare.

Tornato ad acquattarsi dietro il ramo caduto, Balista si sorprese di quanto si fosse fatto più buio l'avvallamento in cui sorgeva il campo dei banditi. Sperò che gli arcieri avessero ancora abbastanza luce e che fossero abbastanza furbi da non puntare verso il fuoco acceso: i loro occhi si erano adattati alla penombra, e fissare una fonte di luce avrebbe significato sprecare quel piccolo vantaggio. Non c'era tempo da perdere.

Balista si alzò in piedi e scavalcò il ramo. Portandosi le mani a coppa davanti alla bocca, imitò il verso di un gufo. Come spettri inquieti, i soldati emersero dalla vegetazione lungo la cresta. I *bacaudae*, impegnati nei bagordi, non si accorsero di nulla.

Un passo dopo l'altro, in silenzio, Balista scese per il pendio fiancheggiato da Massimo e Tarchon, con Argicio appena dietro. Sei uomini procedevano alla loro sinistra e altri sei a destra, guidati da Fabio.

Si udirono chiaramente le corde degli archi che vibravano al di sopra delle urla festose dei banditi.

Le frecce comparvero dal nulla. Qualcuna andò a piantarsi nel legno del tavolo o tra le balle di fieno, ma la maggior parte freddò i *bacaudae* nel bel mezzo della baldoria. Dopo un attimo di sconcerto, i banditi si precipitarono a recuperare le armi. Altri tre o quattro crollarono al suolo increduli, stringendo le frecce che li avevano trafitti al petto o allo stomaco. Ora i sopravvissuti potevano vedere chiaramente gli uomini armati che si avvicinavano con le spade in pugno. Per molti, quella visione spaventosa bastò per fuggire verso il sentiero principale o correre in cima alla torre.

Balista studiò la situazione. Le due sentinelle erano già fuori combattimento, uccise dalle frecce che gli spuntavano dai corpi esanimi. Gli emeseni avevano fatto un ottimo lavoro. Un altro bandito stramazzò al suolo proprio davanti ai suoi occhi.

Inciampando su una radice sporgente, Balista barcollò per qualche passo in discesa, e quando recuperò l'equilibrio si accorse di essere uscito dalla linea degli alberi. Ora era allo stesso livello dell'accampamento, e uno dei banditi lo stava già puntando, correndo verso di lui con la spada sollevata. L'uomo calò un fendente come se stesse maneggiando un'ascia per tagliare la legna. Senza scomporsi, Balista evitò facilmente l'attacco con un passo di lato e colpì l'avversario dietro la coscia. Il bandito crollò sulle ginocchia. Dopo aver controllato che non ci fosse nessun'altra minaccia imminente, Balista lo finì con un taglio netto appena sotto la nuca.

Non tutti i *bacaudae* avevano abbandonato la lotta. Quelli rimasti avevano abbozzato una falange di una ventina di uomini intorno a Eliano. Il capo e gli altri che possedevano uno scudo formavano la prima linea. Erano riusciti a opporsi ai traci e a fermare la loro avanzata, e ora i due gruppi avversari erano fermi a qualche passo l'uno dall'altro.

«Dietro di te!».

Sentendo l'urlo di Massimo, Balista si abbassò subito su un ginocchio e sferrò un colpo alla cieca. Percepì il movimento della lama nemica appena sopra la testa, ma allo stesso tempo Sole della Battaglia falciò il ginocchio del nemico che l'aveva attaccato, il quale gli si abbatté addosso con tutto il peso. Balista lasciò lo scudo e rotolò di lato, poi con la mano sinistra estrasse il pugnale e si rialzò in piedi, pronto ad attaccare. Ma non ce n'era bisogno: come due macellai esperti impegnati a smembrare una carcassa, Massimo e Tarchon stavano già facendo a pezzi l'assalitore.

Eliano e i suoi erano riusciti ad arretrare fino alla porta della torre, scomparendo al suo interno due uomini per volta, con una disciplina che rivelava il loro addestramento militare. L'ultimo a entrare fu il capo dei banditi, dopodiché la porta fu chiusa e si udì il rumore delle pesanti travi di legno che venivano utilizzate per sbarrarla.

Illuminati dalle fiamme su cui fino a poco prima era stato cotto il maiale, i vincitori erano immobili in mezzo alla carneficina.

Da una finestra in cima alla torre, una freccia si abbatté sulla cotta di maglia di uno dei soldati, troppo debole per penetrarla. Urlando insulti ai nemici, l'uomo sollevò lo scudo.

«Torniamo tra gli alberi!», gridò Balista. «Radunatevi intorno a me!».

Il tempo sembrava essersi fermato. Era scesa la notte. Da qualche parte in fondo alla caverna arrivava il pianto terrorizzato delle donne, e i feriti intorno al grande tavolo lanciavano lamenti strazianti.

«Fabio, la situazione?», disse Balista.

«Due feriti, ma niente di grave».

«Parliamo!», urlò una voce dalla torre.

«Va bene, parliamo», concesse Balista.

Eliano si affacciò alla finestra più in alto, con la sua torque che rifletteva la luce delle fiamme.

«Risparmiateci la vita e lasciateci le nostre armi, e ce ne andremo da questo territorio».

«Non possiamo risparmiarli», sussurrò Argicio.

«Continua a farlo parlare», gli disse Balista a bassa voce.

Argicio annuì e si rivolse al capo dei banditi. «Quali ostaggi ci lascerete in cambio?».

Balista si mosse tra gli alberi.

«Argicio, caro cugino, sei tornato allora». Eliano sembrava sinceramente divertito. «Devono essere state le tue buone stelle a riportarti qui».

«Abbattilo», ordinò Balista all'arciere più vicino.

«Non siamo parenti!», urlò Argicio.

«Gli astri non ti hanno rivelato come finirà tutto questo?».

La freccia mancò il bandito di poche dita. L'uomo si riparò all'interno.

«Bastardi senza vergogna! E vi chiedete pure perché siamo diventati *bacaudae*?». La voce di Eliano era carica di odio e sdegno.

«Sarà difficile forzare quella porta», disse Fabio. «Ci saranno vittime tra i nostri».

«Non ce ne sarà bisogno», replicò Balista. «Fabio, di' agli arcieri di tenere la testa bassa e mirare alle finestre. Massimo, Tarchon, seguitemi».

I tre si scambiarono poche parole e partirono di corsa verso il grande tavolo. Le balle di fieno non erano molto grandi, e ognuno di loro ne afferrò una. Mentre le accatastavano contro un angolo della torre, una freccia sibilò fin troppo vicina. Balista sentì Fabio urlare agli arcieri di rispondere più rapidamente.

Una volta impilate le balle di fieno, corsero di nuovo al tavolo.

Dannazione, nel fuoco non restavano molti ceppi consumati.

Balista raccolse una manciata di stracci e tovaglioli dal tavolo, sentendo il fischio di un'altra freccia poco lontano dal suo orecchio.

Tornato al fuoco, lanciò agli altri due alcuni tovaglioli e si avvolse i restanti intorno alle mani. Il calore era così forte da bruciacchiargli le sopracciglia, ma riuscì lo stesso ad afferrare un carbone ardente.

In un attimo furono di nuovo ai piedi della torre, e fu facile dare alle fiamme le balle di fieno. Le canne di cui era fatta la struttura sarebbero bruciate per bene. Balista si sputò sui palmi delle mani, martoriati dal calore.

Ripreso fiato, i tre si separarono e corsero a zig zag verso la linea degli alberi.

Le fiamme lambivano già il fianco della torre, che iniziava a scricchiolare man mano che il calore si faceva più intenso.

«Ci sono donne e bambini qui dentro», urlò Eliano dall'interno della struttura.

«Fateli uscire, allora!», rispose Balista. Poi, a bassa voce, disse a Fabio: «Tieni pronti gli arcieri, forse sta mentendo».

Quasi subito la porta si spalancò. Gli occhi di tutti erano puntati sul rettangolo nero dell'apertura. Cinque o sei figure uscirono esitanti dalla torre: a giudicare dalla statura, almeno due erano bambini, il resto donne. Il gruppetto restò fermo lì, senza sapere bene cosa fare.

«Venite verso di noi!», urlò Fabio.

Corsero verso gli alberi come un gregge di animali impauriti.

«Controllate che non abbiano armi e che siano davvero donne», ordinò Balista.

«Ti sembra il momento di pensare a quella cosa lì?», lo schernì Massimo.

Balista ignorò la battuta.

«Ci arrendiamo!», urlò Eliano quando l'incendio ormai avvolgeva la torre. «Chiediamo pietà!».

Balista si rivolse agli arcieri emeseni.

«Quando usciranno per sfuggire alle fiamme abbatteteli tutti senza esitazioni».

CAPITOLO DICIASSETTE

Territorio degli arverni
Il giorno prima delle idi di luglio

Lo schiavo affilò il rasoio, sollevò il panno caldo dal viso di Balista e cominciò a raderlo. Era stato acquistato proprio per la sua abilità di barbiere, ma era anche un ottimo cuoco. L'altro schiavo che aveva comprato a Mediolanum, invece, era specializzato nella cura dei cavalli. Felice, il cuoco-barbiere, e Astuto, lo stalliere, erano in grado di svolgere tutte le mansioni di cui Balista e le sue due guardie del corpo necessitavano. La *familia* di Balista in Gallia era molto ristretta.

C'erano proprietari che amavano dare un nuovo nome ai loro schiavi, ma Balista non era tra quelli. Gli sembrava ingiusto. Dovevano essersi ormai abituati ai loro nomi da schiavi, dato che molti li portavano fin dalla nascita. Certo, si chiedeva se il suo cuoco-barbiere si considerasse davvero un uomo fortunato e se il suo stalliere pensasse di essere astuto. Una volta aveva un cavallo di nome Astuto, pensò Balista.

Avrebbe potuto portarsi un paio di schiavi della sua tenuta lì in Gallia, ma i servitori di sua moglie erano nati e cresciuti in un ambiente domestico e non erano abituati alla vita dura di una campagna militare. E poi il pericolo era sempre dietro l'angolo, persino in una spedizione tranquilla come quella. Giulia non l'avrebbe presa bene, se uno dei suoi schiavi ci avesse rimesso la pelle.

«Ho finito, signore».

Felice porse a Balista uno specchietto di bronzo lucido, sul manico dei cani da caccia intarsiati: un regalo di Giulia. Balista si osservò il volto rasato nel riflesso leggermente distorto dello specchio. Felice aveva fatto un buon lavoro: non aveva lasciato nemmeno un taglietto da medicare con tela di ragno e aceto. Malgrado le cupe previsioni di Massimo, la caduta nel dirupo sulle Alpi gli aveva lasciato solo una nuova cicatrice sul naso, che faceva il paio con quella già presente sul mento.

Balista studiò più a fondo il riflesso nello specchio. Alcuni mesi prima, in un vano tentativo di non farsi riconoscere, si era fatto rasare i capelli.

Non era stato facile convincersi: la sua famiglia era quella dei sovrani del Mare di Svevia, conosciuti come gli Himling dai lunghi capelli. Ora gli stavano ricrescendo, ma arrivavano appena alle orecchie. Erano più lunghi di quelli di un semplice soldato, ma non erano nemmeno i boccoli elaborati e alla moda dell'élite dell'impero. Un'acconciatura fuori posto sia a Roma che nel lontano Nord: una metafora della sua vita, insomma. Di certo un sofista avrebbe scritto un'intera orazione sull'argomento, pensò: qualcosa come il celebre *Elogio della chioma* di Dione Crisostomo.

«Grazie, Felice. Ci porteresti la colazione?».

Come evocati dal richiamo del cibo, Massimo e Tarchon si palesarono.

Balista era seduto sullo sgabello da campo pieghevole davanti alla tenda, con il sole che gli riscaldava il viso, e osservava l'accampamento dei suoi uomini. Erano tornati a montare le tende nel grande pascolo scelto da Fabio prima dell'incursione dei *bacaudae.*

I due schiavi portarono pane caldo, pancetta e uova sode, il tutto accompagnato da birra locale. Grato era stato nominato responsabile degli approvvigionamenti, e aveva svolto il compito con la stessa efficienza e diligenza con cui aveva organizzato il trasporto dei bagagli. Balista e le sue due guardie del corpo mangiarono in silenzio, mentre Felice e Astuto attendevano con una certa trepidazione: a loro spettavano gli avanzi, e conoscevano bene l'appetito da lupi di quei guerrieri barbari.

Balista si era rifiutato di cenare dopo l'incendio della torre dei *bacaudae* e il massacro dei suoi occupanti, alcuni trafitti dalle frecce degli emeseni mentre tentavano una fuga disperata, altri carbonizzati tra le fiamme. Lo squadrone aveva passato la notte tra i cadaveri del covo dei banditi, e l'odore di carne bruciata, unito a quello del maiale arrostito sul fuoco, aveva tolto a Balista qualsiasi appetito, oltre al sonno. Gli altri, compresi Massimo e Tarchon, non si erano fatti altrettanti scrupoli.

Non tutti i *bacaudae* erano morti: alcuni erano riusciti a fuggire per il sentiero principale. Ma avevano perso il capo e il covo, sparpagliandosi per i campi dei dintorni. Ci avrebbero messo un po' per raggrupparsi e trovare un nuovo capo, oppure unirsi a un'altra delle bande che infestavano quel territorio lasciato a sé stesso dai governanti.

Al mattino, i prigionieri dei banditi – trenta tra uomini e donne, più due bambini – erano stati riuniti e portati al boschetto dove le truppe avevano lasciato i cavalli. I soldati, che poche ore prima si erano dimostrati degli assassini spietati, si erano di colpo trasformati in figure quasi paterne, con la caratteristica sdolcinatezza dei loro popoli d'origine: avevano fatto a gara per aiutare i prigionieri in tutti i modi, lasciando persino che usassero i loro cavalli durante la marcia per ricongiungersi alla colonna.

«Gli animali malati sono pronti per l'ispezione». Eracliano e Lucio Proculo erano tirati a lucido, con le armature che risplendevano sotto i raggi del sole mattutino.

«Avete già mangiato?», chiese Balista.

I prefetti delle due unità lo ringraziarono, ma avevano già fatto colazione. Felice e Astuto tirarono un sospiro di sollievo per lo scampato pericolo.

Balista si lavò le mani e se le asciugò con un panno portato da Felice.

Erano state radunate diciotto bestie dall'aspetto penoso. Il maestro dei cavalli dei traci era l'ufficiale di turno per la mattinata, e per fortuna almeno quel giorno non puzzava di vino.

«Castrone baio di cinque anni, marchiato con la lettera epsilon, cavalcato da Abbas degli emeseni, tosse insistente», disse l'uomo.

«Cure?»

«Pastone di lenticchie tritate una volta al giorno. Nessun miglioramento». Dunque il maestro dei cavalli non era un completo inetto: conosceva almeno qualche rimedio pratico per la cura degli animali.

«Provate a cospargerlo ogni giorno con una mistura di gomma di *ammoniacum*, trementina, acacia, succo di papavero e acqua, ben mescolata. Altri casi di tosse?»

«No, signore».

«Facciamo comunque attenzione, potrebbe essere contagiosa», aggiunse Balista. «Mettetelo in lista per essere rimandato indietro».

«Quattordici anni, femmina, nessun segno distintivo...».

E così continuò l'ispezione. Degli otto animali successivi, solo uno non era zoppo. Due zoppicavano solo a causa degli zoccoli consumati, e potevano tornare in servizio una volta riparato il danno; gli altri furono aggiunti all'elenco di quelli da rimandare all'esercito principale.

Gli ultimi nove animali appartenevano tutti a soldati della Terza *ala* tracia. A Balista bastò la puzza che emanavano per capire quale fosse il problema, prima ancora di notare le ferite che avevano addosso.

«Una poltiglia calda a base di cipolla curerà gli ascessi e il gonfiore. I tagli aperti sono stati trattati con miele e panni di lino».

Il maestro dei cavalli aveva il tono di chi sta sulla difensiva, e non a caso: i rimedi che aveva adottato erano buoni, ma le ferite erano il risultato della scarsa cura con cui i traci avevano strigliato i loro animali, pulito le coperte da mettere sotto le selle o assicurato i sottopancia. E quella negligenza ricadeva sotto la sua responsabilità.

Balista prese la sua decisione.

«Questi cavalli resteranno con la colonna, viaggiando senza bagagli. Dovrebbero rimettersi presto, a patto che siano ben curati e che non li si faccia affaticare».

Quante volte ancora avrebbe dovuto ripetere ai traci e al loro maestro dei cavalli quanto fosse importante avere cura dei loro animali?

Balista assunse un tono formale che non tradisse la sua irritazione.

«Tu e un decurione scelto andrete a portare all'esercito i cavalli che non possono seguire con noi. Vi accompagneranno i loro proprietari, utilizzando i cavalli di riserva degli uomini della Terza *ala* che godono di una paga doppia. E ovviamente gli verrà trattenuto un mese dello *stipendium* per la negligenza che hanno dimostrato».

«Faremo ciò che ci viene ordinato e a ogni ordine saremo pronti». Il maestro dei cavalli pronunciò la formula di rito con un misto di sollievo e rancore.

«Preparatevi a partire domani».

Balista congedò l'uomo e tornò alla sua tenda, dove trovò Argicio ad aspettarlo.

«Sei venuto a dirmi addio?».

Balista aveva ordinato a un decurione e a un *contubernium* di otto soldati traci di scortare i prigionieri liberati a Forum Segusiavorum, e Argicio alla sua tenuta. Una volta portato a termine il compito, sarebbero rimasti a pattugliare le strade per evitare un nuovo attacco di *bacaudae*.

Il senatore sorrise. «Sì, ma soprattutto per ringraziarti».

«Non ce n'è bisogno, ho solo fatto il mio dovere. Senza il tuo aiuto, Eliano e la sua banda sarebbero ancora in giro a fare danni. E io avrei perduto per sempre il mio Cavallo Pallido».

«Tieni molto al tuo destriero».

«Moltissimo».

Argicio si guardò intorno con aria pensosa, come per dargli un segnale in codice.

Balista fece segno a Felice di lasciarli soli. Il vecchio adagio secondo cui non ci si poteva fidare nemmeno dei propri schiavi aveva trovato conferma in tutte le informazioni che Massimo era riuscito a strappare ai servitori degli ufficiali poche sere prima.

«Mi stai davvero liberando senza obbligarmi a giurare per Gallieno?»

«Il fatto che tuo figlio sia nelle mani di Postumo è un motivo sufficiente per la tua riluttanza. Spero che non gli facciano del male».

«E io spero che sia lo stesso per tuo figlio, a Roma».

«Fa' un buon viaggio».

«Grazie, anche tu».

Si strinsero la mano e Argicio si incamminò per la sua strada.

Era quasi ora di pranzo. Balista richiamò Felice per farsi portare da bere e andò a sedersi all'ombra. Finalmente poteva rilassarsi: avrebbero smontato il campo solo il giorno dopo, e non c'erano questioni urgenti da affrontare. Le notizie che arrivavano da Augustodunum parlavano di un assedio in corso che si prospettava lungo. La colonna avrebbe avuto tutto il tempo di marciare verso ovest e poi a sud, raccogliendo i giuramenti dei governanti locali. Non c'erano segni di eventuali truppe di rinforzo o approvvigionamenti inviati a Postumo da quei territori.

Felice portò una brocca di birra. Per Balista, una campagna nelle Gallie significava anche potersi godere la bevanda preferita della sua gioventù. Si chiese se le stelle avessero detto il vero riguardo ai discendenti di Argicio: un suo pronipote sarebbe davvero asceso al rango di console? E soprattutto, gli sarebbe convenuto? Forse no, in quei tempi così incerti.

In fin dei conti, fino ad allora era stata un'ottima giornata. La presenza dei cavalli feriti e dei prigionieri liberati aveva giocato a suo vantaggio. Certo, aveva dovuto allontanare alcuni soldati validi per fare da scorta ad Argicio e agli altri, ma era riuscito a inserire nel *contubernium* anche un inutile decurione. E il capolavoro era stato liberarsi in un colpo solo di quell'ubriacone del maestro dei cavalli, di un altro decurione inetto e di nove soldati incapaci, mandandoli a riportare i cavalli feriti all'esercito. Lucio Proculo, istruito dal suo secondo, avrebbe avuto mano libera per promuovere uomini più validi al posto dei tre ufficiali in partenza. I traci che avevano partecipato all'operazione contro i *bacaudae* si erano comportati bene, e non c'era niente di meglio di un po' d'azione per stringere un legame forte tra un ufficiale e le sue truppe. La Terza *ala* tracia era sulla buona strada per diventare un'unità di cavalleria degna di questo nome.

E poi, cosa più importante di tutte, Balista aveva ritrovato Cavallo Pallido.

CAPITOLO DICIOTTO

Strada a sud di Augustoritum, Aquitania
Dieci giorni prima delle calende di agosto

«Nessun altro si è rifiutato di giurare». Balista parlò a voce alta in modo che, oltre alla donna in piedi davanti alla villa, lo sentissero anche tutti quelli che si erano radunati attorno al perimetro delle mura della tenuta.

«La città di Lugdunum, quelle di Forum Segusiavorum, Limane, Acitodunum e Augustoritum, per non parlare di ogni singola tenuta lungo la strada: tutte hanno riconfermato la propria lealtà a Gallieno». Forse il lungo elenco l'avrebbe convinta.

«Non sta a me giudicare le loro scelte», rispose lei. La donna, che aveva detto di chiamarsi Vitruvia e di essere la padrona della villa di campagna, non sembrava affatto colpita dalla lista di illustri città tornate dalla parte dell'imperatore.

«Non è una questione da prendere alla leggera», insisté Balista. «Non c'è in casa un uomo che possa decidere? Tuo padre, tuo marito?».

Lei lo guardò con aria sprezzante. «Mio figlio è partito, mio marito è stato ucciso dai soldati di Gallieno l'ultima volta che il tiranno ha attraversato le Alpi».

Ecco spiegata la sua ostilità. La prima campagna di Gallieno, cinque anni prima, agli albori della ribellione di Postumo, era stata sanguinosa ma inconcludente. Balista si vide costretto a rimarcare che avrebbe dovuto cambiare idea, volente o nolente.

«Abbiamo quasi mille uomini armati. Un paio di centinaia di schiavi e contadini con bastoni e rastrelli non hanno alcuna speranza di vincere. È inutile opporre resistenza».

«Ci affideremo al nostro coraggio, allora».

Possibile che non ci fosse modo di piegarla?

«Presta giuramento a parole e continua a pensarla come vuoi, ma non attirare l'ira di Roma sulla tua casa e la tua *familia*».

«Gli dèi aiutano sempre una giusta causa».

Un osso duro, quella Vitruvia. Una donna alta e imponente che doveva avere la stessa età di Balista, con il volto incorniciato da riccioli biondi. Anche a una certa distanza, Balista riuscì a farsi un'idea di quanto fosse bella. Desiderava con tutto il cuore risparmiarle gli orrori che, a un suo semplice ordine, si sarebbero abbattuti su di lei e sulla sua casa.

«Vi concedo un'ora di tempo per ripensarci».

Passata un'ora, Vitruvia non aveva cambiato idea.

Impossibile che non si fosse accorta dei soldati che si preparavano per prendere d'assalto la villa. In sella a Cavallo Pallido, Balista osservava la situazione da una collinetta poco lontana. A nord, i traci avevano abbattuto un grande albero e tagliato i rami, e ora la metà di loro – circa centocinquanta uomini, organizzati in staffette – stava trasportando l'ariete improvvisato verso la porta principale della tenuta. Gli emeseni scortavano il gruppo con le corde degli archi tese, pronti a rispondere a eventuali attacchi dalle mura. Ma erano ancora lontani, e ci sarebbe voluto un po' prima che raggiungessero la porta.

Quell'approccio lento aveva un suo terribile fascino. Balista voltò lo sguardo verso la tenuta di Vitruvia. Come accadeva in molte ricche proprietà sparse per la campagna gallica, la villa era fortificata quasi quanto un accampamento militare. Curiosamente, poche città della Gallia erano difese, a differenza delle tenute dei possidenti terrieri. Forse le incursioni dei *bacaudae* rendevano necessario prendere accorgimenti del genere negli insediamenti rurali, mentre le bande di fuorilegge non erano mai abbastanza nutrite da minacciare intere città.

La grande area rettangolare della fattoria era delimitata da un muro di pietra alto quasi dieci piedi, dotato di un camminamento rialzato. Un altro muro interno divideva lo spazio: la metà a nord, quella verso cui si dirigevano gli uomini con l'ariete, conteneva i fienili e le stalle, oltre che gli alloggi degli schiavi e qualche altra struttura di servizio, mentre la metà a sud ospitava l'abitazione padronale e un piccolo ma grazioso edificio destinato ai bagni. Intorno alla casa sorgevano alberi da frutto e roseti delimitati da siepi ornamentali.

La guerra civile era uno strazio. Era già tremendo che un soldato romano dovesse battersi contro un suo simile, un fratello contro un fratello. Ma era mille volte peggio quando i civili finivano coinvolti in quella follia. Crollavano tutti i valori, non c'era più decoro, la vita diventava una merce di poco conto. A Balista, tutto ciò dava il voltastomaco. In Oriente, i persiani lo avevano chiamato Nasu, "il demone della morte". Non andava fiero di quell'appellativo.

Gli altri otto squadroni dei traci formarono dei picchetti a cavallo intorno alla tenuta. Pur restando a distanza di sicurezza da eventuali attacchi con arco e frecce, la minaccia che costituivano era evidente. Bastava la loro presenza muta a fare in modo che i difensori non andassero tutti alla porta nord per opporsi all'ariete.

Alcuni strateghi militari insegnavano che per prendere d'assalto una posizione fortificata era necessario un rapporto di tre uomini a uno. Malgrado ciò che aveva detto Balista per convincere Vitruvia, le sue truppe dovevano essere appena poco più del doppio dei difensori. Ma il risultato era scontato: le mura erano basse, prive di fossati o torri, e i soldati di Balista – pur non essendo proprio dei campioni, soprattutto quelli della Terza *ala* tracia – erano addestrati a usare armi. I loro avversari avrebbero saputo maneggiare bene soltanto un badile o un aratro. Lo scontro poteva finire in un unico modo: in un bagno di sangue. Balista aveva ordinato ai suoi di non fare vittime inutili. Ai soldati sarebbe stato concesso di saccheggiare la villa, ma nessuno avrebbe dovuto abbandonarsi a uccisioni arbitrarie, violenze e stupri. Chi non opponeva resistenza doveva essere risparmiato. Facile a dirsi, ma nella pratica sarebbe stato difficile assicurarsi che i suoi uomini rispettassero quegli ordini.

«Alcune donne nascono testarde come muli», disse Massimo. «Così come altre nascono lussuriose e affamate di uomini. È tutto scritto nelle stelle. Se il vecchio Argicio fosse qui potrebbe spiegarcelo».

«Ti sei appassionato all'astrologia?»

«Certo, è una cosa meravigliosa. Una volta un astrologo predisse che sarebbe stato sbranato dai cani, e per non dargliela vinta l'imperatore lo condannò a essere bruciato vivo. Bene, un acquazzone improvviso spense le fiamme, e sai cosa successe?»

«Fu divorato da un branco di cani?»

«Lo vedi che hai un talento naturale per questa roba?».

«Tutte stronzate», si intromise Tarchon.

Massimo scoppiò a ridere. «L'ironia non è mai stata il tuo forte, vecchio mio».

«Parli, parli, solo questo fai, dici stronzate», lo insultò lo svan con aria irritata.

«Quindi mi stai dicendo che non ho colpe per quello che sta per succedere?», disse Balista a Massimo.

«Persino un uomo come te non può opporsi a ciò che è stato deciso in cielo. E poi, cos'altro potremmo fare? Tornare indietro e dire a Gallieno che tutte le città e le tenute del territorio hanno giurato per lui, tranne una piccola fattoria in cui una bella donna ci ha detto di andare a farci fottere e infilarci il nostro caro imperatore su per il culo?»

«La necessità a volte è una dura maestra».

«Così come le stelle. Quando ho detto ad Argicio il giorno e l'ora in cui sono nato, è rimasto perplesso».

«Davvero?»

«Proprio così. Ha detto che alla mia nascita c'era una congiuntura astrale particolare: Marte montava Venere mentre Giove stava a guardare ammirato. Secondo Argicio, ero destinato a girare il mondo».

«Bella profezia: sei un ibernico e lo hai conosciuto in Gallia!».

«Vedila come vuoi, ma sono destinato a grandi cose».

«A grandi stronzate, dico io», intervenne Tarchon. «L'ariete è a tiro».

Le prime frecce partirono dalle mura ai lati della porta. Tra gli oggetti della villa dovevano esserci degli archi per andare a caccia. I pochi tiri precisi si spensero contro gli scudi con cui i soldati traci proteggevano i loro compagni che trasportavano il grosso tronco.

Gli emeseni cominciarono a rispondere solo quando furono a circa cento passi di distanza: come un corpo solo, scoccarono all'unisono una terribile raffica che si abbatté sui difensori. Le loro urla di dolore arrivarono fino a Balista, che vide un paio di uomini crollare a terra esanimi.

«Aspettiamo che l'ariete raggiunga la porta», disse ai suoi.

Il tronco avanzava lentamente, e sulle mura erano rimasti solo pochi coraggiosi a scagliare frecce. Due di loro pagarono il prezzo dell'eroismo. Balista vide un uomo abbattuto da due frecce al petto e scaraventato giù dal camminamento.

Quando l'ariete fu vicino alla porta, i difensori cominciarono a lanciare giavellotti, pietre e qualsiasi altra cosa avessero a portata di mano, ma i loro tentativi si infransero contro i grandi scudi ovali dei traci.

Balista ordinò al trombettiere dello squadrone che era con lui di suonare l'avanzata, e le note furono ripetute nelle altre sette *turmae* che circondavano la fattoria.

I cavalieri si mossero verso l'angolo sud-est delle mura, quello più vicino alla casa padronale. Senza il rischio di un contrattacco non c'era bisogno di mantenere la formazione.

Mentre avanzavano, sentirono il rumore attutito del primo colpo dell'ariete contro la grande porta di legno. In base alle normali leggi della guerra, chiunque si trovasse dentro le mura era ormai spacciato.

Balista si chiese se i soldati si sarebbero dimostrati clementi come aveva ordinato.

Quando si avvicinarono alla base del muraglione e scesero da cavallo, qualcuno dei difensori gli scagliò contro degli oggetti pesanti e riuscì persino a colpire un soldato, che grugnì di dolore. Un uomo su quattro fu scelto per tenere le redini dei cavalli dei compagni.

Due soldati tenevano uno scudo disposto orizzontalmente tra l'uno e l'altro. Balista ci salì sopra e fu spinto sul muro, e molti altri lo seguirono.

Balista scavalcò il parapetto e sollevò lo scudo, ma non trovò nessuno ad attaccarlo. Sguainò la spada e in quel momento si accorse che tutti gli schiavi e i contadini sulle mura stavano abbandonando gli attrezzi agricoli che dovevano fungere da armi improvvisate. Mentre i traci salivano i difensori abbandonavano il camminamento riversandosi come conigli tra le siepi del giardino.

Balista saltò giù dal muro ma atterrò male sulla caviglia destra. Il dolore fu così intenso che lo costrinse a piegarsi su un ginocchio. Vedendo che non c'erano minacce immediate nei dintorni, lasciò andare lo scudo e si strinse la caviglia con le mani sedendosi a terra.

«Stai bene?», disse Massimo.

«Dammi un momento».

Possibile che una caviglia slogata facesse così male?

Non era la prima volta che sforzava l'articolazione: doveva essersi indebolita negli anni.

Padre di Tutti, sembrava quasi rotta per quanto male gli faceva!

I traci saltarono giù dal muro in maniera un po' goffa a causa di elmi e armature, e subito si misero all'inseguimento dei difensori in fuga tra le siepi.

«Non uccideteli!», urlò Balista.

I soldati finsero di non aver sentito.

Si sentirono quasi subito urla e vasi in frantumi.

Un arciere degli emeseni arrivò di corsa a informare che l'ariete aveva sfondato la porta. La breve resistenza degli assediati giungeva al termine.

Balista si guardò intorno per individuare il trombettiere e fargli suonare il segnale di richiamo, ma l'uomo era sparito, così come il suo decurione. Non c'era molto da sorprendersi: l'ufficiale era uno dei tre inaffidabili che ancora erano al seguito della Terza *ala*.

«Aiutatemi! Dobbiamo raggiungere la casa e ristabilire la disciplina, prima che facciano un massacro».

C'era sempre il pericolo che qualche idiota inciampasse su un braciere o rovesciasse di proposito una lampada, facendo avvampare un incendio per goffaggine o per cattiveria. Una volta che nelle vene dei soldati iniziava a ribollire il sangue, nessuna brutalità era al di fuori della loro portata.

Poggiando un braccio sulla spalla di Massimo, Balista lasciò lo scudo a Tarchon e avanzò per il giardino su un piede solo.

La villa aveva due ali che si estendevano dal corpo principale della casa, e l'edificio sembrava una grande U poggiata sul terreno. Diverse figure correvano nel giardino verso i corridoi laterali, ansiose di darsi al saccheggio. Da una finestra qualcuno lanciò un'erma di marmo, che si frantumò in mille pezzi al suolo.

Quando Balista entrò nella villa dall'ingresso principale, i soldati avevano già trovato vino a volontà e si erano abbandonati al piacere perverso della distruzione, strappando arazzi e distruggendo statue e vasi.

«Portatemi quel trombettiere!».

Apparteneva a un altro squadrone, ma in quel momento non faceva differenza.

Tarchon afferrò l'uomo per un braccio, e quando quello protestò, lo svan lo schiaffeggiò dietro l'orecchio, come avrebbe fatto con un bambino. I compagni del soldato fecero per intervenire in sua difesa, ma per dissuaderli bastarono le poche parole che Tarchon pronunciò in un feroce miscuglio di latino, greco e una qualche lingua barbara sconosciuta.

«Suona il segnale di raccolta».

Richiamato suo malgrado alla disciplina, il trombettiere eseguì l'ordine. Il suono riecheggiò nell'ambiente chiuso, ma difficilmente si sarebbe udito da fuori.

«Seguimi».

Balista tornò zoppicando fino all'ingresso e disse all'uomo di suonare ancora. Stavolta le poche note acute si diffusero per tutta la fattoria. Soddisfatto, Balista ordinò di ripetere il segnale fino a nuovo ordine.

Poco a poco il cortile cominciò a riempirsi di soldati. Alcuni erano già riusciti a ubriacarsi e barcollavano, altri provavano a nascondere sotto le armature gli oggetti preziosi che avevano trafugato.

Comparve anche Eracliano, e dalle sue guance arrossate si capiva che anche lui doveva avere messo mano a qualche brocca di vino.

«Prefetto, di' ai tuoi uomini di radunare i prigionieri e portarli tutti nell'aia davanti alle stalle».

Eracliano sfogò sui soldati tutti i suoi demoni personali, urlando, insultandoli e prendendone persino uno a calci.

«Una vittoria gloriosa», commentò Acilio Glabrione.

Balista ignorò il suo sarcasmo. «Ci sono vittime?»

«Nessun morto. Tre feriti, di cui uno grave».

Il breve scambio si interruppe quando la folla di soldati si aprì per far passare due soldati traci che trascinavano Vitruvia dopo averla stanata in uno dei giardini della villa. La matrona aveva le vesti strappate e un occhio nero, e sulle braccia portava segni evidenti di percosse.

«Avevo ordinato di non commettere violenze su chi non avesse opposto resistenza».

«Questa stronza ha ucciso il nostro decurione».

«Cosa?»

«Gli ha detto che c'era un tesoro nascosto in fondo al pozzo, e quando lui si è sporto a guardare lei l'ha spinto oltre il muretto. Quando siamo arrivati l'abbiamo trovata a lanciare pietre dall'alto su quel poveraccio».

Dalle truppe si sollevò un mormorio rabbioso.

Balista si rivolse alla donna. «Perché l'hai fatto?».

Lei lo guardò negli occhi. «Mi ha insultata con una proposta indecorosa».

«Quale proposta?».

Nonostante si trovasse in quella terribile situazione e avesse appena ucciso un soldato, Vitruvia riuscì a scegliere con cura le parole.

«Il tipo di proposta che Tarquinio il Superbo fece a Lucrezia».

Balista si rivolse ai soldati che la tenevano per le braccia.

«È così?».

Entrambi risposero all'unisono e con troppa convinzione che non c'era niente di vero nelle parole di Vitruvia.

Era ovvio che stessero mentendo.

«I miei ordini erano chiari», disse Balista con un tono così freddo da far gelare il sangue dei suoi sottoposti. «Ve lo chiederò un'ultima volta: è vero ciò che dice?».

Uno dei due soldati si strinse nelle spalle. «Non lo so, il decurione ci ha chiesto di lasciarlo da solo con lei».

L'altro fece un sorrisino conciliante. «Abbiamo sentito solo qualche urlo, forse un po' di botte».

«Niente che ci riguardi, però». Il primo soldato lasciò il braccio di Vitruvia, come se il solo contatto con la donna lo implicasse nella faccenda. «Stavamo solo eseguendo gli ordini».

«Di quale decurione parlate?».

I due fecero il nome del reo.

«Pare che questa donna mi abbia risparmiato il fastidio di punire l'offesa. Recuperate il corpo prima che inquini l'acqua del pozzo. I suoi beni saranno messi all'asta e il ricavato andrà al suo squadrone. Gettate il corpo nel cumulo di sterco. Vieto a chiunque di seppellirlo, lasciatelo ai cani e agli uccelli».

I soldati restarono a bocca aperta davanti a una condanna postuma tanto severa.

«La pena per aver disobbedito ai miei ordini è la morte. E ora lasciatela stare».

Balista scrutò quel mare di sguardi inferociti puntati contro di lui. Solo Grato, il solito affidabile Grato, sembrava meno ostile degli altri.

«Prefetto del campo, prendila in custodia».

Niente pareva turbare la sua calma.

«Faremo ciò che ci viene ordinato e a ogni ordine saremo pronti».

I soldati erano ancora furiosi, ma si divisero in due ali per far passare Grato e Vitruvia.

«Che ti avevo detto?», disse Massimo. «Tutto scritto nelle stelle. Non avevo forse previsto che qualcuno sarebbe stato mangiato dai cani?».

CAPITOLO DICIANNOVE

Villa di Vitruvia, Aquitania
Nove giorni prima delle calende di agosto

L'ufficiale congedò il suo servitore e si ritirò nella tenda. Era tardi, e aveva già svolto tutte le sue mansioni: uomini e animali sotto il suo comando avevano ricevuto cibo e acqua, le sentinelle erano al loro posto e tutto era pronto per la notte. L'unica cosa che stonava con l'ordine e la normalità di quella serata era il cadavere del decurione ancora esposto sul cumulo di letame.

Era impossibile non provare un certo rispetto per come si era comportato Balista. Non era il modo di fare di un barbaro, ma di un vero romano d'altri tempi. In passato, non era raro vedere le asce dei generali romani bagnate del sangue dei loro stessi soldati. La disciplina militare richiedeva punizioni severe. Se così tanti uomini armati fossero stati lasciati liberi di abbandonare la retta via, l'esercito si sarebbe dissolto in un attimo. Quando Aulo Postumio ricopriva la carica di *dictator*, il figlio si era lanciato all'attacco rompendo la formazione di battaglia; nonostante il ragazzo si fosse dimostrato determinante per la vittoria contro il nemico, il padre aveva ordinato che venisse decapitato per aver disobbedito agli ordini. Torquato aveva fatto lo stesso: il figlio aveva sconfitto il generale nemico in un combattimento corpo a corpo e l'aveva spogliato della sua armatura, ma Torquato lo aveva fatto uccidere come un animale sacrificale. Quegli inflessibili aristocratici dell'antica repubblica avevano capito che era meglio privare un padre di un figlio eroico invece che privare la patria della disciplina militare. Ora, invece, i patrizi non chiedevano altro che soddisfare i propri bisogni personali.

L'ufficiale si sfilò la cintura con la spada e la sistemò sul suo supporto insieme all'armatura. Si spostò nella piccola tenda fino al baule sul quale aveva lasciato una brocca di vino a raffreddarsi in una grande ciotola, e se ne versò una coppa. Sull'altro baule, tra i papiri e gli stili della sua corrispondenza, notò una tavoletta da scrittura che non era lì l'ultima volta che aveva lasciato la tenda. Era stanco e si era fatto tardi, e stava quasi per chiamare il suo schiavo quando lo colpì l'improvvisa consapevolezza di cosa poteva significare la presenza di quell'oggetto.

Sollevò la tavoletta come se fosse qualcosa di fragile o pericoloso. Per gli dèi inferi, come avevano fatto a portarla fin dentro la sua tenda?

Comportati da uomo.

In fondo sapeva che sarebbe arrivato quel momento, non c'era bisogno di allarmarsi così tanto; come si fosse materializzato l'oggetto non aveva alcuna importanza. L'immagine piuttosto comune impressa sul sigillo, un gallo che cantava, non gli diceva nulla. Spezzò la cera e aprì la tavoletta separando i due pezzi di legno collegati da piccoli cardini.

La lettera era stata scritta da una donna. La cura e l'attenzione alla bella scrittura erano ammirevoli.

Al mio amato nipote, da tua zia Terenzia

Ho sperato tanto che venissi a trovarmi nella nostra casa a Brixia mentre passavi l'inverno a Mediolanum, ma so che il dovere viene sempre prima. Da quando tuo zio è morto, la vita non è stata semplice, ma i vicini sono gentili e tuo cugino Decimo ha preso le redini della fattoria.

I tuoi genitori hanno inviato del denaro da Roma, che gli dèi veglino sempre su di loro.

Se ne avrai l'opportunità, ci farai felici con un piccolo regalo: un formaggio di Tolosa, o magari un'anfora di dulce.

I dettagli riguardo alla sua famiglia erano corretti: aveva davvero una zia chiamata Terenzia, a cui era molto legato, che viveva a Brixia. Ma quella lettera non poteva venire da lei. Terenzia non sapeva leggere né scrivere. Un brivido gli corse lungo la schiena. Quello che aveva tra le mani era un camuffamento perfetto, ma anche una minaccia velata.

Usando la massima attenzione, sollevò la tavoletta al di sopra di una ciotola vuota e iniziò a grattare via la cera con un coltello. Il messaggio nascosto era scritto a inchiostro direttamente sulla facciata interna di una delle due parti di legno. Era breve e diretto.

Al mio amico della cavalleria, dal tuo amico dell'esercito

Fa' che sia l'uno, non i tanti. In caso di fallimento, la necessità richiede la moltitudine.

L'uomo provò un certo sollievo: Volusiano aveva infine preso una decisione e dato un ordine preciso. Grazie agli dèi non avrebbe dovuto tradire l'intera colonna. Ora doveva nascondere le prove. Posizionò la ciotola sul braciere.

Mentre mescolava la cera con uno stilo, si sorprese a fare i conti con un disagio che non sapeva spiegarsi. Era giusto provare una sensazione simile alla gioia per aver ricevuto l'ordine di uccidere qualcuno? Certo, era meglio far fuori Balista che tradire un migliaio di soldati romani mandandoli a morte certa. Ma era pur sempre il male minore. Non era l'uomo che avrebbe voluto diventare tanti anni prima, quando si era arruolato. Aveva fantasticato sulla possibilità di ricevere una promozione dopo l'altra per il coraggio e la disciplina dimostrati, e non per le sue capacità di assassino agli ordini dei potenti. Ma non aveva altra scelta. La lettera era stata molto chiara: sappiamo che hai una zia e un cugino a Brixia, e che i tuoi genitori sono a Roma. Se avesse fallito o, peggio ancora, se si fosse rifiutato di portare a termine la missione, i suoi cari avrebbero sofferto a causa sua. La vendetta di Volusiano sarebbe stata terribile.

Tenendo la ciotola calda con delle pinze, versò la cera sciolta sulle due facce interne della tavoletta e cominciò a ragionare su come avrebbe portato a termine il suo compito. Una possibilità poteva essere il veleno: possedeva già gli ingredienti necessari, oltre a una certa dimestichezza. Nel suo bagaglio aveva una fiala di colchicina del Caucaso, il veleno di Medea. Un solo sorso avrebbe ucciso chiunque. Solo gli ignoranti ricorrevano a spiegazioni magiche per giustificare la sua azione rapida e per opporvi un'inutile resistenza. Un medico avrebbe potuto somministrare dei rimedi a base di succo di mirto e limone, rane bollite nel vino, urina di neonato, ma non sarebbe mai riuscito a impedire l'inevitabile: la vittima sarebbe morta.

L'ufficiale si portò d'istinto la mano destra sul dito medio della sinistra, lì dove portava l'anello dentro il quale aveva nascosto un'altra dose di colchicina. Spesso il suicidio era preferibile alla cattura.

Ma somministrare il veleno a Balista non sarebbe stato facile, né si prospettava un'azione mirata e chirurgica. Avrebbe potuto corrompere lo schiavo Felice, che preparava tutti i pasti di Balista, ma il barbaro era solito mangiare in compagnia delle sue guardie del corpo. Sarebbero stramazzati tutti e tre, circostanza che avrebbe fatto escludere fin da subito una morte per cause naturali. L'avvelenamento sarebbe stato fin troppo ovvio, e avrebbe richiesto di uccidere anche lo schiavo per impedire che vuotasse il sacco sotto tortura. A meno che non si affidasse il compito alla moglie dell'individuo, un avvelenamento comportava il coinvolgimento di parecchie persone.

No, doveva ricorrere alla lama. Balista dormiva nella sua tenda privata, e c'erano anche altri momenti del giorno in cui si ritrovava solo. Forse le attenzioni dimostrate dal barbaro verso quella donna, Vitruvia, potevano tornare utili. Certo, l'ufficiale avrebbe fatto meglio ad assoldare qualcun altro per commettere il delitto: conosceva quattro dei *frumentarii* al seguito della colonna, e ognuno di loro avrebbe eseguito i suoi ordini senza fiatare. Più che spie o messaggeri, la loro vera natura era quella di sicari addestrati.

CAPITOLO VENTI

Strada a sud di Vesunna, Aquitania
Sette giorni prima delle calende di agosto

Balista camminava tra le file di cavalli.

Agli animali erano stati portati acqua e cibo alle prime luci dell'alba. Balista aveva controllato personalmente l'avena: era pulita e aveva il giusto odore, dolce e fresco. Se stretti fra le unghie, i chicchi non si sbriciolavano; se morsi, si scheggiavano com'era giusto che accadesse, invece di sfaldarsi. Per precauzione, aveva fatto mischiare alla paglia un po' di pula, affinché i cavalli non ingoiassero il cibo senza prima masticarlo.

Durante una campagna era normale che gli animali perdessero peso e forma fisica. Le selle cominciavano a essere troppo larghe, e bisognava sistemarle in continuazione per prevenire incidenti. Oltre al giusto equipaggiamento, una buona alimentazione e una corretta strigliatura erano essenziali alla salute dei cavalli. La sera prima erano stati nutriti con un pastone di crusca e semi di lino, ottimo per stimolare l'intestino, e in generale ci si preoccupava che seguissero una dieta abbastanza varia. Nel complesso, Balista era soddisfatto del modo in cui stavano affrontando le difficoltà del viaggio. Com'era inevitabile, alcuni avevano cominciato a zoppicare o si erano arresi alla fatica. Gli animali che avevano solo bisogno di riposo erano stati aggregati alla carovana di muli, mentre quelli del tutto esausti erano stati lasciati nella città di Vesunna e rimpiazzati con altri requisiti alla popolazione. Persino quelli dei traci non se l'erano cavata male, ora che quell'ubriacone del maestro dei cavalli era stato sostituito con un soldato promosso dai ranghi, un uomo che sapeva come comportarsi con gli animali della Terza *ala*.

«Una bella giornata, signore». L'accento del soldato era quello dei monti Rodopi, a sud del corso del Danubio.

«Davvero bella».

I soldati stavano facendo colazione: pancetta, gallette e vino aspro dalle razioni, uniti a cibo fresco acquistato lungo la strada. Balista era sorpreso da come fosse cambiato l'atteggiamento dei traci, compreso quello dell'uomo che gli aveva appena rivolto la parola. La rabbia per come aveva trattato il cadavere del loro decurione si era dissipata presto: si era scoperto che l'ufficiale non era particolarmente amato dalle truppe, perché aveva la tendenza ad aggredire i suoi uomini con troppa facilità. Balista si era pentito di aver lasciato la salma esposta senza nemmeno una moneta per il traghettatore degli inferi. Senza potersi permettere la traversata dello Stige, la sua anima avrebbe vagato tra i vivi per l'eternità. Ma a volte la disciplina richiedeva un atto crudele che facesse da esempio.

La Terza *ala* sembrava ora più serena, cosa che la rendeva anche più utile alla causa. Da quando avevano lasciato la villa di Vitruvia, non c'erano stati episodi di insubordinazione, ma nemmeno insulti mormorati o atti ostili. I soldati si erano messi all'opera con un certo orgoglio. Che avesse preso spunto da Senofonte o, com'era più probabile, dai consigli del suo decurione più esperto, Lucio Proculo stava imparando in fretta come si comanda un'unità di cavalleria. Erano rimasti solo due ufficiali minori a destare preoccupazioni, ma nel giro di un altro paio di mesi, i traci sarebbero diventati un'affidabile macchina da guerra.

Certo, alcuni uomini avevano abbandonato la colonna: all'appello della sera prima mancavano tre emeseni e due traci. Era normale che qualcuno restasse indietro durante la marcia, o decidesse di non essere più adatto alla vita militare e disertasse. Un dettaglio più sorprendente era che due degli uomini addetti ai muli di Grato fossero scomparsi; dal momento che si trattava di volontari, doveva essere successo qualche incidente che li aveva costretti a fermarsi.

Non che il cammino fosse stato difficile da quando avevano lasciato la villa di Vitruvia. Venticinque miglia al giorno seguendo la tipica routine di una spedizione di cavalleria: passo, trotto, passo, pausa di un'ora, riposo a mezzogiorno, tende montate presto la sera. La strada era ancora ottima. Una volta abbandonate le colline boscose, il paesaggio si era riempito di ampi pascoli verdi separati da siepi. Era il terreno ideale per cacciare a cavallo: segugi che annusano l'aria, una preda in fuga, un inseguimento al galoppo e il brivido dell'agguato finale. Non c'era da meravigliarsi che i galli amassero così tanto quel passatempo; i loro segugi erano famosi in tutto l'impero e costavano un occhio della testa.

Avevano proseguito tra frutteti e vigneti, piccionaie e laghetti. Ogni tanto un vialetto fiancheggiato da filari di pioppi collegava alla strada una fattoria dipinta di bianco. I contadini nei campi non fuggivano al loro passaggio, anzi restavano a salutare i soldati da lontano. A ogni incrocio sorgeva un tempietto rurale, l'altare ricoperto di offerte votive. Ogni cosa era in ordine e immersa nella pace. L'aperta campagna non offriva ai *bacaudae* anfratti e recessi dove stabilire un covo sicuro, e tutti gli insediamenti lungo la strada avevano ribadito la loro lealtà a Gallieno.

Il consiglio cittadino di Vesunna aveva insistito per ottenere determinate condizioni, chiedendo e ottenendo che Balista circondasse la città con i suoi uomini come per sferrare un attacco, e che convocasse formalmente i rappresentanti della città, priva di mura e impossibile da difendere, per chiederne la resa. Balista aveva accettato di prestarsi alla messinscena; del resto non poteva biasimare i consiglieri cittadini per le precauzioni che stavano adottando. Se Gallieno avesse perso la guerra civile, Postumo avrebbe potuto vendicarsi contro quelle città che non avevano opposto nemmeno una resistenza di facciata alle truppe nemiche.

«Hai di nuovo mangiato il pastone dei cavalli?», disse Massimo.

«No, come ti salta in mente? Era quello dei muli». Balista ripeté la vecchia battuta che circolava tra i soldati di cavalleria.

Massimo stava aspettando insieme a Tarchon sotto lo stendardo con il drago bianco, sollevato con orgoglio dal nuovo vessillifero. Era stato Lucio Proculo a raccomandare il giovane soldato, e fino a quel momento Eprio era sembrato entusiasta del suo ruolo e consapevole di quale onore fosse trovarsi sempre vicino al comandante della spedizione.

«Ti abbiamo lasciato del cibo da parte», disse Massimo.

«Chc gentili».

«Diventi insopportabile quando hai fame».

Massimo porse un piatto a Balista: carne in padella e pane appena sfornato. Lo schiavo Felice non smetteva di sorprenderlo.

Balista si accomodò su uno sgabello pieghevole e consumò la colazione.

Poco prima che finisse, si sentì lo squillo di tromba che ordinava di smontare il campo, ripetuto poi dagli altri trombettieri dei vari squadroni. In un attimo, tutti i soldati dell'accampamento si misero all'opera: spensero i fuochi, arrotolarono le coperte e cominciarono a ripiegare le tende. Lo spettacolo ricordò a Balista uno di quegli elaborati dispositivi meccanici in grado di seguire il corso delle stelle: tanti ingranaggi che si muovevano ognuno per conto proprio, ma che lavoravano tutti a un unico scopo.

Gli uomini che erano stati scelti per avanzare ai fianchi della colonna partirono al trotto masticando gli ultimi avanzi del loro pasto.

Anche Balista si alzò in piedi prima ancora di finire di mangiare. Felice ripiegò lo sgabello e lo sistemò accanto alla tenda e agli altri bagagli affinché fosse caricato sui muli.

Quelli che avevano svolto l'ultimo turno di guardia notturna stavano rientrando, tra uno sbadiglio e l'altro. I compagni di tenda gli avevano messo da parte del cibo, notò Balista con piacere. La spedizione stava acquistando lentamente efficienza e disciplina.

Oltre il perimetro a sud, gli esploratori agli ordini di Fabio si stavano già sparpagliando a gruppetti di due ai lati della strada. Sebbene non ci fossero notizie di truppe locali fedeli a Postumo – anzi, non avrebbe dovuto essercene nessuna al di qua dei Pirenei – era comunque più prudente avanzare in assetto di guerra.

Balista finì di mangiare e consegnò il piatto a Felice, poi seguì il vessillifero e gli schiavi fino alla carovana di muli, accompagnato come sempre da Massimo e Tarchon.

Stringi – Tira – Molla. Per ogni animale c'erano due mulattieri che assicuravano il carico legandolo con corde robuste. *Tira – Molla – Stringi.* La serie di comandi tradizionali, ripetuta da ogni coppia di soldati, riecheggiava per tutto il pascolo. I muli erano bendati, con le redini che toccavano terra. Se ne stavano tranquilli, a cinque passi di distanza l'uno dall'altro, formando una lunga fila a partire dalla cavalla dotata di campanaccio che fungeva da guida. Era sempre bizzarro osservare come, una volta liberati dalle bende, quei docili animali avanzavano seguendo il suono del campanaccio senza nemmeno bisogno di essere spronati. Erodoto diceva il vero, quando affermava che anche nel regno animale l'abitudine è sovrana.

Balista aveva utilizzato Cavallo Pallido per due giorni di fila, e decise di dargli un po' di riposo scegliendo per sé un morello. Non aveva la resistenza dell'altro, ma era agile e comodo da cavalcare.

Colonna da quattro! Al passo! Marciare!

Gli ordini passarono di squadrone in squadrone, ripetuti quasi come una cantilena.

Per la prima parte della giornata gli emeseni avrebbero cavalcato davanti a tutti, e dopo la sosta di mezzogiorno si sarebbero scambiati di posto con i traci. Balista e i suoi montarono in sella; avrebbero proseguito al centro della colonna, insieme ai bagagli.

Grato era accompagnato da Acilio Glabrione, che sul suo bel cavallo portava anche Vitruvia. Balista li vide avvicinarsi e rifletté sulla posizione della donna. Non era stato difficile scoprire chi fosse e perché difendesse la villa con tanto ardore. I consiglieri di Vesunna avevano rivelato la sua identità: era conosciuta anche come Vittoria ed era la madre di Vittorino, il prefetto del pretorio di Postumo. La notizia aveva sorpreso Balista, ma le ragazze delle famiglie dell'alta società romana venivano date in spose verso i quattordici anni: se suo figlio Vittorino, che di anni doveva averne una trentina, era nato a circa un anno dal matrimonio, allora Vitruvia poteva avere intorno ai quarantacinque anni, poco più di Balista.

Considerato il suo strettissimo rapporto di parentela con uno degli uomini più potenti al seguito di Gallieno, era giusto che Vitruvia fosse portata davanti a Gallieno. Il fatto che fosse stata violentata dal decurione dei traci – cosa di cui nessuno parlava più, come se non fosse mai successa – e che fosse una donna molto bella non aveva influito sulla decisione di Balista di portarla con sé. Per mandarla al cospetto di Gallieno avrebbe dovuto affidarle una scorta, e questo avrebbe significato dividere ulteriormente la colonna. Essendosi rifiutata di prestare il giuramento, non poteva essere liberata come se nulla fosse. No, il suo aspetto e la sua personalità non avevano nulla a che fare con quella decisione. Balista non avrebbe potuto fare altrimenti. E poi, la sua presenza aveva un effetto positivo sugli altri ufficiali. Li rendeva quasi più civili.

«Bel paesaggio, vero?», disse Acilio Glabrione, stranamente affabile.

«Molto bello», rispose Balista.

«Stavo giusto dicendo a Vitruvia che è strano non vedere un numero maggiore di senatori galli a Roma, considerata la ricchezza di queste terre». Acilio Glabrione si rivolse alla donna. «Forse i tuoi conterranei si trovano bene solo nel posto in cui sono nati?».

Vitruvia sorrise. «Ora dirai che siamo sregolati nel bere, nel mangiare e nel goderci le terme».

«I galli hanno la pelle chiara, soffrono il sole e il caldo».

«E siamo impulsivi e sconsiderati, creduloni e sbruffoni».

«Non oserei mai ripetere queste offese così antiquate».

«È vero, tuttavia, che i miei conterranei amano fin troppo il suono della loro voce, quasi quanto un patrizio di Roma, per dire».

Balista cavalcava in silenzio mentre Acilio Glabrione e Vitruvia si scambiavano frecciatine innocue. Anche dopo tanti anni passati nell'impero, Balista non si sarebbe sentito a suo agio in uno scambio dialettico tra cittadini romani. Ma comunque era piacevole cavalcare sotto il sole al fianco di quella donna così bella e intelligente.

Fabio e uno dei suoi esploratori avanzarono verso di lui tornando dalla loro ricognizione. Procedevano senza fretta: non dovevano aver trovato nulla di allarmante.

«C'è un villaggio più avanti, oltre il bosco, a circa un miglio».

«Ti ringrazio». Balista si rivolse a Vitruvia. «Con il tuo permesso, signora, io e Acilio Glabrione siamo richiamati al nostro dovere».

«Ma certo, degli ufficiali romani non dovrebbero mai essere trattenuti dalle chiacchiere di una donna. Il dovere viene prima di tutto, non è così?». Era facile intuire del sarcasmo dietro le sue parole cortesi. «Ma una volta che avrai fatto ciò che devi, Marco Clodio Balista, sarebbe un piacere poter cenare insieme a te questa sera».

«Il piacere è tutto mio, signora».

L'insediamento, che consisteva di un'unica strada, sorgeva in una valle. Balista aveva fatto fermare la colonna al limite di un boschetto, a cinquecento passi dalle prime case. Da lì si godeva di una buona visuale sul villaggio, e sembrava tutto tranquillo: qualche persona per strada, altre impegnate a lavorare i campi dei dintorni. O gli abitanti ignoravano l'arrivo della cavalleria, o semplicemente non lo consideravano un affare interessante. Tuttavia, era sempre meglio essere prudenti. Tutti gli ufficiali sapevano cosa fare.

«Avanza, prefetto».

Malgrado la sua nuova maschera di affabilità, Acilio Glabrione si avviò senza rivolgere il saluto al suo comandante.

Balista lo osservò risalire la colonna e dare qualche indicazione agli uomini. Era irritante vedere quanto fosse amato dalle truppe.

Senza far squillare le trombe, metà della cavalleria leggera emesena seguì Acilio Glabrione oltre gli alberi del boschetto e lungo la strada. Quando si lanciarono al galoppo, l'altra metà degli arcieri si dispose in due gruppi: Eracliano guidò il primo attraverso i campi a ovest, e il decurione più esperto fece lo stesso con il secondo, avvicinandosi al villaggio da est. Ai soldati piaceva cavalcare in aperta campagna: era divertente saltare oltre le siepi e i fossati, e poi i siriani erano cavalieri nati. Non c'era bisogno di mantenere le posizioni, lo scopo era raggiungere rapidamente l'insediamento, e ognuno spingeva per arrivare prima del suo compagno.

Gli abitanti non si diedero alla fuga; quelli nei campi rimasero a guardarli come rapiti, mentre chi era per strada si limitò a farsi da parte per lasciare spazio ai soldati. Nessuno corse a rifugiarsi in casa o in qualche fienile. Quando Acilio Glabrione fermò la corsa dei suoi uomini alla fine della strada, il villaggio era ormai circondato. La manovra era sembrata inutile: nessuno di quei bifolchi aveva l'aria di chi stesse tramando un'imboscata. Ma gli emeseni si erano comportati bene, e anche quell'avanzata sarebbe tornata utile come pratica, nel caso ci fosse stato bisogno di interventi più seri in seguito.

«Anche se è un po' presto, ci fermeremo qui per la sosta di mezzogiorno». Balista diede a Grato gli ordini che ormai erano diventati d'abitudine. «Assicurati che non ci siano saccheggi e che i soldati non infastidiscano gli abitanti. Portami il capo del villaggio affinché possa prestare giuramento. Chiedi le chiavi di fienili e affumicatoi, requisisci cibo per uomini e animali, e controlla se ci sono cavalli utili come riserva».

«Faremo ciò che ci viene ordinato e a ogni ordine saremo pronti».

«E setacciate i boschi qui intorno. Forse i contadini non sono ostili, ma di sicuro avranno nascosto gli animali».

Sempre affidabile, Grato si dedicò subito a diramare gli ordini del comandante.

Alla testa della colonna di bagagli e cavalieri traci, Balista entrò nell'ennesimo villaggio gallico trovato lungo la strada nelle ultime settimane. Dopo i primi incidenti, quella spedizione si era trasformata in una piacevole escursione in campagna.

CAPITOLO VENTUNO

Strada per Aginnum, Aquitania
Sette giorni prima delle calende di agosto

Era stato Acilio Glabrione a prestare la grande ed elegante tenda a Vitruvia. Il patrizio doveva essere furioso: l'unico ospite che stava ammirando quei magnifici drappi, godendosi ogni aspetto di quella serata, era quel barbaro di Balista. Be', *quasi* ogni aspetto.

A Vitruvia era stato concesso di portare con sé quattro schiavi: due ancelle, un assistente e un cuoco. Quest'ultimo superava di gran lunga in maestria il cuoco-barbiere di Balista. Avevano mangiato ostriche della costa atlantica, pesce della Garonna e uno squisito maialino arrosto, il tutto annaffiato dal vino forte di Massilia. Ora erano passati ai celebri formaggi di Tolosa, accompagnati dal *dulce*. Solo gli dèi sapevano come Vitruvia fosse riuscita non soltanto a procurarsi quelle prelibatezze durante la marcia, ma anche a convincere Grato a trasportarle tra i bagagli della colonna. Ma le donne ricche e belle avevano i loro modi per ottenere ciò che volevano.

«Acilio Glabrione si sbaglia», disse Vitruvia. «Una volta noi galli affollavamo il Senato romano e comandavamo truppe lungo tutti i confini. I discendenti delle famiglie che avevano ricevuto la cittadinanza da Giulio Cesare servirono con lealtà i primi imperatori. Tuttavia la diffidenza dei romani verso di noi non si è mai affievolita. Dopo la ribellione di Civile, molte delle famiglie della Gallia rinunciarono a diffondersi nei territori dell'impero e si ritirarono nelle loro tenute e nei loro villaggi d'origine».

Erano stesi l'uno di fianco all'altra su un letto di paglia coperto da un tappeto ornamentale. Balista era disarmato, avendo lasciato la spada all'assistente della donna. Un *protector* poteva mangiare armato al tavolo di un imperatore, ma non a quello di una matrona.

«Ovviamente, dev'essere tutto diverso per la tua gente. Sono stati il senso del dovere e l'amore per l'avventura ad attrarre i tuoi conterranei nel cuore dell'impero e oltre. Ci sono angli al di là dei Pirenei, in

Hispania. E anche se è considerato tradimento persino accennare alla questione, so che una volta hai indossato la porpora degli imperatori. Poche donne hanno avuto l'onore di cenare da sole con un uomo che ha occupato il trono dei Cesari».

I suoi occhi azzurri brillavano alla luce delle lampade, i capelli biondi le scendevano morbidi sulle spalle. Di fronte a così tanta bellezza, Balista sembrava aver perso il dono della parola.

«No, non è così, non è affatto così. Mio padre...». Balista non aveva alcuna voglia di parlare della sua famiglia. «Sono arrivato nell'impero come ostaggio, non è stata una mia scelta. Ci sono cose che accadono e basta».

Lei lo guardò negli occhi con un'aria grave.

«Malgrado le sue origini umili, le migliori famiglie della Gallia considerano Postumo un loro pari. Mentre Gallieno era lontano, Postumo ha giurato di proteggerle. Per quanti giuramenti tu possa raccogliere, da Lugdunum a Vesunna fino al più misero villaggio, saranno sempre fedeli a Postumo. Nel loro cuore pregano che sia lui a trionfare ad Augustodunum. Non lo tradiranno, a meno che non muoia o non provi a condurre le sue truppe oltre le Alpi».

Era un discorso scomodo, molto più vicino al tradimento rispetto all'accenno innocuo alla breve acclamazione di Balista a imperatore.

«Sai bene che non posso giurare lealtà a Gallieno. Mio figlio...». Vitruvia non terminò la frase, lasciando che le implicazioni delle sue parole aleggiassero in aria.

«La mia famiglia vive nel territorio di Gallieno», replicò Balista.

«Nulla impedisce a tua moglie e a tuo figlio minore di salire su una nave in Sicilia e farsi portare nel giro di pochi giorni in Hispania o nelle Gallie».

«Il mio primogenito è a Roma, e sono sicuro che lo tengano sotto stretta sorveglianza».

«Allora siamo entrambi in trappola, legati come Issione alla sua ruota».

Vitruvia bevve un sorso di vino e poi si sporse verso di lui per prendere un chicco d'uva da un piattino.

Era vicinissima.

«Ma chi ci impedisce di godere di quei pochi piaceri che ci restano, in questa prigionia?».

Balista sentiva il profumo della pelle di Vitruvia, il calore del suo corpo.

«I miei servitori sanno essere molto discreti».

Balista sentì il suo respiro sulle labbra.

«Sono vedova da cinque anni, ormai. Sai cosa mi manca di più?».

Le loro bocche quasi si toccavano.

«Non credo ci sia bisogno di spiegartelo».

Balista sentì un senso di vuoto nel petto.

Lei sorrise e gli lanciò uno sguardo sbarazzino. «Tutti i medici dicono che è dannoso per la salute di una donna restare sola».

Sarebbe stato così semplice. Balista avrebbe solo dovuto chinare appena un po' la testa per unire le sue labbra a quelle di lei. Ma qualcosa lo trattenne.

«Sarà meglio che vada», disse.

«Ne sei proprio sicuro?», replicò lei in tono malizioso. «Altri uomini sarebbero ben felici di accettare un'offerta simile. Non dovresti lasciare che la tua rigida morale nordica ti impedisca di godere dei piaceri della vita».

«Ti ringrazio, è stata una bellissima serata».

Vitruvia sorrise. «Poteva andare anche meglio».

Si sollevò dal letto, senza dare l'impressione di essere innervosita dal rifiuto. «Sei un uomo davvero strano, Marco Clodio Balista».

Balista era steso sul letto da campo della sua piccola tenda di pelle. Si sentiva un idiota.

Si guardò attorno, alla luce di una lampada di metallo. Accanto all'ingresso della tenda, il supporto dove aveva lasciato l'armatura e l'elmo; un baule da viaggio; uno sgabello pieghevole; la sua spada e un pitale vicino al letto. Niente che potesse distrarlo dai suoi pensieri.

L'approccio così sfrontato della donna poteva essere un modo di indurlo al tradimento, dandogli un assaggio dei piaceri di cui avrebbe potuto godere se fosse passato dalla parte di Postumo. Non potendo accedere a cariche pubbliche, le donne interessate a influenzare la politica dell'impero dovevano ricorrere ad altri mezzi. Vitruvia era una donna temibile. Aveva ucciso l'ufficiale che aveva provato – e con ogni probabilità era anche riuscito – a violentarla. Sembrava essersi ripresa bene dalla violenza subita, o almeno era questa l'impressione che dava. Suo figlio era il prefetto del pretorio di Postumo, e la sua famiglia occupava una posizione di rilievo nel cuore del regime del ribelle. Ma Balista sapeva che non erano stati questi dubbi a determinare il comportamento che aveva avuto con lei.

Perché aveva rifiutato una cosa che desiderava tanto? Perché aveva preso quella decisione che ora lo tormentava? Vitruvia aveva ragione: la morale nordica era molto più rigida di quella romana. Come aveva scritto lo storico Tacito, presso quei popoli l'adulterio non era un passatempo frivolo: nessuno rideva di quel vizio, né lo considerava solo un "segno dei tempi". Ma non era nemmeno quello il vero motivo.

Anni prima, Balista aveva sviluppato una ridicola superstizione: se avesse tradito Giulia, la volta successiva che fosse sceso in battaglia sarebbe stato ucciso. Oltre che ridicola, la superstizione si era già dimostrata anche fallace: aveva tradito la moglie in precedenza, ed era ancora vivo nonostante le innumerevoli battaglie che aveva combattuto da allora. Eppure quella credenza si era di nuovo fatta strada dentro di lui rosicchiandogli il cuore come un roditore importuno. Era stato bellissimo ricongiungersi con Giulia a Roma, malgrado il poco tempo che avevano avuto a disposizione. Ritrovare la loro intimità era bastato a riaccendere la fiamma della superstizione. L'infedeltà è un vizio che risulta più facile a chi è infelice.

Tranquillizzato da quella verità proverbiale, riuscì infine a prendere sonno.

Balista si svegliò senza fare rumore. Continuò a fare respiri profondi e regolari per non dare alcun segno di essere sveglio. Attraverso le palpebre socchiuse osservò la sua tenda: la lampada si era quasi consumata e illuminava a stento l'ambiente.

Non si sorprese più di tanto, vedendo la figura davanti all'ingresso. Da giovane, Balista aveva ucciso l'imperatore-tiranno Massimino il Trace; i congiurati che l'avevano costretto a perpetrare il delitto avevano profanato il corpo, rifiutandogli una degna sepoltura. Fin da quel momento, il *daemon* di quell'imperatore malvagio lo aveva perseguitato. La scena era sempre la stessa. L'odore del mantello cerato dell'imperatore. Le parole sempre uguali: *Ci rivedremo ad Aquileia*. Giulia insisteva che si trattava solo di un incubo ricorrente, ma non era mai riuscita a convincere il marito. Balista si preparò a trascorrere un'altra nottata orribile.

Eppure, quella volta non sentiva l'odore del mantello dell'imperatore.

Balista scostò la coperta e saltò dal letto.

La lama lanciò un riflesso rapido quando la figura si scagliò contro di lui.

Balista si chinò per afferrare la sua spada, e in quel momento l'assalitore inciampò sullo sgabello.

Balista si inginocchiò tastando il terreno in cerca dell'elsa della spada.

Ritrovando l'equilibrio, la figura misteriosa puntò dritta alla sua testa.

Non c'era tempo per sguainare Sole della Battaglia: Balista parò il colpo con il fodero. La lama attraversò il legno e andò a scontrarsi con l'acciaio al di sotto. Spinto dall'impatto violento, Balista cadde a terra di lato.

Rapido come una serpe, il suo aggressore si preparò a colpire ancora.

Balista fece per rialzarsi, ma ora la figura lo sovrastava. Sole della Battaglia era ancora nel fodero. L'assassino calò la spada con forza, e di nuovo Balista si difese sollevando il fodero con entrambe le mani. La lama gli mancò di un soffio le dita della mano sinistra. Doveva alzarsi, o sarebbe morto.

L'uomo che era venuto a ucciderlo fece un passo indietro per prepararsi a un nuovo attacco.

Nella penombra, qualcosa luccicò a terra: Balista afferrò il pitale e lo lanciò in aria. La ciotola di metallo mancò il bersaglio, ma il suo contenuto si riversò negli occhi dell'uomo, che d'istinto si portò una mano sul volto per asciugarsi. Quell'attimo di distrazione consentì a Balista di sguainare Sole della Battaglia e rimettersi in piedi. Con una mano sola, l'assassino non riuscì a parare il colpo. Con tutto il suo peso e la furia che la paura gli aveva acceso dentro, Balista affondò la lama nel volto dell'aggressore, poi la estrasse e colpì ancora e ancora.

CAPITOLO VENTIDUE

Strada a sud-ovest di Aginnum, Aquitania
Quattro giorni prima delle calende di agosto

«L'hai conciato talmente male che neanche sua madre lo riconoscerebbe».

Massimo aveva ragione.

«Un bel taglio dritto nello stomaco, e ora sarebbe tutto più semplice».

«La previdenza non è mai stata una delle mie virtù», disse Balista.

La mattina dopo l'agguato, il cadavere dell'uomo era stato esposto in modo che chiunque nel campo potesse vederlo. Di altezza e corporatura medie, pelle né troppo chiara né troppo scura, capelli castani, nessun segno distintivo, una tunica, delle brache e un paio di stivali, nessuna borsa né amuleti legati alla cintura: dal momento che l'aggressore, letteralmente, non aveva più un volto, non ci fu da meravigliarsi se nessuno avanzò ipotesi su chi potesse essere.

«Sono ancora convinto che non sia un soldato», disse Massimo.

«Non tutte le unità costringono i loro uomini a tatuarsi», rispose Balista con l'aria di chi ripete per la centesima volta la stessa cosa.

«All'appello mancavano degli uomini dalla carovana di muli».

«Ma anche alcuni traci ed emeseni».

«Uno da fuori è venuto nel campo», intervenne Tarchon, e nel suo tono c'era quasi una punta di ammirazione. «Stronzetto furbastro».

«Potrebbe non essere stato Volusiano a mandarlo», disse Massimo. «Anche Postumo ti vorrebbe morto, in fondo».

«La mia tenda è uguale a quella di tutti gli altri ufficiali».

«E il drago bianco all'esterno?»

«Al buio, qualcuno che non conosce il campo avrebbe comunque avuto bisogno di una guida».

Proseguirono in silenzio in sella ai cavalli, accompagnati dai loro pensieri tetri riguardo al terribile incidente.

La colonna aveva lasciato la strada prima di giungere ad Aginnum. Mentre era impegnato a recuperare del foraggio con i suoi uomini,

Grato aveva sentito da un contadino locale dei racconti su soldati armati che attraversavano i Pirenei dall'Hispania. Strane storie che parlavano di giganti pallidi dall'aria nordica e uomini più piccoli dalle facce nere come demoni, di certo guerrieri forestieri che andavano a ricongiungersi all'esercito di Postumo. C'erano solo due valichi a sud-ovest del punto in cui si trovavano: uno scendeva a Imus Pyrenaeus, l'altro a Iluro. Stando alle informazioni fornite dal contadino, i due piccoli insediamenti distavano tra loro una trentina di miglia. La colonna aveva preso la via più breve, abbandonando la strada e tagliando per i campi. Ma era probabile che quei racconti fossero infondati: Fabio e i suoi esploratori non avevano ancora trovato nemmeno una traccia del passaggio di uomini e animali. Ciò nonostante, anche solo l'eventualità di uno scontro armato costituiva un buon allenamento per le truppe.

Viaggiarono attraverso grandi pianure delimitate da lontane foreste di pini e querce da sughero. Sotto gli occhi di sparuti pastori coperti dalle pelli nere delle loro pecore, la colonna sfilò sul terreno sabbioso che attutiva il rumore degli zoccoli dei cavalli.

Di tanto in tanto, il capo degli esploratori tornava a dare notizie.

«Più avanti c'è un fiume dagli argini ripidi, niente ponti né guadi visibili».

«Grazie, Fabio. Avanzerò insieme a te per studiare la situazione. Chiederesti ai miei ufficiali di seguirci?».

Il fiume era esattamente come l'aveva descritto Fabio. Dovevano esserci state forti piogge a monte, perché il flusso d'acqua era violento e abbondante. Non era molto profondo, ma costituiva comunque un ostacolo da non sottovalutare lungo il percorso.

«Peccato che il tuo caro contadino non ci abbia avvisati di questo fiume», disse Acilio Glabrione a Grato.

«Dubito si sia mai allontanato più di dieci miglia da casa in tutta la sua vita», replicò il prefetto del campo.

«Forse è per questo che non si dovrebbero prendere decisioni strategiche in base alle informazioni ricavate da personaggi del genere».

«Parli ora, ma in quel momento non ti sei opposto», intervenne Eracliano.

Erano in sella ai loro cavalli sul bordo dell'argine. Balista osservò i suoi ufficiali come se li vedesse per la prima volta: i tre non avevano nulla in comune, a parte le origini italiche. Acilio Glabrione era alto e magro, sia bello che elegante. Quando non era in presenza di Vitruvia, non si sforzava nemmeno di tenere a bada il suo sarcasmo o nascondere il disprezzo per gli altri ufficiali. Eracliano era un uomo tozzo e dal collo taurino, con la faccia arrossata dal vento; sarebbe sembrato fuori posto in qualunque contesto che non fosse un accampamento militare. Aveva sempre l'aria risentita, come se fosse costantemente impegnato a reprimere un accesso di rabbia. Grato, al contrario, sarebbe potuto passare inosservato in qualsiasi situazione: aveva dei tratti definiti ma ordinari, facili da dimenticare. Era raro che esprimesse un'opinione su qualcosa che andasse oltre le sue mansioni, e anche in quelle poche occasioni le sue riflessioni erano sempre al limite dell'ovvio e presto finivano per scivolare via dalla memoria. Eppure c'era qualcosa nei suoi occhi, un riflesso duro come l'acciaio dietro quel velo di imperturbabilità. Infine c'era Lucio Proculo, l'uomo delle Gallie: affabile e gentile, forse anche troppo, era sempre pronto ad accettare consigli e addossarsi colpe. Vedendo il modo in cui appariva e si comportava, era difficile credere che discendesse davvero da feroci banditi delle Alpi, e ancor di più dare credito alle storie che aveva raccontato una volta a cena sul fatto che fosse un donnaiolo.

Balista era convinto che, nel caso l'assassino non fosse stato uno degli uomini della spedizione, avrebbe avuto bisogno di qualcuno che lo guidasse nel labirinto buio dell'accampamento. Anche se si fosse trattato di un soldato o un mulattiere, una passeggiata solitaria nel cuore della notte avrebbe potuto destare attenzioni indesiderate e generare commenti. Ma nessuna sentinella, nessun decurione nel suo turno di guardia avrebbero fermato un uomo accompagnato da un alto ufficiale; anzi, a malapena si sarebbero accorti di lui.

«Bene, ci hai portati fin qui, ora come suggerisci di proseguire, per Ade?». L'ostilità di Eracliano si era spostata su Grato.

«Ci muoveremo verso ovest lungo l'argine», disse Balista. «È probabile che troveremo un ponte o un guado non molto lontano».

Non ne trovarono per miglia e miglia. Avanzarono per quasi un'ora, costeggiando il fiume all'ombra dei salici. Alla fine, arrivarono in un punto dove le acque del fiume avevano trascinato il tronco di un albero caduto.

Balista ordinò alla colonna di fermarsi.

«Potremmo far attraversare i cavalli a nuoto», propose Eracliano.

«Si bagnerebbe tutto».

Eracliano sbottò contro Grato: «Per gli dèi inferi, siamo soldati, non vergini vestali!».

«Se facciamo bagnare cibo e foraggio, tanto vale gettarli via». Il prefetto del campo non si scompose, ma il suo tono era fermo e deciso. Aveva un controllo delle proprie emozioni fuori dell'ordinario.

Balista decise che avrebbero trascorso lì la sosta di mezzogiorno. Convocò due squadre di mulattieri affinché portassero tutte le corde che avevano a disposizione, poi ordinò di abbattere due salici e mandò alcuni uomini a tagliare alberelli esili in una macchia di olmi poco lontana.

I soldati consumarono il loro pasto mentre i cavalli brucavano l'erba e le asce degli uomini all'opera si abbattevano sugli alberi.

Quando i tronchi furono pronti, i mulattieri li assicurarono al salice caduto per creare un rudimentale ponte pedonale; stretto ed elastico, forniva tuttavia un passaggio abbastanza sicuro per permettere agli uomini di passare uno alla volta. Se qualcuno fosse scivolato in acqua, avrebbe comunque potuto aggrapparsi alla corda che Balista aveva fatto tendere poco più in là da un argine all'altro. Era il massimo che potessero fare in poco tempo, ma l'utilità del ponte era piuttosto dubbia, con tutti quei soldati in armi e armatura pesante.

I cavalli furono liberati dalle selle e i muli dai bagagli, mentre gli uomini si preparavano a trasportare sull'altra sponda tutto l'equipaggiamento in spalla. Balista mandò avanti Fabio e i suoi esploratori, che una volta attraversato il fiume attesero i cavalli.

L'argine da cui dovevano scendere gli animali era alto circa sei piedi e quasi perpendicolare all'acqua, mentre quello di fronte era più alto ma meno ripido.

Il primo cavallo avanzò annusando l'aria come se non fosse troppo convinto di quello che gli si chiedeva di fare. Due soldati lo tenevano per la testa, e quando fu sul bordo dell'argine altri due gli si avvicinarono da dietro e gli posizionarono una fune dietro la groppa. All'ordine convenuto, tutti e quattro spinsero in avanti l'animale, che perse subito l'appoggio sul terreno e rovinò in acqua. Tutti i cavalli sanno nuotare. I soldati lo pungolarono con delle aste ricavate dagli alberelli, finché l'animale non si decise a raggiungere l'altra sponda. Gli uomini sul lato opposto, immersi fino ai fianchi, lo presero per la cavezza e lo tirarono fin sopra l'argine.

Quando tutti i tredici cavalli della squadra di esploratori ebbero attraversato il fiume, i soldati li asciugarono e risistemarono le loro bardature prima di saltare in sella e partire in ricognizione. Balista ordinò agli emeseni di cominciare l'attraversamento. Ci sarebbero volute delle ore per portare quattrocento uomini e cavalli sull'altra sponda, uno per volta. Dopo un po', vedendo che la sua presenza non era più necessaria, Balista raggiunse il boschetto di olmi. Massimo e Tarchon si avviarono insieme a lui: sempre meglio non rischiare nulla.

Balista si sdraiò all'ombra e si appisolò. Il rumore dell'acqua era rilassante, e il profumo del bosco gli fece tornare alla mente ricordi della sua patria lontana: gli alti olmi davanti alla grande sala di Hlymdale, sull'isola di Hedinsey; lui seduto accanto alla madre a guardare gli alberi dalla finestra delle stanze del padre. Era passato un anno da quel momento; quasi sicuramente non sarebbe più tornato a casa, non avrebbe mai più rivisto la madre. Non aveva mai avuto intenzione di partire. Amava Giulia e i figli che aveva avuto da lei, ma parte del suo cuore era rimasta lì nel profondo Nord, con la sua famiglia, con Kadlin, la prima donna che avesse mai amato. Ora Kadlin aveva sposato Oslac, il suo fratellastro.

Ci sono amanti che possono vivere condividendo un letto caldo, cari l'uno all'altra. Balista, solitario nell'alba gelida, si allontanò da lei, forse per sempre.

Quando l'ultimo emeseno attraversò il fiume era ormai tardo pomeriggio, e Balista decise che i bagagli e i muli degli arcieri a cavallo dovessero essere portati sull'altra riva prima che calasse il buio. Tutti gli altri si sarebbero accampati per la notte lì dov'erano. Dividere la colonna era una soluzione che non gli piaceva affatto: ricordava di aver letto di un esercito romano sorpreso mentre era diviso su due sponde di un fiume durante la Guerra Sociale. Era stato fatto a pezzi. Non riusciva a richiamare alla memoria nessun altro esempio: forse il pericolo era talmente evidente che i bravi comandanti evitavano di dividere le loro forze in prossimità del nemico. Ma a volte bisognava prendersi dei rischi, e Fabio e i suoi uomini non avevano rilevato nulla di preoccupante nei dintorni. In ogni caso, Balista ordinò di raddoppiare le unità di guardia.

La notte era buia, il cielo oscurato dalle nuvole portate dal vento che soffiava da nord. Furono accesi grandi fuochi per scacciare le tenebre, e alla luce delle fiamme i soldati sembrarono quasi sollevati. Intonarono vecchi canti di marcia e cori osceni, e alcuni si lanciarono persino in balletti goffi per far ridere i compagni. Poi, tra una risata e l'altra, uno di loro cominciò a cantare dei versi della sua terra lontana. Il campo sprofondò nel silenzio: tutti restarono ad ascoltare quelle parole di nostalgia e perdita, quel canto che sembrava incarnare alla perfezione la malinconia della vita militare, di quegli uomini rudi che rischiavano la vita ogni giorno lontanissimi dalle case dov'erano nati.

Felice si era procurato del pesce e l'aveva cotto sul fuoco. Non c'era pane fresco, ma solo gallette e vino. Balista consumò la cena con Massimo e Tarchon.

Quando terminarono, Balista annunciò che avrebbe ispezionato i soldati, e le sue guardie del corpo dissero che l'avrebbero accompagnato. Balista esitò, poiché aveva già in mente una mezza idea, ma alla fine non si oppose. In fondo avevano ragione: qualcuno aveva provato a ucciderlo, ed era improbabile che avesse agito da solo.

Attraversarono il ponte osservando l'acqua nera che rifletteva in superficie la luce delle fiamme. Eracliano, prefetto degli emeseni, era seduto fuori dalla sua tenda e lavorava ai dispacci del giorno alla luce di una lampada a olio. Balista scambiò con lui qualche parola di circostanza e si avviò tra le file dei soldati. Gli arcieri si riunirono intorno ai fuochi e accolsero con piacere il suo arrivo. Fiancheggiato dalle sue guardie del corpo, Balista attraversò tutto il campo e uscì dal lato opposto, lì dove l'oscurità era quasi impenetrabile, finché le sentinelle non gli fecero segno di fermarsi. Diede la parola d'ordine e gli uomini di guardia si rilassarono e gli assicurarono che fino a quel momento non avevano avvistato nulla di strano. Dopo aver riattraversato il ponte, i tre percorsero le file dei traci. Lucio Proculo era già andato a letto. Anche lì i soldati che non si erano ancora ritirati nelle loro tende li accolsero in maniera cordiale. Era quella la vita perfetta, gli dissero: una bella campagna, una cavalcata facile, cibo caldo, vino e compagni con cui passare il tempo.

Balista aveva lasciato per ultima la carovana di bagagli. Grato comparve dall'ombra e gli assicurò che muli e cavalli erano stati nutriti e abbeverati, così come gli uomini; ogni cosa era al suo posto, insomma. Balista gli augurò una notte serena.

La grande tenda di Vitruvia era stata montata vicino all'argine del fiume. Era ancora illuminata, e dall'interno proveniva una musica dolce: di sicuro era una delle sue ancelle che suonava il flauto.

«Qui potete lasciarmi solo», disse Balista.

Massimo e Tarchon si scambiarono uno sguardo preoccupato.

«Resteremo nei paraggi», lo avvisò Massimo. «Ma abbastanza lontani da non sentire i vostri gemiti di piacere. Non ci tengo proprio!».

L'assistente di Vitruvia entrò ad annunciare la presenza di Balista, poi tornò e riferì che la sua padrona sarebbe stata ben felice di accogliere il *protector*.

Quando Balista scostò la tenda all'ingresso, si accorse subito della presenza di Acilio Glabrione, steso sullo stesso lettino che aveva ospitato lui qualche sera prima. Vitruvia era lì accanto e si alzò per salutarlo, a differenza del patrizio.

La donna si avvicinò a Balista e, malgrado fosse abbastanza alta, fu costretta a sollevarsi sulle punte dei piedi per accostare la guancia a quella di lui. Aveva un profumo diverso, quella sera.

«Che piacevole sorpresa!», disse.

Balista lanciò un'occhiata ad Acilio Glabrione e se ne pentì subito: il giovane patrizio gli sorrise e sollevò la sua coppa in una parodia di saluto.

«Sono venuto ad accertarmi che fossi al sicuro». Le parole suonarono goffe e poco convincenti persino alle sue stesse orecchie.

Vitruvia sorrise. «Mi sarei sentita ancora più al sicuro l'altra notte, se solo avessi accettato la mia offerta».

Non aggiunse altro e non gli offrì da bere.

«Sarà meglio che vada».

Balista lasciò la tenda con un certo imbarazzo.

Massimo e Tarchon uscirono dall'ombra senza dire una parola e lo accompagnarono in silenzio.

Nessuno può impedire agli altri di percorrere una strada pubblica, pensò Balista sentendosi incendiare il petto. *Non posso biasimare Acilio Glabrione per questo. Nessuno può impedire agli altri di acquistare una merce in vendita a tutti. In fondo era poco più di una puttana.*

Balista non sapeva bene cosa aveva sperato di fare, e ora si sentiva un idiota. Era furioso con sé stesso. Non che lei non lo avesse avvisato; eppure, in maniera alquanto irrazionale, si sentiva tradito. Come aveva potuto… e proprio con Acilio Glabrione? Quell'aristocratico viscido e pieno di sé… proprio *lui*, tra tutti gli uomini che avrebbe potuto scegliere?

CAPITOLO VENTITRÉ

Strada a sud-ovest di Aginnum, Aquitania
Quattro giorni prima delle calende di agosto

Fa' che sia l'uno, non i tanti. In caso di fallimento, la necessità richiede la moltitudine.

Si ripeté a mente le istruzioni ricevute. *In caso di fallimento.* E come definire ciò che era successo? Le famose doti di assassino del *frumentarius* non erano servite a niente contro Balista. Volusiano aveva ragione: quel barbaro era duro a morire. Per fortuna l'energumeno aveva massacrato il sicario rendendo impossibile riconoscere il cadavere, anche se l'uomo era stato abbastanza cauto da non indossare il suo amuleto con la scritta MILES ARCANUS che rivelava il suo ruolo. Se anche solo la sua falsa identità fosse emersa, sarebbe stato tutto più difficile.

L'omicidio era fallito. Tentarci di nuovo era fuori discussione: ormai le due guardie del corpo non si separavano più da Balista, e di notte si davano il cambio per sorvegliare la sua tenda, armati e sempre vigili. Ogni boccone di cibo che ingerivano veniva prima assaggiato da uno dei loro schiavi.

Da qualche parte, fuori dalla tenda, un cavallo nitrì. Un accampamento militare non era mai del tutto silenzioso. L'uomo tentò di rilassarsi ascoltando i rumori della notte, a lui così familiari: i passi di una sentinella, il tintinnio della catena di un mulo, qualcuno che tossiva e altri che bisbigliavano tra loro; di sottofondo, poi, lo scrosciare del fiume.

Era strano desiderare che la persona con cui aveva parlato in maniera così affabile poche ore prima fosse morta. E ancora peggio pensare che la sua sopravvivenza avrebbe segnato il destino di molti altri.

Osservò la tavoletta da scrittura, all'apparenza tanto innocua: Volusiano non sarebbe stato contento di leggere il messaggio nascosto al suo interno. Il prefetto del pretorio non era solito perdonare il fallimento: non poteva permettersi un altro errore.

La necessità richiede la moltitudine.

La necessità... Una padrona davvero severa. Dopo la morte del sicario, al campo erano rimasti tre *frumentarii* oltre a lui. Uno di loro sarebbe presto scivolato via nell'ombra per portare a Volusiano il messaggio sgradito. Un altro era già partito di nascosto. Entrambi sarebbero risultati assenti all'appello del mattino, ma non era un problema. Ogni giorno qualcuno non rispondeva alla chiamata, andando a ingrossare le file di disertori e ritardatari. Per allora, i *frumentarii* scelti sarebbero stati già ben lontani dal campo. Uno si sarebbe diretto a nord-est per raggiungere Volusiano nell'accampamento degli assedianti davanti alle mura di Augustodunum; l'altro avrebbe puntato verso sud, per entrare in contatto con le truppe di Postumo che, stando a quanto aveva detto il contadino, avevano attraversato i Pirenei.

Solo un *frumentarius* sarebbe rimasto aggregato alla colonna, pronto a eseguire i suoi ordini. L'imboscata doveva essere perfetta, non c'era margine d'errore.

Un tradimento del genere andava contro tutto ciò in cui credeva. Tanti anni prima, non aveva esitato un istante di fronte all'offerta di diventare un *frumentarius*: c'era un alone di fascino e mistero attorno a quel corpo scelto di soldati di base sul Celio. Erano pagati meglio e avevano molte più probabilità di fare carriera nell'esercito. Certo, sapeva bene che quei privilegi avrebbero avuto un costo: finzione, spionaggio, tradimento di coloro che si sarebbero fidati di lui, eliminazione degli obiettivi indicati senza farsi troppe domande. Ma quegli obiettivi almeno erano colpevoli di qualcosa, quasi sempre di tradimento. Non sarebbe convenuto a nessuno portarli a processo: meglio che lasciassero quel mondo in silenzio. Tutto quello che i *frumentarii* facevano era per la sicurezza dell'imperatore e il bene di Roma.

Stavolta era tutto diverso. I circa mille uomini della colonna non avevano nessuna colpa. Emeseni, traci e mulattieri stavano solo facendo il loro dovere, servendo Roma secondo gli ordini del suo legittimo imperatore. E ora molti di loro sarebbero morti per far sì che ne morisse solo uno, per giunta di origini barbare.

Quando gli era stata affidata quella missione, nell'accampamento davanti ad Augustodunum, aveva provato a ribattere. Se non fossero riusciti a farlo fuori in un agguato solitario, non era detto che un'imboscata avrebbe avuto più successo. Volusiano non aveva voluto sentire ragioni. Non era importante che Balista morisse, bastava che fosse catturato dai ribelli. Una volta che l'avessero portato tra le file di Postumo, nessuno alla corte di Gallieno avrebbe creduto a eventuali accuse mosse dal barbaro.

Era impossibile, per un *frumentarius*, impedire alla propria mente di farsi scomode domande sulle motivazioni delle missioni che gli venivano affidate. Quali informazioni possedeva Balista che rendessero necessario ucciderlo o consegnarlo al nemico? Se era contrario all'imperatore, perché non era stato già eliminato o arrestato in segreto, sbattuto in qualche cella sotterranea e interrogato? Di solito si faceva così, no? Doveva esserci sotto qualcosa di diverso, stavolta. Quali potevano essere le accuse che Volusiano temeva che il barbaro avesse il tempo di formulare?

Qualcuno mosse le tende all'ingresso come convenuto. Impossibile che il messaggero si presentasse in anticipo: doveva essere più tardi di quanto immaginasse. Si alzò e slacciò il nodo che teneva chiuse le tende. La figura incappucciata prese la tavoletta e scomparve senza dire una parola.

L'uomo tornò a sedersi, passandosi lo stilo tra le dita con aria assorta. Era addestrato per indagare, non per disobbedire agli ordini. Volusiano era il prefetto del pretorio, nonché comandante dei *frumentarii* e dunque suo diretto superiore. L'aveva promosso prima a centurione e poi a prefetto: senza di lui, la sua incredibile scalata non sarebbe mai stata possibile. Tutto ciò che aveva lo doveva al prefetto del pretorio. E se avesse portato a termine con successo quell'incarico così delicato, forse la sua carriera avrebbe raggiunto nuove e insperate vette.

In ogni caso, non aveva scelta. Come se non ne fosse già abbastanza consapevole, la finta lettera della zia che aveva ricevuto alla villa di Vitruvia era servita a ricordargli che la sua famiglia avrebbe pagato il prezzo di un'eventuale insubordinazione. Se poi i suoi piani fossero falliti, si sarebbe affidato al veleno nascosto nell'anello che portava al dito. Meglio uccidersi che lasciare la propria famiglia nelle mani di Volusiano. A differenza di quei folli dei cristiani, il prefetto del pretorio non era solito porgere l'altra guancia.

CAPITOLO VENTIQUATTRO

Colline ai piedi dei Pirenei, Aquitania
Calende di agosto

Si imbatterono nelle tracce del nemico in mattinata. Uomini a cavallo, e parecchi, diretti a est. Alcune impronte mostravano che i cavalli avevano *soleae ferreae* agli zoccoli: non poteva trattarsi di semplici banditi. Ispezionando meglio il terreno, trovarono anche alcuni chiodi persi dagli stivali dei soldati. Quindi c'erano anche unità di fanteria, insieme ai cavalieri.

Il nemico non aveva fretta. Balista trovò un'impronta dalla forma particolare, il cavallo doveva avere uno zoccolo scheggiato. Seguendola per qualche passo, capì che era stata lasciata da un animale che procedeva lentamente. Anche la disposizione degli escrementi lo portava alla stessa conclusione: i cavalieri si erano fermati con regolarità per consentire ai cavalli di svuotarsi le budella. Le tracce erano attraversate dai solchi di diverse ruote, e Balista sapeva bene quanto i carri dei bagagli potessero rallentare la marcia di una colonna.

«Devono essere scesi dalle montagne a Iluro», disse Fabio. «Ora sono diretti alla città di Tolosa, e da lì alla provincia della Gallia Narbonensis».

Balista annuì, d'accordo con la ricostruzione dell'esploratore. Il nemico puntava dritto al basso corso del Rodano. Da lì avrebbe potuto impedire alle carovane di provviste che venivano da sud di raggiungere Gallieno ad Augustodunum, o magari minacciare direttamente i territori appena al di là delle Alpi. In un caso o nell'altro, Gallieno sarebbe stato costretto a interrompere l'assedio.

«Se Postumo è stato così folle da svuotare l'Hispania delle sue guarnigioni di soldati, i mori attraverseranno lo stretto e si prenderanno la penisola», disse Acilio Glabrione. «E si dice che ci siano ancora bande di guerrieri franchi a infestare le montagne».

«Il ribelle sta mettendo la propria sicurezza davanti a quella dei suoi sudditi», disse Eracliano. «Proprio ciò che ti aspetteresti da un tiranno».

In Hispania c'erano degli angli al seguito di Arkil, il fratellastro di Balista. Il figlio di Kadlin, Starkad, era tra loro. Balista provò a scacciare quel pensiero dalla mente.

«Impossibile capire quanti fossero, ci sono troppe tracce sovrapposte», intervenne Grato. «Forse non sono molti; persino il ribelle non mi sembra così stupido da abbandonare l'Hispania a sé stessa».

«Lo sterco è fresco, al massimo di un paio di giorni», disse Fabio. «Non possiamo avere nessuna certezza, tranne una: sono più numerosi di noi».

«Che facciamo?», domandò Lucio Proculo quasi ragionando ad alta voce.

«Li seguiamo», rispose subito Grato. «La nostra missione è impedire che a Postumo arrivino rinforzi».

Il prefetto del campo aveva ragione: erano soldati, e quello era il loro dovere. Balista diede l'ordine di procedere con cautela e in armatura completa, scudi alla mano. Gli esploratori avrebbero preceduto la colonna di un paio di miglia.

La strada costeggiava le anse di un fiume. Sull'acqua nuotavano placidi alcuni cigni, scivolando tra isolette fangose e rami secchi portati dalla corrente. Sulla destra, oltre il fiume, delle colline boscose collegavano la pianura ai monti sovrastanti, dalle cime coperte di neve.

Cavalcarono per tutta la mattina, finché Fabio tornò per informarli che dopo la curva successiva avrebbero incontrato un insediamento, impossibile da evitare seguendo la strada.

Balista ordinò alla colonna di lasciare la strada e addentrarsi fra gli alberi che costeggiavano il fiume. Sebbene non ci fosse troppa vegetazione bassa a ostacolare i cavalli, l'avanzata fu lenta. Ma il tempo non era un problema, e quella manovra li rendeva invisibili dalla strada.

Si fermarono all'altezza del villaggio. Sorgeva su una collinetta a una certa distanza dal fiume e dalla strada, a circa mezzo miglio dal punto in cui si erano appostati. Una via principale e due minori che la incrociavano, una manciata di case, recinti per animali e qualche fattoria più lontana. Nei campi c'erano alcune vacche al pascolo, ma non si vedevano uomini.

Gli ordini furono trasmessi a voce di soldato in soldato, senza trombe né urla. Acilio Glabrione sarebbe entrato nel villaggio con uno squadrone della Terza, con il compito di far scattare qualunque trappola fosse stata preparata per il loro arrivo. Tutti gli altri traci, agli ordini di Lucio Proculo, erano schierati sotto gli alberi. Gli arcieri a cavallo emeseni erano stati divisi in due gruppi e disposti ai fianchi dello schieramento, in modo da poter circondare il villaggio. La carovana di muli era rimasta qualche centinaio di passi più indietro.

Il sole era alto sulle loro teste, schermate dalle chiazze d'ombra degli alberi. Nell'insediamento tutto era immobile, sulla strada non c'era anima viva. Una quiete innaturale, dato che era mezzogiorno.

Il fiume alle loro spalle era ampio, le rive impreziosite da bellissimi fiori gialli. Sei cormorani erano appostati sul tronco di un albero caduto, nerissimi contro i rami secchi e biancastri.

Balista ragionò sulla composizione delle forze nemiche. Potevano benissimo non essere truppe romane. Arkil era già partito per la Gallia, quando Balista era tornato nel profondo Nord. Non si vedevano da più di metà delle loro vite. Da giovani si erano voluti bene; Arkil era socievole e ispirava serenità. Eppure, come tutti gli Himling, era un guerriero nato e aveva un talento naturale nel guidare orde di uomini. Balista sapeva bene quanto potesse essere pericoloso affrontarlo in battaglia. Il figlio di Kadlin era nato dopo che Balista aveva già lasciato la sua patria; non avrebbe mai potuto riconoscere il ragazzo. In ogni caso, non c'era alcun motivo di pensare che i due fossero proprio al seguito di quella spedizione dall'Hispania.

«È ora di andare», disse Balista.

Saltato in sella, Acilio Glabrione controllò rapidamente che il suo squadrone fosse pronto e ordinò di avanzare.

Una volta usciti dal riparo degli alberi, gli uomini si lanciarono al galoppo, attraversando il pascolo e la strada e puntando verso la collinetta.

Ancora nessun movimento nel villaggio. Balista studiò la strada in entrambe le direzioni: non c'erano segni di un'imboscata.

Una vacca si allontanò impaurita al passaggio dei cavalieri.

I soldati a cavallo si raggrupparono quando furono nei pressi dell'insediamento, una manovra che fece infuriare Balista: in questo modo offrivano un bersaglio comodo a eventuali arcieri nascosti. Tuttavia, anche se ora procedevano più vicini l'uno all'altro, i cavalieri non rallentarono la loro avanzata.

Balista li vide imboccare la strada principale con Acilio Glabrione in testa. Se ci fosse stato un agguato, sarebbe stato quello il momento giusto. Da un istante all'altro avrebbero visto volare frecce dalle finestre degli edifici, e qualcuno dei soldati ci avrebbe rimesso la pelle; uomini armati sarebbero spuntati dai loro nascondigli e avrebbero bloccato la strada, trasformando di punto in bianco quel paesaggio bucolico nel palcoscenico di un massacro.

Ma non successe nulla di tutto ciò.

Acilio Glabrione spuntò dal lato opposto del villaggio e si preparò a tornare indietro. Certo, il giovane patrizio aveva non pochi difetti, ma nessuno poteva mettere in discussione il suo coraggio.

«In sella!», ordinò Balista.

Quando arrivò al villaggio, notò che Acilio Glabrione aveva già messo degli uomini di guardia e ordinato al resto del suo squadrone di perlustrare il villaggio. Tutte le case avevano le porte chiuse e le finestre serrate. I soldati fecero irruzione nei vari edifici solo per ritrovarsi davanti una serie di stanze desolate.

«Sembra sapessero che stavamo arrivando», disse Massimo.

«Le voci corrono più rapide di una colonna di cavalleria», commentò Balista.

Il villaggio sorgeva in un'ottima posizione: sollevato dalla pianura, offriva una visuale eccellente in ogni direzione. Balista prese una decisione.

«Ci fermeremo qui per oggi. Eracliano, ordina agli emeseni di costruire avamposti a mezzo miglio dal villaggio e posizionare sentinelle a un altro miglio dagli avamposti. Fabio, tu ti spingerai lungo la strada verso est insieme ai tuoi uomini. Meglio non ricevere sorprese. Lucio Proculo, fa' in modo che i traci radunino il bestiame sparso per i campi. Sono le calende di agosto: la devozione e la tradizione dell'esercito richiedono di offrire un sacrificio agli dèi stasera e organizzare un banchetto».

I soldati a portata d'orecchio sorrisero come bambini felici. Non solo non avrebbero dovuto trascorrere il pomeriggio seduti in sella, ma li aspettava anche una cena a base di carne appena macellata.

«Eprio, torna da Grato e digli di portare quassù la carovana di muli».

Il giovane vessillifero fece il saluto militare.

«Ah, un'altra cosa, Eprio: chiedi alla signora Vitruvia se le andrebbe di unirsi agli ufficiali per cena».

Il ragazzo non riuscì a trattenere un sorrisino mentre si allontanava per eseguire gli ordini.

Il primo giorno di agosto era l'anniversario della nascita dell'imperatore Claudio. Certo, era morto avvelenato dalla moglie, ma la tradizione voleva comunque che fosse divinizzato dopo la morte, e l'esercito aveva il dovere di sacrificare un bue per onorare la nascita degli imperatori diventati dèi. Erano passati più di duecento anni dalla morte di Claudio, ma la tradizione andava rispettata. Forse la sua conquista della Britannia giustificava la persistenza ostinata del suo culto.

Anche l'imperatore Pertinace era nato alle calende di agosto, e anche lui era stato assassinato. Settimio Severo si era presentato come suo vendicatore e l'aveva dichiarato un dio, ma il suo culto era decaduto dopo la fine della dinastia dei Severi. Nessuna provincia era stata annessa all'impero sotto le insegne di Pertinace, e per giunta era stato ucciso proprio dal suo esercito.

L'arrivo del cibo costrinse Balista a interrompere i suoi ragionamenti sulla memoria pubblica e l'oblio.

Alla cena partecipavano in sei: la matrona Vitruvia e i cinque ufficiali di più alto rango. Avevano requisito la casa più grande del villaggio, trovando anche tre lettini per la cena. In qualità di ospite, Balista aveva deciso gli accoppiamenti: Acilio Glabrione condivideva il posto con Lucio Proculo, Eracliano con Grato, e Vitruvia con Balista. Non andava fiero del piacere meschino che aveva provato nel separare la donna da Acilio Glabrione.

Balista si sporse verso Felice per fargli assaggiare un pezzo di carne dal suo piatto.

«Vischio», disse Vitruvia.

Balista sembrava confuso.

«In Gallia pensiamo che il vischio sia un antidoto a tutti i veleni», gli spiegò lei.

Acilio Glabrione le sorrise. «Se dovessimo attenerci ai costumi antichi, il nostro amico Lucio Proculo verrebbe punito per la circonferenza del suo ventre».

L'ufficiale gallo non parve offendersi per la battuta.

«Il divieto di essere grassi riguardava solo i giovani. L'avrai letto in Eforo o Strabone: ai greci piaceva tanto sparlare dei nostri antenati e accusarli di ogni bizzarria. Se anche ci fosse del vero, sono secoli ormai che ci siamo lasciati alle spalle quella barbarie. Siamo romani come chi è nato sui sette colli. Per generazioni, nelle scuole di Augustodunum si sono formati i migliori oratori latini di tutto l'impero».

«Ma molti imputati parlano ancora celtico in tribunale», lo incalzò Acilio Glabrione.

«I contadini non possono permettersi di frequentare una scuola di retorica». Lucio Proculo si servì una fetta del pasticcio di selvaggina che accompagnava la carne.

«A sentir parlare un patrizio romano», disse Vitruvia, «si potrebbe credere che le Gallie siano ancora popolate esclusivamente da cacciatori di teste e druidi».

«L'imperatore Massimino il Trace parlò con una druida», intervenne Balista. «Una donna alta di nome Ababa, che gli predisse la sua morte».

Lucio Proculo bevve un sorso di vino. «Ci sono ancora druidi che girano per i villaggi per raggirare gli ignoranti, ma sono soltanto ciarlatani e prestigiatori di strada. Le persone istruite venerano i nostri dèi tradizionali, su tutti Epona, la dea dei cavalli, e le Matres, le divinità dell'abbondanza e delle messi. Ma nessuno di noi crederebbe ancora alle sciocchezze raccontate dai druidi».

«Se lo dici tu», commentò Acilio Glabrione ridendo. «Ma secondo me Strabone ci aveva visto giusto. Il vostro carattere essenzialmente frivolo vi rende insopportabili quando vincete e codardi di fronte a una sconfitta».

«Alessandro il Grande non la pensava come te», disse Vitruvia. «Quando chiese ad alcuni galli se non fossero spaventati di lui, quelli risposero che l'unica cosa che temevano era che il cielo potesse crollare sulle loro teste».

«E una guerra civile non equivale al cielo che cade sulle loro teste?», chiese il patrizio.

«Solo un incidente minore», rispose Lucio Proculo. «Il nostro coraggio è rafforzato dalla consapevolezza che l'anima non può essere distrutta. Proprio come l'universo, durerà fino al cataclisma finale, quando i peccati dell'umanità verranno lavati via da un mare di fiamme».

«Con queste convinzioni ti troveresti benissimo a Platonopolis, la città che il nostro imperatore ha fondato sugli Appennini», disse Acilio Glabrione.

«Non sono sicuro di essere tagliato per la vita ascetica». Lucio Proculo assunse un'aria più seria. «Sebbene si dica che i filosofi attirino le attenzioni di parecchie vedove».

Massimo entrò nella stanza e la conversazione si spense all'istante.

«È arrivato un messaggero da Augustodunum».

Da quando avevano lasciato Lugdunum, era la prima volta che ricevevano un messaggio.

«Fallo entrare».

L'ufficiale, coperto di terra e fango, era chiaramente esausto per il viaggio.

«Parla».

«L'imperatore è stato ferito».

«Si salverà?»

«Non è dato saperlo».

Tra i presenti calò un silenzio tombale.

«L'esercito ha abbandonato l'assedio di Augustodunum e si sta ritirando al di là delle Alpi».

CAPITOLO VENTICINQUE

Colline ai piedi dei Pirenei, Aquitania
Calende di agosto

«Siamo in trappola», disse Eracliano. «Quanto distano le Alpi?»

«Trecento miglia, forse anche quattrocento, in linea d'aria», rispose Lucio Proculo.

«Su strada saranno quasi il doppio! E tra noi e le montagne ci sono le forze nemiche dall'Hispania». Eracliano sembrava disperato.

«Porta uno sgabello al messaggero», disse Balista a Massimo. «Sarà sfinito e affamato».

«Che facciamo?».

La notizia inattesa aveva completamente sconvolto Eracliano.

«Avete fatto il vostro dovere. Data la situazione, non c'è alcun disonore nella resa». La voce di Vitruvia era carica di un senso di trionfo e vendetta. «L'imperatore Postumo accoglierà con piacere il vostro giuramento e quello dei vostri uomini».

«Le mie proprietà sono in Italia», disse Acilio Glabrione. «E la mia famiglia è a Roma. Gallieno si vendicherà su di loro e confischerà i miei terreni».

«Gallieno potrebbe anche essere già morto, per quanto ne sappiamo», disse Vitruvia. «Non avete altra scelta».

«La signora ha ragione». Eracliano aveva una paura folle. «Siamo stati tagliati fuori, ci troviamo a centinaia di miglia di distanza dalla prima città dove potremmo dirci al sicuro».

«Non voglio sentir parlare di resa», disse Balista in tono perentorio. «Ognuno di noi ha prestato il suo *sacramentum* a Gallieno. Siamo legati a lui da un giuramento militare».

I familiari di Acilio Glabrione non erano gli unici ostaggi a Roma. Il figlio di Balista, Isangrim, frequentava la scuola sul Palatino, e Giulia e Dernhelm non erano fuori pericolo, in Sicilia. Ora più che mai desiderò di essere lì con loro.

Balista si rivolse al messaggero. «Cos'è successo?».

L'ufficiale aveva accettato lo sgabello, ma era troppo stanco per mangiare.

«L'imperatore aggirava le mura a cavallo per sfidare Postumo a uscire a combattere, nonostante Volusiano e tutti i *protectores* gli avessero consigliato di non farlo. È stato colpito da una freccia».

«In che punto?»

«Alla schiena».

«Era cosciente quando sei partito dall'accampamento?»

«Sì, ma era molto debole. Volusiano aveva già ordinato di levare l'assedio. L'esercito stava smontando il campo quando sono stato convocato dall'imperatore. Era steso su una barella e la sua voce era poco più di un sussurro, ma è riuscito a darmi l'ordine di persona: "Trova Balista, digli di mettersi in salvo"».

«*Digli di mettersi in salvo*», ripeté Eracliano. «L'imperatore ci ha esonerati dal giuramento!».

«No, non è ciò che intendeva dire. Siamo ancora legati a Gallieno». Balista recitò le parole del *sacramentum*: «*Per Giove Ottimo Massimo e tutti gli dèi, giuro di obbedire agli ordini dell'imperatore, di non disertare mai le file del suo esercito, pena la morte, e di mettere la sicurezza dell'imperatore sopra ogni cosa*».

«Dobbiamo pianificare un itinerario», disse Lucio Proculo.

«La strada più breve è verso est, attraverso la Gallia Narbonensis», suggerì Grato.

«Ma le truppe ispaniche bloccano il passaggio». Eracliano si era ripreso un po' dallo spavento. «Se forziamo le tappe, possiamo aggirarli da nord».

«La catena delle Cevenne blocca il passaggio da quella parte», disse Lucio Proculo. «Non è un terreno adatto ai cavalli, ci rallenterebbe».

«E poi non c'è foraggio per gli animali né cibo per gli uomini. Moriremmo di fame», aggiunse Grato.

«Possiamo sopportare un po' di fame, mangeremo quello che troveremo nei campi». Eracliano non si era arreso.

«Non se i campi non offrono niente da mangiare», intervenne Acilio Glabrione. «Puntiamo a est e apriamoci una strada con le armi».

«Puntiamo a est», ripeté Balista. «Con un po' di fortuna non avremo nemmeno bisogno di combattere. Abbiamo il vantaggio dell'effetto sorpresa: i rinforzi di Postumo non sanno che siamo qui. E anche se non dovessimo riuscire a superarli senza farci notare, sappiamo che loro sono appesantiti da carri e truppe di fanteria. Noi siamo tutti a cavallo, possiamo superarli in velocità».

«I muli non possono stare al passo dei cavalli durante una marcia forzata», disse Grato.

«Se sarà necessario abbandoneremo la carovana dei bagagli».

«E che ne facciamo della signora Vitruvia?», chiese Acilio Glabrione.

Balista non aveva pensato a lei. La madre del prefetto del pretorio di Postumo costituiva una preziosissima moneta di scambio, ma era giusto esporre una donna alle fatiche e ai pericoli di una marcia forzata? Malgrado stesse cercando di tranquillizzare gli altri, dentro di sé Balista era convinto che sarebbero stati costretti a combattere.

«La signora verrà liberata nella prima città che incontreremo sul nostro cammino».

Notare l'irritazione di Acilio Glabrione alle sue parole fu un piccolo piacere in quel momento drammatico.

«Alle prime luci dell'alba ispezioneremo le truppe e gli animali di riserva. Ora però finiamo la cena: sarebbe un peccato sprecare del cibo così buono».

La mattina dopo, le truppe furono schierate negli ampi pascoli a sud del villaggio. Quasi quattrocento arcieri a cavallo emeseni, trecento traci armati di *pilum* e spada, cinquanta tra mulattieri e schiavi. L'ispezione fu meticolosa: selle, bardature, carico dei muli. Un miglio di viaggio con un bagaglio legato male o una sella troppo stretta avrebbero danneggiato una bestia più che percorrere altre dieci miglia. Qualche cavallo fu sostituito con quelli di riserva, affinché tutti disponessero di un animale in buone condizioni; quelli non adatti al viaggio furono lasciati liberi nei pascoli circostanti. Agli uomini furono distribuite provviste sufficienti per cinque giorni, ma con qualche accortezza sarebbero potute durare anche dieci; a ognuno spettava anche una certa quantità di avena. Se poi fossero stati costretti ad abbandonare i muli, sia gli uomini che i cavalli avrebbero potuto cibarsene.

Erano partiti dopo la lunga ispezione, cavalcando per tutto il pomeriggio con il fiume che scorreva lento alla loro destra. Più lontano, le colline ai piedi dei Pirenei erano coperte di alberi. Sulla sinistra si susseguivano vigneti e campi coltivati, separati da fossati e siepi; erano tutti ben tenuti, ma in giro non si vedevano contadini o schiavi. Oltre i terreni agricoli si sollevavano altre colline, forse le prime alture della catena delle Cevenne, che dominava il centro della Gallia meridionale. Balista possedeva una conoscenza solo vaga della geografia di quei luoghi; la rozza mappa che aveva in dotazione mostrava le strade disegnate in maniera schematica, ma non dava alcuna informazione sulla topografia.

Dopo un paio d'ore arrivarono nel punto di un ex accampamento nemico: le ceneri dei fuochi erano fredde, e il campo doveva essere stato smontato da almeno due giorni. Di solito ogni *contubernium* di otto uomini aveva il suo fuoco, e a giudicare dal numero di fuochi e dalla quantità di escrementi animali le forze nemiche dovevano avere sia unità di fanteria che di cavalleria; almeno settemila soldati, forse anche ottomila. C'erano latrine scavate con cura, a indicare la presenza di truppe regolari. Vicino al punto dove erano stati legati i cavalli, sul terreno si distinguevano anche feci umane: un gran numero di cavalieri non inquadrati nell'esercito era arrivato dall'Hispania.

Balista e i suoi avevano già montato il campo più avanti lungo la strada quando il sole cominciò a celarsi dietro l'orizzonte. La fanteria romana era solita scavare una trincea intorno all'accampamento, ma la cavalleria poteva concedersi il lusso di non costruire difese, potendo contare su numeri minori e maggiore rapidità di movimento. Invece di scavare fossati, la cosa più importante era badare ai cavalli.

La fanteria riusciva a coprire dalle dieci alle quindici miglia al giorno, mentre la colonna di Balista aveva percorso ben dieci miglia solo dopo aver superato il campo nemico. Le truppe che stavano seguendo dovevano distare almeno altre dieci miglia, quindi Balista aveva concesso ai suoi uomini di accendere fuochi ma aveva raddoppiato le unità di guardia.

Al mattino si rimisero in viaggio, attraversando un territorio sempre uguale. Anche lì non c'era nessuno a lavorare i campi, né una sola persona lungo la strada. Gli esploratori di Fabio non riportarono attività sospette né a sud lungo il fiume, né a nord tra le vigne. La scomparsa degli abitanti poteva essere dovuta al passaggio dei soldati di Postumo: i civili sapevano bene che conveniva sempre evitare le truppe in marcia, nascondendosi tra boschi e colline finché non fosse tornato tutto alla normalità. I cavalieri non inquadrati nell'esercito raramente rispettavano la disciplina, e solo un pazzo sarebbe rimasto a farsi picchiare e derubare, o anche peggio. Ma la cosa poteva tornare a vantaggio degli uomini di Balista: meno occhi a spiare il loro passaggio, meno lingue a diffondere la notizia.

Cullato dall'andatura regolare di Cavallo Pallido, Balista rifletté sul suo tentato assassinio. Quando era avvenuto l'agguato, Postumo era ancora arroccato tra le mura di Augustodunum, e la presenza delle truppe di Gallieno avrebbe dovuto impedire di far arrivare all'usurpatore notizie riguardo alla posizione della colonna di cavalleria. Inoltre, sarebbe stato difficile far uscire dalla città un sicario, vista la rete di posti di guardia allestita da Gallieno. Certo, qualche sostenitore di Postumo avrebbe potuto agire per conto proprio: il governatore dell'Aquitania, per esempio, era rimasto fedele all'impostore, e secondo gli informatori si trovava a Burdigala, sulla costa atlantica. Non possedeva truppe regolari ma solo una milizia cittadina, e non potendo attaccare Balista in campo aperto avrebbe potuto optare per un metodo più discreto e puntuale. Possibile, ma improbabile. Come avrebbe fatto il governatore a trovare e assoldare un sicario nella pacifica cittadina di Burdigala?

No, doveva esserci sotto Volusiano. Balista era convinto che il prefetto del pretorio fosse implicato nel complotto fallito ai danni di Gallieno, e che avesse intuito i suoi sospetti. Volusiano lo voleva morto, e per raggiungere il suo obiettivo poteva contare sui *frumentarii*. I soldati segreti erano abituati a eliminare un individuo senza lasciare tracce. Possibile che la stessa sorte fosse toccata a Nummio Faustiniano nell'accampamento davanti ad Augustodunum?

Se Balista avesse accettato la proposta di Vitruvia, quella sera non si sarebbe trovato nella sua tenda. Era abbastanza onesto da riconoscere di essere geloso di Acilio Glabrione per aver goduto della compagnia della donna. Forse era un atteggiamento meschino, ma Balista era felice che quella tresca sarebbe durata ancora poco: il giorno dopo avrebbero raggiunto la cittadina di Novum Oppidum. Doveva essere un piccolo insediamento, dal momento che sulla sua mappa non si era meritato nemmeno un disegno abbozzato ma soltanto l'indicazione del nome, ma in ogni caso la donna sarebbe stata lasciata lì.

Il verso improvviso di un uccello. Balista lo osservò alzarsi in volo dagli alberi in riva al fiume e in un attimo capì che poteva essere un segno.

«Fermate la colonna!».

Balista aspettò con impazienza che il segnale venisse ripetuto lungo le file.

«Formate una linea rivolta a sud!».

Una colonna in fila per quattro poteva essere facilmente trasformata in una linea di battaglia profonda quattro file. Ma la lentezza con cui venivano trasmessi gli ordini era esasperante.

«Prepararsi all'azione!».

I soldati più vicini assunsero un'espressione dubbiosa, ma non si preoccuparono più di tanto. Doveva essere l'ennesima esercitazione.

Balista li ignorò e studiò le sue truppe. Gli arcieri emeseni, che avevano cavalcato in cima alla colonna, si trovavano ora sulla sinistra dello schieramento. I traci che erano con Balista formavano il centro, e la carovana di muli era a destra. Tutti si prepararono a combattere: i traci rimossero i teli che proteggevano gli scudi, gli emeseni scoprirono le faretre e impugnarono gli archi. Persino i mulattieri erano dotati di spade, o di una lama di qualche tipo.

La linea degli alberi accanto al fiume distava circa trecento passi. Il fitto fogliame dei salici e degli ontani che ondulava seguendo la brezza era l'unico movimento percepibile. Il paesaggio era immerso in una pace bucolica tanto irreale quanto infida.

Balista si guardò attorno e analizzò il terreno. Alle sue spalle le colline erano piuttosto ripide e distavano circa mezzo miglio, separate dalle truppe da campi abbastanza ampi da consentire alla cavalleria di fare manovre senza troppi ostacoli. La strada, ora parallela alla linea di battaglia, correva da ovest a est. Davanti, prati che digradavano fino agli alberi in riva al fiume.

«Lucio Proculo, porta due squadroni sulle colline. Pianta il tuo stendardo sulla cima e forma una linea verso cui possiamo ripiegare».

Balista fece cenno a un soldato di avvicinarsi.

«Va' da Grato e digli di portare i muli in collina seguendo Lucio Proculo, più velocemente possibile. Non c'è tempo da perdere!». Poi chiamò un altro cavaliere. «Trova Eracliano. La sua cavalleria leggera deve prepararsi a scontrarsi con qualunque cosa esca fuori da quegli alberi».

Mancava solo l'elemento chiave della difesa. Balista parlò a voce alta.

«Decurione veterano, a me!».

L'ufficiale gli si avvicinò.

«Prenderò il comando diretto delle sette *turmae* pari, mentre tu avrai le altre sette. Formeremo due linee. Preparatevi per combattere mentre ci ritiriamo».

L'ufficiale si allontanò per istruire i suoi.

Balista fece avanzare Cavallo Pallido di qualche passo. Giù al fiume regnava ancora una pace degna di un poema pastorale.

«*Turmae* pari da due a quattordici: venti passi avanti, intorno a me, lasciando spazio tra gli squadroni».

Le *turmae* indicate si mossero. I traci ora erano sistemati come le tessere del gioco dei *latrunculi*.

Restarono in attesa, mentre i cavalli brucavano e agitavano le code. Se si fosse sbagliato, sarebbe stata comunque una buona esercitazione per gli uomini di Balista.

La partenza della carovana di muli verso le colline fece precipitare gli eventi. Tra gli alberi si distinsero chiaramente i riflessi di molte lame. I primi movimenti tra i lunghi rami dei salici.

Dalle truppe intorno a Balista si sollevò un mormorio simile a un sospiro collettivo.

Fila dopo fila, i cavalieri emersero dalla linea degli alberi. Se solo Balista avesse avuto a disposizione più uomini, più potenza d'attacco, quello sarebbe stato il momento perfetto per lanciare i soldati alla carica e colpire il nemico su un terreno favorevole prima che riuscisse a schierarsi.

Non ha senso ragionare su ciò che non è accaduto. Bisogna fare il meglio con ciò che ci è stato assegnato dalla sorte.

Balista studiò il nemico, contando i vessilli. Di fronte a lui c'era un'*ala* di cavalleria ausiliaria regolare, armata ed equipaggiata esattamente come i traci e poco più numerosa di loro.

I fianchi non erano granché: cavalleria leggera irregolare a destra, con ogni probabilità dei mori, a giudicare dalle lunghe e ampie vesti e dai capelli scurissimi intrecciati. Senza armatura e con dei giavellotti in mano, non si fermarono per mettersi in formazione ma lanciarono subito i loro piccoli cavalli all'inseguimento della carovana di muli, risalendo la collina in una nuvola disordinata. Non avendo uno schieramento formale era difficile capire quanti fossero, ma comunque non molti: forse circa cinquecento.

La situazione era più grave sulla sinistra, dove c'erano molti più cavalieri mori. Duemila, forse persino tremila, impossibile da dire. Gli emeseni si erano schierati in una lunga fila. Sebbene il nemico fosse ampiamente fuori portata, gli arcieri a cavallo scoccarono una prima pioggia di frecce che andarono a conficcarsi nel terreno. In quel modo però i nemici avrebbero saputo con cosa avevano a che fare. A differenza dei conterranei sul fianco opposto, i mori schierati sulla destra non caricarono malgrado il numero, forse perché non avevano ancora raccolto il coraggio necessario ad affrontare i dardi nemici.

Balista guardò a est, lì dove era diretta la sua colonna. Com'era ovvio, poco lontano si sollevò una nuvola di terra e polvere: una colonna in movimento, probabilmente cavalleria pesante regolare. Era riuscito a non condurre i suoi uomini dritti nell'imboscata. Forse era stato il Padre di Tutti a mandare quell'uccello che l'aveva avvertito. In ogni caso, la trappola nemica era scattata troppo presto.

Sul lato destro dello schieramento di Balista, i mori avevano raggiunto la coda della carovana di bagagli. I muli non potevano correre più veloci dei cavalli. I nemici piombarono addosso ai mulattieri, ma quando quelli in coda alla carovana misero mano alle armi, i mori si allontanarono di nuovo. Quei cavalieri del Nord Africa incarnavano la quintessenza della cavalleria leggera: avrebbero caricato i nemici solo se li avessero trovati disarmati e in fuga. Iniziarono a girare in cerchio, come uno sciame di insetti. Qualcuno trovò il coraggio di scagliare il suo giavellotto, e tra i mulattieri ci furono le prime vittime. Le loro spade non servivano a nulla in un combattimento a distanza. Alcuni giavellotti nemici ferirono gli animali, che cominciarono a scalciare e correre, creando ulteriore confusione. Se non altro, gran parte della carovana era fuori dalla loro portata e continuava a correre a tutta velocità verso la cima della collina.

Delle urla selvagge segnalarono la partenza della carica degli altri mori. Molti si staccarono per aggirare gli emeseni di Eracliano, mentre alcuni si lanciarono dritti verso i nemici, finendo a tiro di quattrocento frecce appuntite. I cavalieri trafitti crollarono a terra, ma i loro compagni illesi spronarono gli animali per avvicinarsi il più possibile alla linea nemica: i loro giavellotti non potevano colpirli da così lontano. Quasi subito arrivò una seconda raffica, che falciò un numero anche maggiore di uomini. Era troppo: i mori batterono in ritirata tornando di corsa verso il fiume.

Gli uomini di Eracliano si erano comportati bene, ma erano riusciti soltanto a guadagnare un po' di tempo. Centinaia di mori li stavano aggirando sulla sinistra: presto Eracliano sarebbe stato costretto alla ritirata, e i traci al centro sarebbero rimasti scoperti su entrambi i fianchi.

Uno squillo di tromba. La cavalleria regolare nemica aveva completato lo schieramento e stava avanzando al passo. Balista sapeva di avere solo pochi attimi a disposizione.

«Decurione veterano! Le *turmae* alle estremità di ogni fila devono voltarsi verso l'esterno per proteggere i fianchi».

L'ordine fu eseguito all'istante: la Terza *ala* tracia era migliorata moltissimo da quando avevano lasciato Lugdunum, superando ogni più rosea aspettativa. Dal momento che l'unità era sottonumerata, ogni *turma* poteva contare su non più di una ventina di uomini, ma ora almeno c'erano circa quaranta soldati a proteggere i fianchi dello schieramento.

I cavalli nemici erano a circa un terzo del pendio che divideva il fiume dalla strada.

«Prima fila, prepararsi alla carica! Lasciate i *pila*, useremo la spada».

I soldati non vedevano l'ora che fosse tutto finito, in un senso o nell'altro. La loro tensione si trasmetteva ai cavalli, che agitavano la testa nervosi o pestavano con gli zoccoli il terreno.

«Aspettate il mio ordine!».

Balista sapeva che l'attesa era il momento più difficile, ma una carica di cavalleria era un'arma molto fragile. Se avesse dato il segnale troppo presto, gli uomini si sarebbero dispersi e l'assalto avrebbe perso il suo impeto.

«Tenetevi pronti per il mio segnale!».

Centocinquanta passi. Il rumore dei combattimenti in corso su entrambi i fianchi. Balista si costrinse a non guardare.

Concentrati sul tuo compito. Un po' più vicino, qualche istante ancora.

Cento passi. Massimo e Tarchon al suo fianco, il giovane Eprio subito dietro con lo stendardo alto contro il cielo.

«Carica!».

Balista batté i talloni contro i fianchi di Cavallo Pallido. Addestrato alla guerra, il castrone balzò subito in avanti. Appena cinquanta passi, da coprire tutti al galoppo.

I nemici scagliarono i loro giavellotti, ma troppo presto: le loro punte metalliche andarono a conficcarsi nel terreno in salita. Nessun *pilum* si avvicinò anche lontanamente a Balista e ai suoi.

Il frastuono degli zoccoli riecheggiò fino agli alberi sulla riva; pareva che la terra stessa tremasse.

Due unità di cavalleria non si scontrano mai in modo diretto. A meno che una non si dia alla fuga o entrambe si fermino prima, all'ultimo momento i cavalli scartano e deviano, aprendo falle nei ranghi, e i soldati passano tra le linee nemiche sferrando fendenti letali. Spesso i cavalli hanno un istinto di sopravvivenza più raffinato dei loro padroni.

Balista si inserì tra due nemici. Parò un primo attacco da sinistra con lo scudo, mentre mirava alla gola del nemico alla sua destra con un rovescio. D'istinto l'uomo chinò la testa. Un errore fatale: la lama lo colse in pieno viso. Al momento dell'impatto, Balista tirò indietro la spada come se fosse una sega. L'altro si accasciò sulla sella, ferito a morte.

Il nemico era schierato su quattro file. Balista continuò a colpire a destra e sinistra, spingendo in avanti Cavallo Pallido con le cosce. Lo slancio iniziale era tutto. Un altro colpo parato, poi qualcosa gli passò appena sopra la spalla sinistra. Balista puntò verso l'ultimo nemico e riuscì ad affondargli la punta della lama tra le costole, richiamando subito il braccio per evitare che la spada gli sfuggisse di mano. Nonostante l'accortezza, per poco non fu costretto a mollare la presa su Sole della Battaglia. Un istante in più e si sarebbe slogato il polso.

Ora avevano superato l'ultima linea nemica, e davanti avevano solo erba verde.

«Schieratevi intorno a me!».

Balista arrestò la corsa di Cavallo Pallido, facendolo ruotare sulle zampe posteriori.

Massimo e Tarchon si avvicinarono subito a lui, con il drago bianco ancora alto sulle loro teste. Le truppe si rimisero in formazione. Le cinque *turmae* agli ordini di Balista avevano perso degli uomini, ma erano riuscite ad attraversare lo schieramento nemico. Ora bisognava raccogliere le forze per un nuovo assalto, stavolta in salita.

Sebbene avessero i numeri dalla loro, ora i nemici si trovavano in mezzo alle due metà della Terza *ala* tracia. Incapaci di prendere in mano la situazione, sembravano confusi su quale minaccia affrontare per prima.

«Ogni squadrone formi un cuneo intorno al suo ufficiale. Prepararsi alla carica!».

Meglio colpire prima che il nemico prenda una decisione.

«Carica!».

Ora la pendenza giocava a loro sfavore. Impossibilitati al galoppo, si abbatterono sui nemici a una velocità ridotta. Questa volta, molti dei cavalieri schierati contro di loro si fecero da parte, e Balista attraversò le file nemiche senza sferrare o ricevere nemmeno un colpo.

Mantenne il passo e guidò i suoi uomini attraverso gli spazi vuoti lasciati dalle *turmae* della seconda fila. Proseguirono ancora, saltando oltre una siepe bassa che delimitava un campo coltivato. Quando furono a circa duecento passi dai loro compagni, Balista gli diede l'ordine di fermarsi. Le truppe si voltarono in direzione del nemico con una precisione degna di una parata militare.

Ora era il turno delle *turmae* guidate dal decurione, che si lanciarono alla carica con un boato. Il piano era semplice: ciascun gruppo di traci avrebbe caricato prima in discesa e poi in salita, dopodiché si sarebbe ritirato passando tra le fila amiche e avrebbe preparato l'attacco successivo. Carica dopo carica, sarebbero arretrati poco alla volta verso le colline.

Balista studiò il campo di battaglia. A est la carovana di muli non esisteva più: uomini e animali giacevano esanimi, o erano riusciti a scappare in collina. Restava solo un nocciolo duro di circa dieci mulattieri, isolati e accerchiati dai mori. Stavano usando i muli come barriera, lanciando pietre, picchetti da tenda e qualunque altra cosa riuscissero a recuperare dai bagagli rimasti. I loro sforzi non sarebbero durati ancora a lungo.

A ovest, Eracliano era stato costretto a far ritirare gli emeseni; non avevano smesso di scagliare frecce, ma ormai erano molto lontani dagli uomini di Balista. Sui fianchi, appena una quarantina di soldati proteggevano i traci da possibili manovre di aggiramento. Ora dipendeva tutto dal comandante nemico. Se fosse riuscito a prendere in mano la situazione e a riordinare le sue truppe nel caos della battaglia, avrebbe avuto la vittoria in pugno. Bastava mandare i mori ad abbattere l'esile barriera sui fianchi della formazione nemica e poi lanciare alla carica la cavalleria regolare. I traci si sarebbero ritrovati a difendersi su tre lati, e la loro ritirata all'ordine della disciplina si sarebbe subito trasformata in una fuga per la vita.

I traci agli ordini del decurione veterano stavano tornando. Attraversarono la linea di Balista, che notò subito quanto fossero diminuiti di numero. Alcuni cavalli avevano le selle vuote; non era raro che gli animali rimasti senza padrone continuassero a seguire gli altri. Balista si voltò a osservare le *turmae* prendere posizione alle sue spalle. Uno squadrone non si fermò, continuando a cavalcare verso le colline. Ma si muovevano con ordine, non come uomini alla disperata ricerca della salvezza. Stavano seguendo il loro decurione che si allontanava dalla battaglia: sarebbe stato meglio per lui se Balista non fosse sopravvissuto per dargli la punizione che meritava.

Più a valle, i cavalieri nemici avevano superato la siepe. Si stavano prendendo il tempo necessario a preparare un nuovo attacco. Era forse un segnale di sfiducia? Possibile che fossero bastati quattro brevi scontri a scoraggiarli? Delle grida dai fianchi ruppero subito l'illusione. Balista non aveva ancora avvistato il generale nemico, ma ora era chiaro che non era uno sprovveduto. In un modo o nell'altro era riuscito a dare l'ordine giusto ai suoi mori in tutta quella confusione, e i soldati africani avevano obbedito. Da est e da ovest, centinaia di figure dalla pelle scura si abbatterono sui pochi cavalieri a guardia dei fianchi della formazione tracia. Con un simile vantaggio, persino i mori si convinsero a combattere, abbattendo un soldato dopo l'altro come un branco di sciacalli. Una volta crollata la debole barriera, nel giro di pochi istanti sarebbe finito tutto.

Balista guardò le colline alle sue spalle. Il crinale era deserto e distava solo poche centinaia di passi, ma sarebbero state comunque troppe da coprire per dei soldati in fuga, assaliti da ogni lato.

«Massimo, Tarchon, restatemi attaccati». La sua voce era calma e decisa. «Anche tu, Eprio».

Una volta persa la battaglia, c'era una minima possibilità che Balista e le sue guardie del corpo riuscissero a ritagliarsi una via di fuga attraverso la cavalleria nemica e poi tra gli alberi e al di là del fiume. Le truppe vittoriose preferiscono sempre uccidere chi non oppone resistenza e tenersi alla larga da quelli che ancora lottano.

I soldati che proteggevano il fianco ovest erano stati annientati, e i mori stavano infierendo sui loro cadaveri. A est ne rimanevano non più di una decina. Si battevano con valore, ma erano circondati. Nessuna speranza, ormai. Una volta caduti, sarebbe stato un massacro.

Uno squillo di tromba penetrò i rumori della battaglia e riecheggiò per il campo.

Come per un intervento divino, i mori si ritirarono.

Le trombe suonarono ancora.

Il suono veniva dalle colline alle loro spalle.

Balista si voltò a guardare. Contro la linea dell'orizzonte si distingueva la prima linea di una colonna di cavalleria: dieci soldati per fila, con gli stendardi al vento. Molti più uomini di quanti ne avesse a disposizione Lucio Proculo.

Per gli dèi inferi, altri nemici?

I nuovi arrivati si stavano schierando in formazione, lentamente e con estrema sicurezza. Quando si fermarono, la prima fila contava circa cento uomini, e da lontano era impossibile capire quanto fosse profondo lo schieramento.

I mori cominciarono a urlare nella loro lingua, indicando i nuovi arrivati; poi, come se avessero raggiunto una decisione comune, lanciarono i piccoli cavalli al galoppo, allontanandosi dal campo di battaglia.

Balista socchiuse gli occhi per provare a distinguere la figura disegnata sullo stendardo rosso che sventolava in lontananza, ma non era facile.

Una nota diversa. La nota più dolce che Balista avesse mai sentito. Le trombe della cavalleria regolare dei nemici stavano suonando la ritirata.

Una folata di vento spiegò lo stendardo in cima alla collina: ora era chiaramente visibile il numero III a caratteri dorati. La Terza *ala* tracia, con in testa Lucio Proculo.

Per Ade, dove ha trovato così tanti uomini?

CAPITOLO VENTISEI

Colline ai piedi dei Pirenei, Aquitania
Undici giorni prima delle idi di agosto

«Non caricheranno fin sopra alla collina, almeno non oggi», disse Balista. «Il terreno gioca a loro sfavore, e hanno cavalli stanchi quanto i nostri. E poi è difficile convincere i soldati a tornare in battaglia per la seconda volta in un giorno solo».

«E se la loro fanteria risale la collina?», chiese Eracliano.

«Non c'è traccia di loro», rispose Balista. «Potrebbero anche aver ripreso a marciare verso est. Con un po' di fortuna, in questo momento potrebbero essere già dalle parti di Tolosa».

«E domani?»

«Domani noi non ci saremo».

Gli ufficiali restarono a osservare in silenzio il punto in cui il nemico si era riorganizzato, giù a valle. Due *alae* di cavalleria ausiliaria regolare, la seconda delle quali si era aggiunta da est. Insieme erano circa mille soldati, che potevano contare sull'appoggio di quasi tremila mori irregolari.

«Lucio Proculo, aver fatto montare i mulattieri sopravvissuti sui cavalli di riserva è stato un colpo di genio», disse Balista. «Farli schierare insieme ai soldati sulla cresta della collina… davvero una trovata brillante! Senza di te saremmo tutti morti o nelle mani dei nemici».

L'ufficiale gallo si schermì con un gesto eloquente della mano. «È il trucco più vecchio del mondo».

«Persino io ho creduto che i tuoi uomini fossero l'avanguardia di una colonna appena arrivata».

«Ho sfruttato la linea dell'orizzonte, sperando che nessuno giù a valle si accorgesse che dietro la prima fila di uomini non c'era nessuno», disse Lucio Proculo.

Balista si rivolse ad Acilio Glabrione. «Quante vittime abbiamo?»

«Quarantaquattro traci, dieci emeseni e ventidue mulattieri. Ci sono anche feriti gravi».

Balista fece un po' di conti: restavano circa ottocento uomini, compresi feriti, mulattieri e schiavi. Meno di uno ogni quattro nemici.

«C'è dell'altro», aggiunse Acilio Glabrione. «Grato è scomparso».

«Morto?»

«Forse catturato. Il suo assistente dice che si è lanciato contro i mori». Acilio Glabrione aveva l'aria perplessa. «A quanto pare, ha gridato il proprio nome e i mori l'hanno lasciato passare, come se lo stessero aspettando».

Ed ecco spiegata l'imboscata. L'agguato notturno aveva acceso i primi sospetti sulla presenza di un traditore nell'accampamento, ma ora era certo. Tuttavia, Balista non aveva tempo per rimuginare sulla questione. Convocò il capo degli esploratori.

«È colpa mia, signore», disse Fabio. «Le tracce portavano a est, ma la loro cavalleria deve aver attraversato il fiume per tornare indietro. In molti punti era evidente che i cavalli si fossero mossi verso l'acqua, ma ho creduto che dovessero solo abbeverarsi. Avrei dovuto controllare l'altra riva. Una volta guadato il fiume sono tornati a sud coperti dagli alberi».

«La colpa è solo mia», replicò Balista. «Ti ho ordinato di esplorare la strada spingendoti fino al fiume, non di attraversarlo. Settantasei uomini hanno pagato con la vita per il mio errore».

«I soldati conoscono i rischi che corrono. In guerra si muore».

«E i civili della carovana?»

«Anche loro lo sapevano. Sono volontari, come noi».

«Grazie, Fabio». Balista era sinceramente grato al capo esploratore. Il senso di colpa non era certo svanito, ma ci avrebbe pensato più tardi. «Fabio, ora ho bisogno che trovi un percorso che ci consenta di attraversare queste colline. Verso nord, poi a nord-est. Ci inoltreremo tra i monti della catena delle Cevenne, sperando che gli inseguitori si scoraggino e ci lascino in pace».

«Terreno difficile per i cavalli», intervenne Lucio Proculo.

«Faremo di necessità virtù. L'unica altra opzione che abbiamo è arrenderci».

«Arrenderci ai mori?», disse Eracliano con un sorriso amaro. «Pessima idea, visto quanti sono stati abbattuti dalle frecce dei miei uomini».

«E allora restano solo le montagne». Balista si rivolse di nuovo a Fabio. «Parti non appena i tuoi saranno pronti. Prendi cavalli freschi e altri uomini, se necessario. Nei punti in cui il percorso si biforca o non è chiaro, lascia un soldato che possa indicarci quale strada seguire. Noi partiremo questa notte. La parola d'ordine è *Salus*».

«E *salvezza* sia, signore».

«Un'ultima cosa: se riesci a trovare qualche pastore o abitante locale, ci farebbe comodo una guida. Promettigli una lauta ricompensa, ma sii molto chiaro su quali conseguenze avrebbe un suo tradimento. Non farlo scappare, tienilo legato».

Il capo esploratore annuì e si avviò per la sua strada.

C'era ancora molto da fare prima del tramonto.

«Lucio Proculo, portami il decurione che ha guidato i suoi uomini lontano dal campo di battaglia».

Balista riconobbe l'ufficiale: era una delle ultime due mele marce rimaste a occupare il posto che avevano ottenuto corrompendo Solino, l'ex prefetto dei traci.

«Non posso essere accusato di nulla». Come molti uomini che sanno di essere colpevoli, invece di scusarsi il decurione sembrava indignato. «Gli ordini non erano chiari. Dopo aver caricato il nemico, pensavo dovessimo ritirarci sulla collina».

Balista lo fulminò con lo sguardo. «Non mi sembra che gli altri ufficiali abbiano avuto gli stessi problemi a capire quali erano gli ordini».

«È colpa dei miei uomini… Non c'era modo di fermarli».

«Quindi sono stati loro a non capire gli ordini, non tu?».

Il decurione guardò gli altri ufficiali sperando di ricevere supporto, ma nessuno spese una parola per lui. Ora non c'era più traccia dell'atteggiamento sprezzante con cui si era presentato: sembrava solo impaurito. Lasciando esposto il cadavere dell'uomo che aveva aggredito Vitruvia, Balista si era guadagnato la reputazione di un comandante inflessibile quando si trattava di punire i sottoposti che trasgredivano gli ordini.

Mostrare codardia davanti al nemico, disertare i ranghi, disobbedire: per ognuna di queste colpe la pena era la morte. Come minimo, il decurione poteva aspettarsi di essere rimosso dal suo incarico. Ma quello non era il momento migliore per infliggere una punizione severa.

«In futuro, assicurati di aver capito bene quali sono gli ordini. Se qualcosa non ti è chiaro, chiedi. Prepara il tuo squadrone alla marcia».

Il decurione fece il saluto militare e si allontanò.

Forse era stato un errore non condannarlo, e Balista sapeva che la sua clemenza dipendeva in larga parte dal senso di colpa: aveva commesso una leggerezza fatale, tralasciando di far setacciare l'altra riva agli esploratori. Un uomo che avesse ricevuto il perdono, poi, spesso non mostrava gratitudine ma risentimento. C'era il rischio concreto che ora il decurione si dimostrasse ancora più inaffidabile di prima.

Balista provò a non pensarci. Se voleva che i suoi uomini sopravvivessero fino al nuovo giorno, doveva organizzare la ritirata. Qualcuno avrebbe dovuto guidare gli uomini che sarebbero rimasti indietro. Non poteva essere il decurione che aveva appena lasciato andare impunito: il compito richiedeva un ufficiale affidabile ed esperto. Eracliano e Lucio Proculo non potevano abbandonare le loro rispettive unità, e Acilio Glabrione era troppo imprevedibile. C'era bisogno di un uomo dotato di eccezionale sangue freddo. La scelta era obbligata: sarebbe stato lo stesso Balista a comandare la retroguardia.

«Eracliano, due squadroni dei tuoi emeseni resteranno qui con me. Acilio Glabrione, il comando della colonna passerà a te, fino al mio ritorno. Ciò che resta della carovana di muli procederà in testa, essendo il gruppo più lento. A seguire ci saranno i traci, e infine gli emeseni, i più indicati a stare in coda per la loro rapidità nel caso di eventuali schermaglie. Dite ai vostri uomini di rimuovere amuleti e pendagli dal loro equipaggiamento, avvolgere gli zoccoli dei cavalli in panni e inserire della paglia nei campanacci dei muli: dobbiamo muoverci in silenzio. Partirete dopo che sarà sceso il buio, all'inizio della seconda ora della notte».

«E se tu non dovessi fare ritorno?». Fino a qualche ora prima, il tono di Acilio Glabrione sarebbe stato intriso di sarcasmo, persino di speranza nella possibilità che quell'eventualità si avverasse. Adesso non più.

«In quel caso proverai a condurre i nostri uomini al di là delle Alpi, verso la salvezza».

«Che facciamo con i feriti?», domandò l'altro. «Intendo quelli che non sono in grado di cavalcare».

«Quanti ce ne sono?»

«Undici o dodici», disse Acilio Glabrione senza nemmeno consultare la lista che aveva in mano.

La risposta di Balista era ovvia, seppure amara da digerire.

«Dovremo lasciarli qui».

«In balìa dei mori?». Eracliano era inorridito al solo pensiero.

«Chiunque sia al comando delle truppe nemiche ha dimostrato di avere un ottimo controllo sui soldati barbari. Non faranno del male ai nostri feriti».

«Quando gli uomini capiranno di essere stati abbandonati, c'è il rischio che invochino aiuto a pieni polmoni», disse Acilio Glabrione.

«Mi assicurerò che facciano silenzio».

«E per quanto riguarda la signora Vitruvia?»

«Viaggerà con la carovana di muli».

Gli ufficiali si allontanarono evitando di guardarsi negli occhi. Era chiaro a tutti quale sarebbe stata la sorte dei feriti, dato che la donna non poteva essere lasciata indietro.

La luna era in fase calante, ma in cielo c'erano poche nuvole, perciò la notte non era del tutto buia. La debole luce avrebbe aiutato la colonna a trovare gli esploratori in attesa e a non deviare dal percorso. Gli uomini furono raggruppati al di sotto della linea dell'orizzonte, al riparo dagli occhi dei nemici accampati nella valle.

Acilio Glabrione si avvicinò in sella al suo cavallo.

«I soldati sono pronti».

«Non vedo ragioni per indugiare», disse Balista.

Ma Acilio Glabrione non si mosse.

«Dovrei essere io quello che resta indietro».

«È una mia decisione».

«Mio fratello...».

«Tuo fratello era un uomo coraggioso. Lui scelse di restare ad Arete, e io scelgo di restare qui».

Acilio Glabrione sorrise, e i suoi denti bianchissimi sembrarono luccicare nella penombra.

«Credo di essermi sbagliato sul tuo conto. Se dovessimo sopravvivere a tutto questo, potremmo essere amici».

«Non so se la tua famiglia sarebbe d'accordo. Le erme annerite di fumo di tutti i tuoi antenati ci guarderebbero con disappunto».

L'altro scoppiò a ridere. «Non capisci. I ritratti degli avi non servono solo per permetterci di emularli, ma per fornirci anche un esempio da superare. Un patrizio deve seguire ciò che dice la sua mente, essere leale alla propria *virtus*. Ma ne parleremo meglio domani».

«O forse tra qualche tempo, nell'Ade».

«Speravo più nei Campi Elisi, a dire il vero».

«Ti auguro buon viaggio».

«E io a te».

Acilio Glabrione voltò il suo cavallo.

«Prenditi cura di Vitruvia».

«Lo farò», disse il patrizio prima di ripartire. «Anche se avrei preferito essere la sua prima scelta».

Gli ordini furono trasmessi nella maniera più silenziosa possibile, senza trombe o urla.

Malgrado le precauzioni, i rumori della colonna in movimento squarciarono la quiete della notte: qualcuno aveva isolato male gli zoccoli del suo cavallo, qualcun altro si era dimenticato di rimuovere i pendagli dall'imbracatura.

Balista bagnò un dito di saliva e lo sollevò in aria. Quel po' di vento che spirava veniva da nord. C'era da sperare che non fosse abbastanza forte da portare i rumori oltre il crinale, verso il fiume.

Tornando a piedi sulla cima della collina, ammirò per un attimo il drago bianco del suo stendardo che sventolava pigramente nella brezza leggera.

I fuochi del nemico punteggiavano la valle come stelle nel firmamento: erano tantissimi, e ognuno dava calore a uomini decisi a ucciderlo.

Balista percorse un tratto in discesa fino al punto in cui aveva posizionato i posti di guardia. Massimo lo seguì, mentre Tarchon ed Eprio rimasero con i feriti.

«Chi va là?»

«*Salus*».

«Avvicinati, amico».

Lo scambio era avvenuto ad alta voce. Tutto doveva avere un'apparenza di normalità.

Balista restò in ascolto e il silenzio quasi gli fece male alle orecchie: niente tradiva la presenza di quasi settecento uomini che marciavano appena oltre la collina. I fuochi nel campo nemico lampeggiarono per un attimo nel momento in cui figure impossibili da identificare passarono davanti alle fiamme. Era solo la seconda ora della notte, e non tutti stavano dormendo. E, proprio come Balista, anche il nemico doveva aver assegnato dei turni di guardia.

«In nome degli dèi!». L'urlo arrivò dal crinale della collina.

Senza scambiarsi una parola, Massimo e Balista si voltarono e cominciarono a correre in salita.

«Codardi infami! Siamo vostri fratelli! Non potete farci...». La frase si spense di colpo.

Tarchon era chino sull'uomo morto, con la lama in pugno.

«L'ha ucciso!», disse Eprio. «L'ha ammazzato come un cane!».

«Ha solo eseguito i miei ordini», disse Balista.

Dieci paia di occhi terrorizzati si sollevarono a guardarlo.

«Se urlate, il nemico capirà tutto e moriremo comunque». Balista si fece forza e guardò negli occhi tutti i feriti. «Al mattino, accetteranno la vostra resa».

«I mori? Quei selvaggi non accetteranno proprio un cazzo», disse uno dei feriti. Malgrado tutto, parlò a bassa voce.

«Avete più probabilità così, che se dovessero prendere d'assalto la collina stanotte. Nel buio e nella confusione i loro ufficiali non avranno alcun controllo sulle truppe».

Nessuno dei feriti aggiunse altro, ma il loro silenzio era un'accusa molto chiara.

«Forza e coraggio. Non sempre è facile fare il proprio dovere». Quelle frasi di circostanza parvero banali a lui per primo.

«Lo sapevo che avrebbe finito per ammazzarci». Un emeseno con una tremenda ferita al petto parlò nella sua lingua nativa. «L'ho sempre detto che era un bastardo e un assassino. I barbari del Nord sono tutti uguali».

«Non ti sbagliavi», rispose Balista nella stessa lingua. «Ma hai dimenticato che ho combattuto per anni in Oriente».

«È vero che sei stato con la concubina preferita del re persiano dopo averlo sconfitto in Cilicia?»

«In guerra accadono le cose più strane».

«Un uomo può morire felice dopo aver posseduto una concubina del Re dei Re». L'emeseno tossì e perse sangue dalla ferita. Balista gli si avvicinò per stringergli meglio le bende, ma l'arciere lo scostò. «Non serve più, ormai. Non supererò la notte. Un po' di vino mi aiuterebbe a rendere l'attesa più dolce, però».

Massimo stappò una fiaschetta e gliela porse.

«Una moneta per una sbarbata mi sembra inutile, a questo punto. Magari una per il traghettatore?».

Balista prese il borsello e consegnò una moneta a ognuno di loro, con aria grave.

«Ora provate a fare silenzio, ragazzi». Balista tornò al latino dell'esercito, in modo che tutti potessero capire. «La lunga veglia è finita, ora non c'è nient'altro da fare».

Le urla di poco prima non dovevano aver raggiunto i nemici, dal momento che nel loro campo era rimasto tutto uguale. Ora che si era fatto tardi, le figure in movimento erano sempre di meno.

Gli uomini di Balista erano troppo impegnati per riflettere sulla propria situazione. I due squadroni rimasti contavano circa cinquanta uomini. Dieci erano schierati di guardia lungo il fianco della collina, insieme a uno dei due decurioni, per osservare eventuali movimenti sospetti nel campo nemico. Altri dieci attendevano più in alto, per controllare i cavalli. Il resto si occupava di tenere accese le fiamme: ogni soldato doveva badare a tre fuochi. Era un lavoro duro e ripetitivo, tagliare e ammassare legna al buio, per di più dovendo sopportare gli insulti di un decurione. Ma era fondamentale che i fuochi ardessero più luminosi che mai, come se intorno a ciascuno ci fossero seduti otto uomini: se il nemico ormai avesse capito lo stratagemma di Lucio Proculo, avrebbe almeno dovuto pensare che l'intera colonna fosse ancora accampata oltre la collina.

Ancora un po' e, allo scoccare della terza ora della notte, avrebbero potuto permettersi di lasciare che i fuochi si spegnessero da sé. Solo allora sarebbe arrivato il momento di tentare la fuga.

L'attesa era dura. Balista era tentato di dare una mano ai suoi soldati, ma non poteva staccare gli occhi dalle luci dei fuochi disseminati nel buio ai piedi della collina.

Il lamento dei feriti gli aveva portato alla mente brutti ricordi. Il fratello di Acilio Glabrione non era l'unico uomo che Balista era stato costretto ad abbandonare ad Arete. Era stato ancora più difficile lasciarsi alle spalle Mamurra, e non solo perché era un suo amico. Mamurra si trovava in una galleria scavata sotto le mura per intercettare quella che i persiani volevano utilizzare per entrare in città e rompere l'assedio. Se Balista non avesse dato l'ordine di far crollare l'ingresso della galleria, i persiani avrebbero conquistato la città. Ma in quel modo aveva condannato Mamurra a rimanere sepolto vivo sotto le macerie. Doveva essere stato il crollo a ucciderlo, o i persiani, oppure, peggio ancora, era rimasto intrappolato al buio ed era morto lentamente di fame.

C'erano state notti in cui, non riuscendo a prendere sonno, aveva immaginato che Mamurra fosse riuscito a salvarsi contro ogni aspettativa. Ma non era un pensiero confortante: a parti inverse, Balista avrebbe fatto di tutto per cercare vendetta contro l'amico che l'aveva tradito.

Anche la vendetta era un dovere, pensò Balista seguendo le trame intricate della sua mente. Calgaco era morto, e il suo assassino era ancora vivo. Balista non era riuscito a vendicarlo, e ora gli sembrava impossibile, lì nel cuore della campagna gallica, rintracciare Ippotoo. Anche se fosse riuscito a salvarsi la pelle e attraversare le Alpi – e già questo era un enorme *se* – come avrebbe fatto a trovare un individuo tra i milioni che popolavano l'impero?

«È l'ora terza», disse Massimo, «e tutto va bene».

Balista sollevò lo sguardo alla luna. L'ibernico aveva ragione: era ora di andare.

Ordinò agli uomini di abbandonare i fuochi e aspettare insieme ai loro cavalli, poi andò a recuperare le sentinelle, seguito come un'ombra da Massimo.

Diede un ultimo sguardo all'accampamento nemico e sentì delle note fugaci di flauto accompagnate da voci. Prima che potesse riconoscerne la melodia, non si udirono più. Si diceva che Marco Antonio avesse sentito una musica levarsi dal nulla, quando gli dèi l'avevano abbandonato. Balista provò a non pensarci: doveva essere solo un effetto dell'eco contro il fianco della collina.

Riunitosi a Tarchon ed Eprio, Balista diede un ultimo saluto ai feriti e augurò buona fortuna ai dieci uomini. Non c'era nient'altro da dire. Divorato dai sensi di colpa, guidò i suoi oltre il cerchio di luce dell'ultimo fuoco.

«Il drago», disse Eprio.

«Lascialo lì», replicò Balista. «È bianco e ben visibile alla luce delle fiamme, se lo portiamo via potrebbero accorgersene».

«Perdere le insegne porta sfortuna».

Balista non rispose, rimuginando in silenzio.

«In quanto vessillifero, se abbandono lo stendardo il mio *daemon* mi si rivolterà contro».

«Corri a prenderlo, allora».

Balista aveva passato troppi anni negli accampamenti militari e ormai sapeva bene che non bisognava scherzare con le superstizioni dei soldati.

CAPITOLO VENTISETTE

Territorio a sud-est della città di Tolosa, Aquitania
Undici giorni prima delle idi di agosto

Il sentiero che dal campo si inoltrava fra le colline era ricoperto di pietre. Nessun segno del passaggio della colonna principale: niente escrementi, niente tracce alla debole luce della luna. Al primo bivio del sentiero, uno degli esploratori di Fabio li stava aspettando.

Più avanti cominciarono a trovare i primi resti del passaggio di un'unità di cavalleria: una fiaschetta gettata via, una copertura per gli zoccoli persa da un cavallo, escrementi umani e animali. Balista scese di sella per esaminare alcuni dei pezzi di equipaggiamento lasciati a terra.

Procedevano al passo. Sebbene non avessero sentito rumori che segnalassero un inseguimento, era difficile resistere alla tentazione di spronare i propri cavalli e accelerare l'andatura. Ma non avevano altra scelta: se gli animali fossero inciampati nella penombra e si fossero azzoppati, non avrebbero potuto rimpiazzarli.

Al secondo bivio, Balista ordinò ai suoi di fermarsi. Lasciò una delle *soleae ferreae* nel punto in cui il sentiero si biforcava e gettò la fiaschetta a terra sul percorso che non avrebbero imboccato. Non avrebbero ingannato a lungo il nemico, ma ogni attimo guadagnato poteva essere decisivo.

Si ricongiunsero alla colonna principale intorno alla mezzanotte. Balista aveva cavalcato per tre ore; in circostanze normali avrebbe dovuto trovarsi a circa quindici miglia dal campo, ma con quell'oscurità era improbabile che avessero coperto più della metà di quella distanza. Fabio aveva scoperto la capanna di un pastore, che era stato prontamente legato su un mulo e ora gli faceva da guida contro la sua volontà. Abbeverarono i cavalli dalle borracce e proseguirono nella notte, sotto lo sguardo silenzioso di migliaia di stelle.

L'alba li sorprese mentre scendevano dalle colline verso un'ampia pianura, dove montarono il campo accanto a un torrente. Mentre tutti dormivano a seguito della marcia notturna, tranne alcuni soldati designati come sentinelle, Balista interrogò il pastore. C'era un villaggio a nord, a due ore di cammino; da lì, una strada sterrata correva a nord-est fino a Tolosa. Sebbene il pastore non si fosse mai spinto più lontano di un giorno di viaggio, sapeva che la catena delle Cevenne era ancora molto distante, ben al di là di Tolosa.

Le conoscenze geografiche di Balista si erano rivelate del tutto sbagliate: le colline che avevano appena lasciato erano le ultime alture dei Pirenei, non le prime delle Cevenne. Era questo il problema delle mappe abbozzate: mostravano le città e le strade che le collegavano, con tanto di indicazione delle distanze in miglia, ma non erano altro che illustrazioni astratte che non davano informazioni topografiche. Non appena si deviava dalla strada segnata ci si ritrovava persi in territori sconosciuti. Erano secoli che gli eserciti romani marciavano a Oriente per muovere guerre su guerre, ma se deviavano dal corso del Tigri o dell'Eufrate rischiavano ogni volta di perdersi nel nulla. E ancora peggio accadeva in Germania: i grandi fiumi segnavano i confini del territorio sicuro, ma dopo averli attraversati i soldati si avventuravano nell'ignoto. Ma Balista non si aspettava di finire così tanto fuori strada nel cuore dell'impero. Era incredibile che gli agrimensori romani fossero in grado di disegnare mappe perfette dei lotti di terreno intorno a una città, con le dimensioni esatte di ogni pascolo o campo coltivato, ma nessuno li avesse mai ingaggiati per creare delle cartine da dare in dotazione all'esercito.

Balista dormì quattro ore, poi ordinò che i trombettieri suonassero la sveglia per tutti. Mentre i soldati davano da mangiare ai loro animali, gli ufficiali vennero a fare il loro abituale resoconto mattutino. La routine sempre uguale della vita militare aveva un che di confortante, in quella situazione.

Nessuno era scomparso o rimasto indietro, ma durante la notte dieci cavalli e quattro muli avevano ceduto. Malgrado nell'imboscata fosse andata persa circa metà della carovana di bagagli, restavano ancora più di cento muli e quasi cinquanta cavalli di riserva. Gli animali che non erano più in grado di proseguire furono liberati e sostituiti. Molti di loro sarebbero guariti in tempi brevi, e qualche contadino del luogo avrebbe ringraziato gli dèi per quell'inattesa generosità.

I soldati consumarono le loro razioni di cibo senza accendere fuochi. Addentarono pancetta fredda e bevvero vino acido, e nel giro di un'ora la colonna era pronta a ripartire.

Nel frattempo, Fabio aveva setacciato i dintorni. Quando la colonna arrivò al villaggio, il capo degli esploratori aveva già liberato il pastore e catturato uno sfortunato venditore ambulante, malgrado l'uomo insistesse di non essere mai stato a Tolosa. Gli abitanti del villaggio, felici di non essere nella sua posizione, giurarono invece che quel bastardo mentiva spudoratamente: percorreva quella strada quasi ogni giorno per via del lavoro.

«Abbiamo compagnia», disse Massimo.

Sulle colline lontane alle loro spalle aleggiava una foschia minacciosa. Forse era fumo, ma era impossibile dirlo con certezza.

«Ne sei sicuro?», domandò Balista.

«Ho la vista buona, ma non sono un indovino. Le altre colline sono sgombre».

«Quanto sono lontani?»

«Forse dieci miglia».

Balista convocò Fabio e gli spiegò cosa voleva che trovasse, poi lo congedò.

«Controllate rapidamente le bardature e preparatevi a ripartire».

Balista montò in sella e sussurrò qualcosa all'orecchio di Cavallo Pallido, mentre i suoi uomini ultimavano i preparativi.

«Colonna di quattro, pronti a marciare».

La breve avanzata della mattina aveva riscaldato i cavalli.

«Avanti!».

La colonna si avviò verso Tolosa al trotto.

Balista era steso in riva al torrente, lì dove i salici lambivano l'acqua. Attraverso il fogliame riusciva a vedere il guado, a circa mezzo miglio di distanza.

Massimo e Tarchon erano lì accanto, e nessuno di loro indossava elmo, armatura o qualunque altra cosa che potesse riflettere la luce del sole. Le canne che crescevano lungo la riva fornivano un'ottima copertura, e i loro cavalli erano stati lasciati a Eprio poco più indietro.

Fabio aveva scoperto il posto ideale: il secondo piccolo corso d'acqua che avevano attraversato; il primo scorreva in un pascolo aperto e aveva gli argini troppo ripidi.

Massimo masticava carne essiccata, Tarchon intrecciava dei giunchi con aria assorta. Dovevano pur distrarsi in qualche modo, nell'attesa. Balista, invece, aspettava immobile. Se qualcosa fosse andato storto, se non avessero fatto ritorno, Acilio Glabrione avrebbe preso il comando della colonna. Balista avrebbe potuto lasciare a Fabio il compito di ricognizione, ma aveva bisogno di vedere con i propri occhi.

I rami dei salici oscillavano dolcemente, mossi dalla corrente. I contadini credevano che gli alberi avessero un'anima, mentre le persone più colte erano convinte che qualunque boschetto ospitasse ninfe e altri esseri soprannaturali. Era facile imbattersi in un satiro ebbro in pieno mezzogiorno. I soldati di Silla ne avevano persino catturato uno, per portarlo al loro generale. Nel suo lontano Nord c'erano molti boschi sacri, per cui Balista non ci trovava niente di strano, tanto che si ritrovò a mormorare una preghiera alle divinità sconosciute che popolavano quel boschetto di salici.

Massimo gli toccò un braccio, poi indicò qualcosa. Piccole figure grigiastre avanzavano da sud-ovest, e quando furono più vicine fu chiaro che erano uomini a cavallo. Come d'abitudine, i mori non mantenevano una formazione disciplinata: ognuno spingeva il suo cavallo nel modo che riteneva migliore, e questo rendeva molto difficile farsi un'idea di quanti fossero. Ma il gruppetto era piccolo, forse qualche decina di uomini. Dovevano essere esploratori.

I loro cavalli erano piccoli e brutti, ma velocissimi. In breve tempo i mori raggiunsero il torrente e lo guadarono, poi si aprirono a ventaglio avanzando di altri duecento passi e infine si fermarono. Alcuni si misero a esaminare il sentiero, altri rimasero a guardarsi intorno. Sembravano in allerta, ma non sospettosi.

Sulla riva occidentale c'erano solo pochi alberi isolati. I tre uomini acquattati tra le canne videro avvicinarsi uno dei mori e trattennero il fiato.

Il nemico si fermò proprio sull'argine, esaminando con lo sguardo il boschetto di salici. Quando voltò la testa, le sue lunghe trecce scure gli coprirono le spalle. Come molti dei suoi, cavalcava senza utilizzare sella né redini: seduto su una semplice coperta, comandava il suo cavallo solo con un frustino. Bastò un tocco leggero sulla groppa affinché l'animale scendesse lungo l'argine a passo sicuro quasi fosse un gatto.

A metà del guado il moro fermò il cavallo, che subito ne approfittò per abbeverarsi, e si sollevò la tunica per urinare senza nemmeno scendere a terra. A differenza dei nomadi delle steppe, era chiaro che quelli africani non avessero alcuna remora a contaminare i corsi d'acqua.

Una volta svuotata la vescica, il moro fece schioccare la lingua nella guancia e il suo cavallo sollevò la testa. A un secondo suono simile l'animale si rimise in marcia, puntando dritto verso i tre uomini nascosti.

Il cavallo si fermò davanti all'argine, guardando in direzione delle canne come se fosse in dubbio sul da farsi, ma quando il suo padrone lo colpì alla groppa con il frustino avanzò tra i giunchi. Sarebbero bastati pochi passi perché si ritrovasse esattamente al di sopra dei tre. Balista riusciva già a sentire l'odore della bestia, oltre a quello forse ancora più sgradevole del suo cavaliere. Afferrò l'elsa della spada. Protetti dalle canne, forse sarebbero riusciti ad abbattere il moro senza che i suoi compagni li vedessero, ma presto qualcuno si sarebbe accorto della sua mancanza.

In un'improvvisa esplosione di ali e piume, una pernice si levò in volo proprio davanti alle zampe del piccolo cavallo, che d'istinto sollevò la testa e fece qualche passo di lato. Il moro imprecò nella sua lingua e lo frustò con furia sul collo, e l'animale spaventato si lanciò in avanti passando non molto lontano dalla testa di Balista. L'uomo lo colpì di nuovo, e nella foga non si accorse delle figure nascoste tra le canne. I tre lo sentirono allontanarsi oltre la linea dei salici.

«Bastardo di merda», disse Tarchon. «Nel fiume ci piscia, invece di lavarsi».

Balista non trattenne una risata, forse più per il sollievo che per la battuta.

«Eccoli che arrivano», segnalò Massimo.

Due unità di cavalleria regolare si stavano avvicinando al torrente al trotto, in file da quattro e con gli stendardi al vento. In testa avanzava un ufficiale romano, sotto un vessillo rosso. Balista provò a contare i nemici: le *alae* erano quasi a ranghi completi, circa cinquecento uomini ciascuna, dopodiché veniva il solito sciame di mori composto da almeno duemila barbari, forse anche di più.

Le truppe regolari guadarono il torrente senza rallentare, sollevando schizzi d'acqua che riflettevano la luce del sole come diamanti. Presero la strada diretta a nord-est, seguiti dal branco selvaggio dei loro alleati.

Balista tirò un sospiro di sollievo e Massimo gli diede una pacca sulla spalla.

«Certo che sei furbo come una volpe», disse l'ibernico.

«Una volpe sa molte cose».

«Una volpe era fottuta se il cavallo la calpestava», commentò Tarchon.

Rimasero per qualche istante a ridere come idioti. Il piano aveva funzionato.

Quando erano arrivati al fiume, Balista aveva mandato avanti la carovana di bagagli, accompagnata soltanto dallo squadrone di traci comandato da Ovidio, il decurione che era fuggito dalla battaglia durante l'imboscata. Avrebbero fatto da esca, dando il tempo a tutti gli altri di cavalcare nel letto del fiume e risalire l'argine nel punto in cui gli alberi avrebbero camuffato le loro tracce sul terreno. In quel momento dovevano essere già a parecchie miglia di distanza, verso sud-est.

«I mori non se ne accorgeranno almeno fino a domani», disse Massimo. «E dal momento che non hai detto né a Ovidio né ai mulattieri dove siamo diretti, i barbari dovranno perdere un'altra giornata a tornare indietro per cercare di ritrovare le nostre tracce».

«Brutte cose per Ovidio e la gente dei muli quando li catturano», disse Tarchon.

«Ovidio si arrenderà».

«Non dovrebbe essere un problema», scherzò Massimo. «Quell'uomo ha il coraggio di un coniglio».

«È buono che non hai mandato la donna con Ovidio», aggiunse Tarchon.

«Ringrazia Acilio Glabrione: qualcuno deve pur tenere caldo il letto del patrizio di notte». Massimo era il solito irriverente.

«Dobbiamo muoverci», disse infine Balista. «Ci aspetta una bella cavalcata per raggiungere la colonna».

Si alzò in piedi e si sgranchì i muscoli, soddisfatto di sé: lo stratagemma aveva appena fatto guadagnare ai suoi uomini un paio di giorni di vantaggio. Ma aveva un motivo ulteriore per essere felice: Arkil non era risalito dall'Hispania insieme al nemico, e non c'era pericolo di affrontare in battaglia gli angli guidati dal suo fratellastro.

CAPITOLO VENTOTTO

Territorio a sud-est della città di Tolosa, Aquitania
Sette giorni prima delle idi di agosto

Proseguirono verso est per tre giorni, attraverso colline coronate di foreste e avvolte nella nebbia al mattino, cavalcando in direzione del sole nascente. Si lasciarono dietro torrenti poco profondi e strade lastricate, lungo sentieri polverosi che li tenevano a distanza dai villaggi più grandi. Videro passare campi coltivati, piccoli insediamenti, ville rurali e tempietti di campagna. Quando facevano la consueta sosta a mezzogiorno, la muraglia bianca dei Pirenei sembrava sospesa al di sopra dell'orizzonte a sud. Ogni collinetta superata rivelava un paesaggio sempre uguale al precedente.

Senza la zavorra costituita dalla carovana di muli, riuscirono a coprire una trentina di miglia al giorno. Balista non voleva stremare uomini e animali, perché la strada era ancora lunga. Ma anche a quell'andatura più che sostenibile c'era stato bisogno di sostituire una decina di cavalli con gli ultimi rimasti di riserva. Non c'era tempo di raccogliere provviste e foraggio: i soldati mangiavano le loro razioni, i cavalli l'avena conservata nelle borse legate alle selle.

Fabio liberò il venditore ambulante quando un mercante locale ebbe la sfortuna di imbattersi negli esploratori della colonna. La nuova guida non era più collaborativa di quella precedente, ma non c'erano molte probabilità di perdersi: dovevano spingersi a est, in un modo o nell'altro.

La terza sera il sole calò incendiando le nuvole, e una delle colline a ovest si popolò di fuochi accesi, come scintille cadute dal cielo. Il nemico aveva ritrovato le loro tracce, e ora avevano meno di un giorno di vantaggio.

Gli ufficiali presero posto a terra, davanti alla tenda di Balista. Nel buio della notte, i membri del consiglio di guerra sembravano ancora più stanchi e sfiduciati.

«La guida dice che c'è una cittadina a nord», disse Fabio restando in piedi in segno di rispetto verso i suoi superiori. «Un posto chiamato Sostomagus, sulla strada che da Tolosa va verso est».

«Se ci andiamo, tutti sapranno la nostra posizione», disse Eracliano.

«Ormai non fa più differenza», replicò Acilio Glabrione. «Il nemico è già sulle nostre tracce».

«Considerando quanto ritardo hanno recuperato, i loro animali devono essere sfiniti», riprese Eracliano. «I nostri sono stanchi, ma non quanto i loro. Dovremmo spingerci a est e puntare sulla velocità».

Balista incrociò le gambe sul terreno duro. «Abbiamo quasi finito le scorte».

«Il filosofo Diogene si masturbava nell'agorà durante il mercato, rammaricandosi che risolvere il problema della fame non fosse altrettanto semplice». Acilio Glabrione sogghignò nella penombra per dissimulare la sua preoccupazione.

«Grazie agli dèi sono pochi i soldati che si definirebbero filosofi cinici», disse Lucio Proculo. «Sarebbe un bel problema mantenere la disciplina».

«Non c'è altra scelta», intervenne Balista per mettere fine a quell'inutile chiacchiericcio. «Dobbiamo entrare in città e prendere quello che serve, per poi ripartire di corsa verso est. Secondo la mappa, c'è una strada lastricata che porta alla Gallia Narbonensis: usandola potremmo procedere molto più rapidamente».

Persino Eracliano si arrese davanti all'evidenza: era l'unica soluzione sensata.

«Voglio tutti in sella alle prime luci dell'alba».

La strada lastricata da Tolosa a Narbo Martius sfregiava il paesaggio come una lunga cicatrice bianca. A volte le strade romane riuscivano ancora a mettere i brividi a Balista, nonostante tutti gli anni che aveva trascorso nell'impero. Non c'era niente di simile nel suo Nord. Le strade erano molto più che un mezzo per facilitare la marcia delle legioni o il trasporto dei beni: gli enormi costi e sforzi necessari a costruirle erano una dimostrazione di potenza. Niente poteva mettersi contro Roma. La natura stessa doveva inchinarsi al potere della Città Eterna.

Balista si rese conto che ormai solo un forestiero o un barbaro come lui poteva ancora pensare qualcosa del genere. Quelle strade erano lì da secoli. Qualunque fosse stato il loro scopo originario, qualunque effetto avessero avuto sui selvaggi antenati degli abitanti di quei luoghi, per un uomo nato sotto le insegne dell'impero erano ormai solo semplici vie di comunicazione. Un simbolo non ha alcun significato se non quello che uno vuole attribuirgli.

La strada attraversava la cittadina di Sostomagus. Balista studiò il terreno da un vigneto a circa un miglio di distanza. Tre stradine incrociavano quella principale. Un foro al centro, con alcuni templi e una basilica. Case bianche e tegole rosse. Dalle fornaci dei bagni termali si sollevava una colonna di fumo. Niente mura né fortificazioni di sorta. Le solite tombe ai lati delle strade che portavano in città. Ogni dettaglio indicava una banalissima cittadina di provincia, uguale a mille altre.

Era ancora la prima ora del giorno, ma le strade erano piene di gente. I contadini guidavano in città i loro muli carichi, senz'altro ragionando su come spendere quelle poche monete che avrebbero racimolato vendendo i loro prodotti: bisognava innanzitutto comprare ciò che non coltivavano o producevano a casa, poi si poteva pensare a concedersi una meritata brocca di vino, e forse anche una ragazza, in qualche taverna. I mercanti erano in giro con i loro carretti, pensando a guadagni più alti e progetti ambiziosi, senza badare troppo a quanto fossero bugiarde le loro rassicurazioni sulla qualità della merce. I filosofi ci avevano visto giusto: c'era qualcosa di subdolo nel comprare un oggetto per una certa somma e poi rivenderlo altrove, del tutto inalterato, a un prezzo più alto. Quando non era impegnato a dimostrare quanto fosse facile placare il desiderio sessuale, Diogene aveva lanciato i suoi strali retorici anche contro la pratica del commercio. Il raffinato carro di qualche famiglia ricca del villaggio era in partenza per Tolosa. Da quella distanza sembrava un giocattolo di legno. Avevano scelto un ottimo giorno per lasciare la città, pensò Balista.

Era ora di stravolgere la calma che regnava a Sostomagus.

«Gli ordini sono chiari a tutti?».

Gli ufficiali annuirono con convinzione.

«E allora si aprano i giochi. E ricordate, non voglio saccheggi, violenze e stupri. Una volta che avremo preso il controllo della città, i traci raccoglieranno provviste e gli emeseni si occuperanno di requisire dei cavalli in buona salute. Fabio troverà una nuova guida e Acilio Glabrione porterà i membri del consiglio cittadino da me al foro. Dobbiamo fare tutto con grande rapidità: voglio vedere la colonna di nuovo in marcia subito dopo mezzogiorno!».

Balista controllò le cinghie del suo equipaggiamento, in attesa che gli ufficiali tornassero con i loro uomini al seguito. Da quando Grato si era consegnato al nemico, non c'erano più state occasioni per raccogliere provviste in maniera ordinata. Balista aveva affidato il compito a Lucio

Proculo e ai suoi traci; avrebbero svolto un buon lavoro, se lo sentiva. E poi, non essendoci più i muli a portare il carico, avrebbero potuto requisire solo lo stretto necessario.

Un singolo squillo di tromba, e gli emeseni uscirono allo scoperto dal vigneto, dividendosi in due gruppi: il meno numeroso corse a tagliare la strada che usciva dalla città a est, mentre il più numeroso si diresse sul lato ovest, dividendosi ulteriormente per inviare un ultimo gruppetto a nord e circondare così la città su ogni lato.

Dopo che gli arcieri a cavallo si furono allontanati, attraversando i campi e scavalcando fossati e siepi, anche i traci uscirono dal nascondiglio. Procedendo con più ordine e calma, avanzarono lungo il sentiero dei bovari che portava a Sostomagus.

Balista restò a osservare le manovre, con la testa altrove. La partenza immotivata di Grato lo turbava ancora: certo, sapevano poco dell'ufficiale, ma era davvero possibile che fosse un traditore? C'era lui dietro l'agguato nella tenda di Balista? E quale motivo avrebbe potuto spingerlo a un atto di tale gravità? Essendo un italico, era difficile ricostruire le possibili motivazioni che potevano fargli preferire Postumo a Gallieno. La notte del tentato assassinio, Postumo era ancora arroccato tra le mura di Augustodunum e tutto faceva pensare che Gallieno avrebbe vinto la guerra. Persino dopo che l'imperatore era stato ferito e aveva dovuto ritirarsi al di là delle Alpi, la possibilità che Postumo lo inseguisse e provasse a conquistare la penisola sembrava remota. Insomma, Grato non aveva molte speranze di tornare a casa. No, non era stata la sua lealtà verso Postumo a spingerlo al tradimento. Balista ebbe il sospetto che la scia di sangue conducesse piuttosto alla corte imperiale, e più precisamente al prefetto del pretorio Volusiano.

Il suono lontano di una tromba annunciò che Sostomagus era nelle mani delle truppe.

Balista parlò a Cavallo Pallido, che scattò in avanti seguendo i suoi ordini. Quando entrò in città trovò i traci all'opera: avevano sfondato alcune porte ed emergevano dalle case trasportando beni di ogni tipo. Gli abitanti, troppo sorpresi e disorientati per opporre resistenza, restarono a guardare, chiedendosi quale divinità avessero offeso per meritare una tale disgrazia.

Nel piccolo foro, i membri del consiglio erano stati radunati davanti alla basilica. Acilio Glabrione si avvicinò a cavallo, con Fabio al suo fianco.

«Brutte notizie», disse il giovane patrizio. «Dicono che due giorni fa è passata una colonna di soldati diretta a est».

Fabio aprì la mano per mostrare alcuni chiodi degli stivali dei soldati: gli abitanti dicevano il vero.

«Quanti uomini?», chiese Balista.

Acilio Glabrione si strinse nelle spalle. «Parlano di innumerevoli unità di fanteria e cavalleria, migliaia e migliaia di uomini, ma sai come sono i racconti di questi bifolchi».

«I civili tendono sempre a esagerare», disse Balista rivolto a Fabio.

«La strada è lastricata», spiegò l'esploratore, «quindi niente impronte. Impossibile fare una stima».

«Deve trattarsi del resto degli uomini di Postumo dall'Hispania», disse Acilio Glabrione. «Ci troviamo di nuovo tra Scilla e Cariddi».

Balista si grattò la barba corta sul mento. Avrebbe pagato oro per un bagno caldo e un buon barbiere.

«Non c'è tempo da perdere. Trasmettete gli ordini ai soldati: ripartiremo prima di mezzogiorno».

I due ufficiali gli rivolsero il saluto.

«Acilio Glabrione, chiederesti alla signora Vitruvia di raggiungerci?».

Balista smontò di sella per concedere un po' di riposo a Cavallo Pallido. Era seduto sui gradini di un tempio quando il patrizio tornò con la donna. Si alzò in piedi in segno di rispetto.

«Spero che tu stia bene, signora».

«Direi piuttosto che tollero bene il fastidio». Quella donna riusciva a trasformare anche il più innocuo scambio di cortesie in un duello verbale.

«Sarai felice di sapere che non dovrai più spostarti insieme alla colonna. Ho fatto in modo che uno dei consiglieri cittadini ti metta a disposizione la sua casa. Dovresti essere più a tuo agio tra quattro mura e circondata dai tuoi servitori. Una volta che ti sarai riposata a sufficienza e che le truppe si saranno allontanate, potrai tornartene a casa».

Vitruvia sembrava tutto fuorché felice.

«Prima mi trascinate per tutta la Gallia e poi pensate bene di abbandonarmi in questo posto dimenticato dagli dèi, sapendo bene che non più tardi di domani arriverà quell'orda di mori selvaggi! Non oso immaginare a quali barbarie si abbandoneranno». I suoi occhi cercarono quelli di Acilio Glabrione. «Pensavo che mi avreste liberata in una vera città, come Narbo».

«Sarai al sicuro qui, non temere», le disse Balista. «I mori rispondono agli ordini di ufficiali romani, non avranno il permesso di saccheggiare una città amica. La cavalcata verso Narbo sarà faticosa, e in più, se dovessimo incappare nel nemico, non potrei garantire per la tua sicurezza».

Vitruvia si avvicinò ai due uomini e parlò a voce bassa. «La vostra guerra è persa, ormai. Postumo vi accoglierebbe a braccia aperte nel suo consiglio».

«Abbiamo una famiglia al di là delle montagne», replicò Balista. «Come tu ne hai una da questo lato delle Alpi».

«Un vero peccato». Si sollevò sulle punte per baciare Balista sulle guance, poi fece lo stesso con Acilio Glabrione, ma indugiando qualche istante in più contro la pelle del patrizio. «Allora è un addio».

Quando si fu allontanata a sufficienza, Balista si rivolse ad Acilio Glabrione.

«Mi dispiace», disse.

«Non farti troppi problemi, almeno non per me». Il patrizio fu sul punto di aggiungere altro, poi cambiò discorso. «La cerchia di Gallieno non sarà contenta di questa decisione: se l'imperatore sopravvive, la guerra andrà avanti. La madre di Vittorino in ostaggio avrebbe potuto far vacillare la sua fedeltà a Postumo. Il prefetto del pretorio è una figura potente».

«Se ne usciremo vivi, affronterò anche questo problema», disse Balista. «I monti delle Cevenne non sono adatti a una donna».

«Stai dicendo che non siamo diretti a Narbo?»

«No. Ma Vitruvia pensa che sarà la nostra prossima tappa, ed è lì che indirizzerà i nostri inseguitori».

CAPITOLO VENTINOVE

Catena delle Cevenne, Aquitania
Il giorno prima delle idi di agosto

Le prime alture delle Cevenne non erano poi così male: l'aria odorava di timo e lavanda, e il sentiero di ciottoli bianchi non presentava particolari difficoltà per gli animali. Più in alto, i fianchi delle colline si riempivano di foreste che si alternavano ad ampi e ripidi valloni bianchi.

Avevano lasciato Sostomagus prima di mezzogiorno, con i cavalli pieni di provviste. I pochi animali di riserva rimasti si spezzavano la schiena sotto enormi carichi di foraggio. Il cibo sarebbe bastato per otto giorni o anche più, a patto di essere razionato con cura. Due squadroni di emeseni erano rimasti in città per altre due ore, per assicurarsi che nessuno corresse a diffondere la notizia del loro passaggio prima che la colonna avesse accumulato un vantaggio sufficiente. Balista aveva guidato i suoi per parecchie miglia lungo la strada lastricata che conduceva a Narbo Martius, prima di lasciarla per affrontare le montagne a nord. Due esploratori erano stati lasciati indietro ad aspettare gli emeseni rimasti in città.

Balista sollevò lo sguardo verso le cime dei monti: gli enormi artigli di granito spuntavano dal suolo come a ghermire la volta celeste. Non c'era da stupirsi se nei racconti mitici le divinità virtuose vivevano sempre sulle cime dei monti più alti, inaccessibili agli uomini. A Ercole era stata concessa una scelta: la strada per il vizio era larga e comoda, quella per la virtù ripida e ricoperta di rocce aguzze. A differenza dell'eroe, coloro che erano destinati a rimanere mortali di solito sceglievano la via più semplice. Nella realtà erano pochi gli uomini che si avventuravano sulle montagne, e le colline ai piedi dei monti costituivano una sorta di frontiera interna. L'impero era una creatura pianeggiante: il suo potere derivava dalla rete di città collegate da strade. Non per niente i pastori e i boscaioli che si spingevano sulle montagne erano considerati elementi estranei alla civiltà, né più né meno dei barbari che popolavano le terre remote oltre i confini dell'impero.

Il secondo giorno si erano imbattuti in un accampamento di carbonai. Non conoscevano il latino, e il loro dialetto risultava quasi incomprensibile a Balista e Massimo, che parlavano solo il celtico delle zone più a ovest. Per fortuna Lucio Proculo era stato in grado di fare da interprete. Quando i carbonai avevano capito che uno di loro sarebbe stato costretto a fare da guida, l'espressione accigliata sui loro volti era stata più eloquente di qualunque protesta. Balista aveva detto al venditore ambulante catturato da Fabio a Sostomagus che era libero di andare, ma l'uomo si era rifiutato di lasciare la colonna. Era convinto che non sarebbe sopravvissuto da solo su quelle montagne poiché non appena i soldati gli avessero voltato le spalle, quei selvaggi montanari l'avrebbero derubato e ucciso.

Il carbonaio era un uomo trasandato e taciturno. A giudicare dalla docilità con cui aveva permesso che gli legassero i polsi ai corni della sella, quella doveva essere solo l'ultima di una lunga serie di avversità che aveva dovuto affrontare nella vita. Per tre giorni li aveva guidati attraverso i monti, tenendoli il più possibile lontano dai boschi dove gli alberi erano più fitti. In qualche caso erano stati costretti a procedere in fila per uno lungo crinali vertiginosi, guadare torrenti di montagna e avanzare sotto un vento talmente forte e assordante da far male alle orecchie. In tutto quel peregrinare si erano mossi sempre in direzione nord-est, e secondo la guida sarebbero bastati altri cinque giorni per incrociare la strada che attraversava la valle del Rodano.

Balista cavalcava accanto al carbonaio; nemmeno il vento riusciva a portare via il suo puzzo di fumo e sporcizia. Quando superarono l'ennesima foresta e si ritrovarono su un ampio zoccolo di roccia nuda, la guida disse qualche parola. Balista non capì, ma la sua espressione non sembrava sorpresa.

«Dice che qualcuno ci sta seguendo», spiegò Lucio Proculo.

Balista ordinò alla colonna di fermarsi e guardò verso il punto indicato dal carbonaio.

Una linea scura e sottile serpeggiava lungo la vallata che si erano appena lasciati alle spalle con tanta fatica. Sebbene fossero troppo distanti per individuare le singole unità, si distingueva chiaramente un ingente numero di uomini a cavallo. Chiunque fosse alla guida degli inseguitori stava certamente dando prova di una perseveranza fuori dal comune.

«Ci raggiungeranno prima che avremo lasciato le montagne», disse Balista. «Dobbiamo trovare il modo di fermarli».

La luna nuova era un'unghia sottile sospesa al di sopra delle vette più alte, e in cielo risplendevano migliaia di stelle. La luce era sufficiente a vedere dove si mettevano i piedi, anche se sotto gli alberi ne arrivava pochissima. L'ombra delle foglie disegnava forme in perenne movimento sulle figure dei soldati rannicchiati a terra. Balista evitò di puntare lo sguardo sui fuochi ancora accesi nel campo nemico.

C'erano pochi posti in montagna in grado di ospitare un accampamento di truppe a cavallo. L'ampio altopiano che gli esploratori avevano individuato, poco ripido e punteggiato qua e là da pochi alberi, era sembrata la scelta più ovvia. Balista si era appostato ad aspettare fin dal pomeriggio, insieme a Massimo, Tarchon, Eprio, tre arcieri emeseni e sei esploratori, mentre il resto della colonna proseguiva per la sua strada. Al di sopra del boschetto in cui si erano nascosti si ergeva un pendio ripido alto circa trenta passi, e più su ancora l'accampamento nemico.

C'era solo una sentinella in vista, un moro annoiato che passava la maggior parte del tempo seduto a terra, alzandosi di tanto in tanto per camminare qua e là senza seguire una ronda precisa. Nessuno era venuto a dargli il cambio: c'era da aspettarselo, data la famosa mancanza di disciplina delle truppe africane. I greci e i romani avrebbero imputato la loro inaffidabilità al clima e alla geografia: i luoghi dove la vita era più dura forgiavano uomini duri, mentre il sole caldo dell'Africa diluiva il sangue dei mori, che zampillava copioso in caso di ferite. Era la paura di rimanere feriti a renderli codardi. Oltre a scaldare il sangue, il sole cocente incoraggiava anche all'uso delle ampie tuniche. Sangue caldo e abiti larghi giustificavano a loro volta una natura particolarmente lasciva. Balista non era sicuro che il sole fosse responsabile anche per il fatto che mangiassero i cani o avessero dei caratteri selvaggi e infidi. Quando aveva prestato servizio in Africa, da ragazzo, non aveva mai visto nessuno consumare davvero carne di cane, e non gli era sembrato che gli abitanti fossero più assetati di sangue o inaffidabili di tanti altri uomini che conosceva.

Balista studiò la posizione della luna e delle stelle: mancava ancora un'ora all'alba, forse due. Era il momento in cui gli uomini erano più vulnerabili. Si alzò in piedi e scivolò nell'ombra verso i tre emeseni, che lo sentirono avvicinarsi. Non c'era bisogno di dare gli ordini, era stato tutto programmato in precedenza. I tre si sollevarono e liberarono gli archi dai loro foderi, poi scelsero una freccia ciascuno e si gettarono in spalla le faretre. Senza fare rumore, si mossero verso la linea degli alberi.

Il moro era seduto in cima al sentiero di ghiaia. Un bersaglio difficile nella penombra, ma la brezza era leggera e gli arcieri validi. Lo scricchiolio appena percettibile del legno teso si perse tra il rumore delle foglie agitate dal vento pigro.

Senza parlarsi né scambiarsi alcun segnale, gli emeseni rilasciarono le corde tese all'unisono.

La sentinella sollevò la testa quando sentì il sibilo delle frecce. La prima mancò il bersaglio, perdendosi nel buio, ma le altre due lo centrarono in pieno petto. Il moro collassò all'indietro, esalando l'ultimo respiro prima ancora di toccare terra.

Tutto intorno a Balista, diverse figure coperte da mantelli scuri e con il viso annerito emersero dall'oscurità; sembravano creature della notte, ombre fuggite dall'Ade. Si mossero tutte insieme, in un silenzio di tomba.

Per arrampicarsi sul sentiero ripido era necessario poggiare a terra entrambe le mani. A ogni passo, pietre e sassolini rotolavano giù. Balista si sentiva trascinare verso il basso dal peso di Sole della Battaglia, e in un paio di occasioni scivolò all'indietro. Le pietre taglienti lasciavano graffi su mani e ginocchia.

In cima al sentiero, si fermarono a spiare i nemici. I mori avevano formato dei recinti improvvisati legando delle corde ai tronchi degli alberi, e in ognuno erano rinchiusi circa venti dei loro piccoli cavalli. Gli occhi degli animali brillavano bianchissimi nella debole luce notturna.

Quando furono sicuri che non fosse stato dato nessun allarme, gli uomini si divisero in coppie. Massimo e Balista si chinarono tra le due corde di un recinto, causando una leggera agitazione tra gli animali: quegli sconosciuti avevano addosso l'odore dei cavalli, ma non di quelli del loro branco. Ma a dispetto dei racconti riguardo alla loro natura indisciplinata, i tozzi cavalli africani si dimostrarono più curiosi che allarmati.

Balista sussurrò parole rassicuranti mentre si muoveva tra gli animali.

I mori dormivano a nemmeno venti passi dai recinti, e nell'ammasso disordinato di tende e ripari di fortuna non si notavano movimenti sospetti. Più in là si intravedevano le file più ordinate delle tende delle truppe regolari romane.

Perdere tempo a sciogliere le funi non avrebbe avuto senso: molto meglio tagliarle. Balista non aveva nessuna intenzione di sprecare la nobile lama di Sole della Battaglia per un compito così umile, così estrasse il pugnale e cominciò a segare la corda più alta, mentre Massimo faceva lo stesso con quella in basso.

Uno dei cavalli, più inquieto degli altri, lo colpì alle spalle con la fronte. Balista si voltò e avvicinò il viso alla testa dell'animale, respirando nelle sue narici.

Il cavallo si acquietò e Balista tornò a dedicarsi al suo compito.

Dopo aver tagliato entrambe le corde, i due uomini si diressero verso un altro recinto e ripeterono l'operazione. Ogni coppia avrebbe dovuto sabotare tre recinti.

«Chi va là?».

Balista si voltò di scatto: a parlare era stato un ufficiale romano, senza elmo ma con addosso una cotta di maglia. Per uno scherzo del fato si era ritrovato a camminare per il perimetro del campo proprio in quel momento.

«Un amico», disse Balista.

Massimo era scomparso.

«Parola d'ordine».

Tenendo il pugnale nascosto dietro la schiena, Balista si avvicinò lentamente all'ufficiale.

«In questo momento mi sfugge».

L'uomo sguainò la spada. «A quali truppe appartieni?»

«A quelle di Massimo».

Balista si fermò appena al di là della portata della lama nemica.

«Non c'è nessun...».

L'ufficiale sollevò la spada in posizione di guardia, messo in allerta dalla risposta sbagliata e dal volto annerito dello sconosciuto.

Balista si passò il pugnale nella mano sinistra e sguainò Sole della Battaglia.

Alla vista dell'acciaio, l'ufficiale commise uno sbaglio fatale: invece di lanciare un urlo per dare l'allarme, tentò un affondo.

Balista fece un passo indietro e deviò il colpo con il taglio della sua spada, acciaio contro acciaio. Recuperando l'equilibrio, l'ufficiale sferrò un rovescio ma Balista riuscì a parare anche quello, arretrando ancora un po'.

I cavalli cominciarono ad allarmarsi, pestando gli zoccoli a terra e agitando nervosamente la testa. Si sentirono i primi nitriti inquieti. Da un momento all'altro i soldati addormentati sarebbero stati risvegliati dai versi dei cavalli o dai rumori dei duellanti.

L'ufficiale continuò a sferrare attacchi, con Balista che si limitava a deviarli e cedere terreno.

Da lontano arrivò un grido, e con la coda dell'occhio Balista notò un movimento furtivo alla sua sinistra. Doveva sbrigarsi.

«Lo voglio vivo», disse.

L'ufficiale percepì qualcosa alle sue spalle e si voltò per scoprire che Massimo gli si era avvicinato senza fare rumore. Balista colse l'attimo e lo colpì alla testa con il pomolo della spada. L'uomo si ritrovò a barcollare intontito, e Balista gli sferrò un calcio dietro al ginocchio costringendolo a crollare a terra e lasciare la presa sull'arma. Massimo gli si gettò subito addosso, togliendogli il fiato.

«Sollevalo ma non legargli le braccia, almeno finché non saremo riusciti a ridiscendere il sentiero».

Balista si guardò intorno: i cavalli nel recinto più vicino si erano ammassati l'uno all'altro, impauriti. Sempre più voci allarmate si levavano dal campo. Il nemico si stava svegliando.

Balista si infilò tra le corde del recinto e avanzò verso il branco di animali inquieti. Quando fu abbastanza vicino agitò le braccia e lanciò un urlo, spaventandoli ancora di più.

Altre urla riecheggiarono dai recinti intorno.

Balista continuò a terrorizzare i cavalli ancora per qualche istante, poi colpì l'animale più vicino su un fianco. Per un attimo sembrò che la bestia volesse morderlo, ma poi cambiò idea e si voltò per sferrargli un calcio. Balista saltò all'indietro per evitare il colpo violento. Ora il cavallo voleva solo allontanarsi il prima possibile da quella minaccia sconosciuta, e caricò in avanti scontrandosi con gli altri animali. In un battito di ciglia tutto il branco cominciò a correre impazzito, riversandosi al di fuori dei recinti e travolgendo qualunque cosa si trovasse davanti. Nel caos improvviso volarono pezzi di equipaggiamento e tende, e gli uomini ancora intontiti di sonno si ritrovarono scaraventati a terra e calpestati da una tempesta di zoccoli.

Il branco invase il campo come un'onda di marea. Trecento animali impauriti che travolgono un accampamento da un momento all'altro infliggono danni inimmaginabili.

Nei recinti che erano rimasti integri, i cavalli correvano in cerchio e nitrivano impazziti, alimentando così la loro stessa paura. Questa volta Balista non si fece troppi scrupoli: con un paio di fendenti netti di Sole della Battaglia tagliò le corde del recinto più vicino e si riparò dietro un albero per non essere travolto.

Prima che Massimo lo raggiungesse, riuscì ad aprire altri tre recinti.

«Basta così», disse l'ibernico. «Dobbiamo andarcene».

«E il prigioniero?»

«È già in fondo al sentiero con Tarchon e gli altri. Andiamo!».

Balista diede un ultimo sguardo all'accampamento, soddisfatto come una divinità malevola della notte, poi rinfoderò la spada e seguì l'amico dentro l'oscurità dalla quale erano sbucati.

«Salute e grande gioia!».

Gli ospiti presenti alla cena ricambiarono l'augurio di Balista.

«Alla nostra incursione notturna!».

Tutti brindarono al successo dell'iniziativa, tranne il prigioniero.

Com'era prevedibile, nessuno aveva inseguito Balista e i suoi quando avevano lasciato il campo. Il nemico sarebbe rimasto a curare i feriti e setacciare le montagne in cerca dei cavalli fuggiti per almeno una giornata intera, ma probabilmente anche due. Avrebbero trovato molti animali feriti, e di parecchi altri avrebbero perso del tutto le tracce. Quelli che non erano precipitati in qualche burrone in preda al panico sarebbero stati trafugati dai pastori o da qualcuna delle bande di fuorilegge che infestavano le montagne.

Fabio era rimasto ad attenderli insieme ai cavalli, a un paio di miglia dall'accampamento devastato. Non disponendo di un animale di riserva, avevano dovuto sistemare il prigioniero dietro Tarchon, dopo avergli legato bene i polsi. Avevano raggiunto la colonna a metà mattinata, cavalcando per tutto il resto del giorno. Dopo aver passato una notte più tranquilla delle altre, si erano rimessi in viaggio al mattino.

La seconda sera Balista aveva invitato a cena gli ufficiali, compreso il prigioniero. Non che ci fosse molto da mangiare e da bere: avevano dovuto razionare il cibo già da diversi giorni. L'unica portata consisteva in gallette dure e pancetta, servite senza troppi fronzoli. Felice e l'altro schiavo erano andati perduti insieme alla carovana di muli. Balista sperava che Giulia non se la prendesse troppo: gli schiavi erano costosi, e perderne due poteva essere considerato un grande spreco di denaro. Laggiù in Sicilia, al sicuro nella sua villa, forse Giulia avrebbe avuto difficoltà a rendersi conto della situazione eccezionale in cui erano andati persi i suoi preziosi beni.

Balista si costrinse a tenere a freno i pensieri: stava dando per scontato che sarebbero riusciti a mettersi in salvo, e non era un atteggiamento prudente. Ormai il nemico doveva essersi rimesso in marcia. Molti soldati avrebbero ancora avuto a disposizione i loro cavalli, e quel vantaggio di due giorni scarsi non garantiva la salvezza.

«Immagino che il dolore alla testa sia passato», disse Balista al prigioniero.

«Va molto meglio, ti ringrazio».

L'uomo era un decurione della Seconda *ala* di galli, denominata *postumiana* e di stanza in Hispania. Si era rifiutato di rivelare altre informazioni sugli inseguitori e di dare la sua parola che non avrebbe provato a fuggire, per cui aveva passato la notte legato e sorvegliato.

«Mi fa piacere».

«Grazie per l'invito». Il prigioniero era un ufficiale tra i suoi simili e doveva mantenere una facciata di cortesia. «Quando i miei uomini cattureranno te, ricambierò il gesto».

Balista sorrise. «Se dovesse verificarsi una simile eventualità, mi assicurerò che tu mantenga la parola. Ma dovrai invitarci tutti».

Gli ufficiali sollevarono le loro coppe divertiti.

«Ci aspetta una lunga cavalcata, domani. I miei uomini dormono già, ed è ora di seguire il loro esempio». Balista sorrise al prigioniero. «Dopotutto, stasera non corriamo alcun pericolo».

Lui ricambiò il sorriso.

«Domani punteremo a sud-est. Secondo la nostra guida, arriveremo alla città di Avennio, nella valle del Rodano, in tre o quattro giorni». Balista tirò fuori un piccolo contenitore da una piega del mantello. «Ma prima di tornare alle nostre tende, mi è rimasta un'ultima fiaschetta di *dulce*. Ce n'è così poco che sarebbe imbarazzante versarvelo nelle coppe, ma se volete possiamo bere un sorso ciascuno».

«Lunga vita e felicità!».

Quando gli ospiti si allontanarono, Balista parlò sottovoce a Tarchon. Non ci sarebbe stato bisogno di legare il prigioniero quella notte, né di tenerlo sotto sorveglianza.

CAPITOLO TRENTA

Colline intorno alla valle del Rodano, Gallia Narbonensis
Tredici giorni prima delle calende di settembre

Per tre giorni interi avevano proseguito verso nord-est, guidati dal carbonaio. Come in precedenza, avevano evitato le comode valli con fiumi e torrenti, tenendosi sempre sugli stretti sentieri che correvano lungo i crinali delle alture. A volte, quando il sole era ancora basso sull'orizzonte, le vette risplendevano di un rosso intenso, ma quasi sempre erano avvolte da una densa foschia bianca.

Ovviamente, la mattina dopo la cena non c'era più traccia del prigioniero. L'ufficiale aveva rubato un cavallo e si era allontanato senza incontrare resistenza, dato che non erano stati montati posti di guardia. Da allora non c'erano stati altri segni di truppe sulle tracce della colonna di Balista; forse quell'ultimo stratagemma – fornire al prigioniero informazioni false affinché le riferisse ai suoi superiori – era servito a togliersi dai piedi gli inseguitori una volta per tutte.

Alla quarta mattina avevano raggiunto un piccolo agglomerato di capanne e baracche, accanto alle quali si ergevano alte strutture dotate di ruote di legno sulla sommità. Un torrente scorreva attraverso l'insediamento: le sue acque avevano un innaturale colore giallo, e gli argini sembravano quasi corrosi. Gli otto soldati del *contubernium* della Ventiduesima legione lasciato a guardia degli schiavi condannati a lavorare sotto terra furono disarmati senza problemi. I legionari non si aspettavano di ricevere visite: per quanto ne sapevano, la guerra era stata vinta e le forze di Gallieno erano tornate al di là delle Alpi. Con un po' di fortuna, la colonna sarebbe scesa dalle Cevenne per ritrovarsi in una campagna pacifica e ignara della loro presenza.

Al campo dei minatori non trovarono cavalli adatti; le uniche bestie disponibili erano degli asini utilizzati per trasportare i minerali estratti giù in pianura. Balista ordinò di requisire cibo e foraggio. Certo, così avrebbe lasciato gli uomini e gli animali dell'insediamento a patire la fame, ma il primo dovere di un ufficiale era provvedere alla salute dei suoi sottoposti. E in un'unità di cavalleria gli animali contavano quanto i soldati.

Una strada comoda scendeva dalla miniera verso i piedi delle colline. Non era lastricata né dritta, ma se non altro, a differenza dei sentieri percorsi fino a quel momento, ricavati da secoli e secoli di calpestio di zoccoli, quella era stata creata con un certo criterio dalla mano dell'uomo. Lucio Proculo disse che conosceva bene il territorio in pianura dove il sentiero confluiva. Ora che i servizi del carbonaio non erano più necessari, l'uomo fu liberato; come promesso, Balista lo ricompensò con diverse monete d'oro e gli fornì uno dei muli della miniera affinché potesse tornare a casa. Era facile essere generosi con i beni degli altri... In ogni caso, il carbonaio non dimostrò alcuna gratitudine.

A metà pomeriggio riuscirono ad avvistare la pianura dall'alto delle ultime colline, ma il cielo verso nord era diventato nero e il vento si era fatto sempre più forte. Balista e i suoi ufficiali avanzarono, fermandosi su una terrazza naturale che dominava la vallata. Il sole stava calando, e il paesaggio circostante si era colorato di grigio. Le nuvole lontane alla loro sinistra erano squarciate da fulmini.

«Il *melamboreion*», commentò Lucio Proculo.

Balista lo guardò con aria interrogativa.

«Il vento nero di queste zone. Ci sarà una violenta tempesta».

«Ci ripareremo tra i boschi più avanti».

Balista fece segno alla colonna di avanzare.

Si avvertirono le prime goccioline di pioggia e i primi tuoni lontani, ma il mondo sembrava già privato di qualsiasi colore.

Non ci fu tempo di montare un accampamento ordinato: rapidamente le gocce si fecero gonfie e pesanti, e a ogni tuono sembrava che le viscere stesse della terra si fossero messe a tremare.

Si rifugiarono sotto gli alberi alla rinfusa, con la pioggia che sibilava tra rami e foglie.

«Che ognuno resti con il suo cavallo!», urlò Balista. «Distribuite le bestie di riserva, una per ciascun soldato, non di più».

Gli ordini vennero ripetuti fino alle file più lontane.

I soldati smontarono di sella e si accovacciarono a terra, tenendo le redini dei loro animali. Chi poteva poggiò la schiena contro gli alberi.

Balista si coprì la testa con il cappuccio del mantello, curvandosi in avanti. L'acqua gli colava dalla punta del naso, ma alcune gocce gelide riuscivano a farsi strada fino al collo.

Sotto gli alberi, il buio era totale. La notte era calata in anticipo. Torrenti di pioggia scorrevano tra gli alberi, in mezzo al frastuono dei rami torturati dalla tempesta. Un lampo illuminò il bosco, sottraendo per un istante all'oscurità le figure di uomini e animali, ma le tenebre tornarono subito ad avvolgere ogni cosa, accompagnate dal terribile boato di un tuono.

«Epona, Matres, teneteci al sicuro nelle vostre mani».

Tra un tuono e l'altro, Balista riusciva a sentire le preghiere di Lucio Proculo.

I cavalli agitavano la testa e si muovevano nervosi, pronti a scappare via in preda al panico.

Balista mormorò parole dolci a Cavallo Pallido, che risplendeva nella penombra per via del manto chiaro come una creatura mitologica.

Uno schianto improvviso. Urla e nitriti spaventati. Da qualche parte nella foresta doveva essere crollato un albero. Pochi istanti dopo si sentirono dei cavalli che correvano verso la pianura.

Balista tenne strette le redini e parlò a Cavallo Pallido senza mai fermarsi, provando a infondergli calma. Il fiato dell'animale era caldo e dolciastro. I due traevano conforto l'uno dall'altro.

Più a sud, un bagliore di fiamme: un fulmine aveva colpito un albero. Balista e i suoi restarono a guardare il tronco che bruciava, quasi stessero vegliando su un compagno morente.

Durante la notte, la pioggia e il vento si indebolirono. Ma l'alba era ancora lontana.

Bagnato fino alle ossa nonostante indossasse il mantello, Balista non smise mai di sussurrare al suo cavallo.

Finalmente la tempesta passò, e al sorgere del sole rimaneva solo una leggera pioggerellina. I nuvoloni neri si spostarono a sud, lasciandosi dietro un cielo terso.

I soldati si alzarono in piedi, infreddoliti e tormentati da crampi e dolori. Con il passo zoppo di un gruppo di ottantenni, gli uomini condussero i cavalli fuori dalla foresta.

Il sole si levò nel cielo proiettando ombre lunghe dai loro corpi inzuppati di pioggia.

«Voglio che ogni *contubernium* accenda un fuoco. Due uomini di guardia ai cavalli, gli altri sei a tagliare la legna».

Dopo aver dato gli ordini, Balista, stanco, si accasciò contro la spalla di Cavallo Pallido, che gli sfiorò il braccio con la testa.

La vegetazione bassa riluceva al sole, le foglie ricoperte di gocce simili a perline di vetro.

«Pensi che arriverà mai il giorno in cui il sole non sorgerà più?», disse Lucio Proculo.

«Il Ragnarok, la fine dei giorni».
L'uomo guardò Balista senza capire.
«Le stelle cadranno, il lupo Fenris divorerà il sole».
Lucio Proculo annuì. «Come nel diluvio di Deucalione, quando gli dèi annegarono il mondo per ripulirlo. Una distruzione ciclica, affinché l'umanità possa ricominciare libera dal peccato».
«No, il Ragnarok non è questo: è la morte degli dèi e degli uomini».
L'ufficiale gallo sembrò sconcertato da quelle parole. «Nulla sopravvive al Ragnarok?».
Balista scrollò le spalle. «Secondo alcuni racconti si salverà solo una coppia, un uomo e una donna nascosti nell'Albero della Vita».
Accendere la legna umida non fu un compito semplice, e i fuochi generarono una grande quantità di fumo.
Dopo aver avviato le fiamme, i soldati legarono i cavalli in file ordinate, rimuovendo selle e bardature. La pioggia aveva rovinato quasi tutto il fieno, malgrado fosse stato coperto con teli cerati. Quel poco rimasto asciutto al centro dei grandi fasci trasportati dai cavalli di riserva venne usato per far mangiare gli animali.
Balista preferì asciugare Cavallo Pallido di persona, nonostante sia Massimo che Tarchon si fossero offerti di svolgere il compito. Cominciò dal collo, come sempre, strofinando un ciuffo di fieno dopo l'altro con forza avanti e indietro. Se avesse usato una spazzola non l'avrebbe mai passata contropelo, ma con il fieno non c'era pericolo di far male all'animale. Quel movimento ripetitivo e familiare aiutò anche lui a rilassarsi e a riscaldare i muscoli, e quando finì si ritrovò completamente sudato al di sotto degli abiti zuppi di pioggia.
Dopo aver sistemato i cavalli, gli uomini poterono finalmente dedicarsi a loro stessi. Si denudarono e stesero gli indumenti ad asciugare su funi legate agli alberi. I decurioni si assicurarono che selle e bardature non fossero troppo vicine ai fuochi, per evitare che il calore intenso indurisse troppo il cuoio; non usarono altrettanta premura per gli abiti dei loro uomini, stesi così vicini alle fiamme che sarebbe bastata qualche scintilla a bruciacchiarli. Infine i soldati mangiarono qualche galletta secca annaffiandola con del vino acido mentre aspettavano che le fettine di pancetta si cuocessero. Quei pochi idioti che utilizzarono le punte delle spade per tenere sospesa la carne sulle fiamme furono il bersaglio dell'ira dei decurioni: che razza di soldati erano? Non sapevano che in quel modo la lama si sarebbe indebolita? E a cosa serviva un soldato con una spada spezzata a metà?
Balista era seduto su una pietra miliare al lato della strada.

Eracliano gli si avvicinò marciando come durante una parata. La nudità non era un problema per i romani, abituati a frequentare i bagni termali. Ma lì, nel bel mezzo della natura, senza i vestiti addosso, Eracliano era ridicolo: aveva il viso e le braccia del colore del mogano, ma tutto il resto del corpo era bianco come il latte.

Balista si rese conto che anche lui doveva avere lo stesso aspetto, forse reso ancora più grottesco dai capelli mezzi lunghi e mezzi corti.

Eracliano aveva in mano una fiaschetta.

«Ho tenuto da parte un po' di vino di Massilia, dovrebbe tirarci su».

Balista si alzò in piedi e lo ringraziò, accettando l'offerta.

Eracliano indicò la pietra miliare. «Credi che meriti di diventare imperatore?».

Sulla pietra erano incisi il nome e il titolo di Postumo. Balista bevve un sorso di vino speziato.

«Chi se lo merita davvero?», proseguì l'ufficiale. «Gli imperatori che hanno regnato bene si contano sulle dita di una mano». Eracliano, con la sua solita mancanza di tatto, dimenticava che anche Balista aveva vestito la porpora, sebbene per pochi giorni. Se non altro, se ne intendeva di vini: quel rosso di Massilia era ottimo.

«Che vista penosa», disse Eracliano indicando i soldati. Nudi e sporchi di fango, chini a terra tra i loro miseri averi e circondati di fumo, sembravano una tribù di selvaggi delle caverne. «Non era certo così che pensavo di finire quando sono stato nominato comandante delle guardie imperiali a cavallo».

Balista gli restituì la fiaschetta.

«Quando sono stato assegnato a questa unità ho pensato che fosse tutto finito, che qualcuno di quei bastardi che tramano a corte fosse riuscito a rovinare me e la mia famiglia. Non ci si può fidare di nessuno nella cerchia dell'imperatore, nemmeno del vecchio Volusiano. Vipere del cazzo, dal primo all'ultimo. La corte puzza di corruzione, e i più vicini all'imperatore sono quelli che puzzano di più».

Eracliano interruppe per un attimo la sua filippica per bere un sorso di vino.

«Pensavo che mi avessero mandato via per sbarazzarsi di me, forse era il preludio di qualche attentato. Ma poi, poco prima della nostra partenza, mio fratello è stato nominato governatore della Tracia».

«E ti sei fatto un'idea del perché ti hanno spedito qui?», domandò Balista.

Eracliano non rispose subito, come se volesse trovare le parole giuste. Guardò Balista negli occhi, poi voltò lo sguardo verso la pietra miliare.

«Credi che l'impero sia un'istituzione solida? Che un giorno la *romanitas* cadrà, verrà dimenticata?»

«Che vuoi dire?»

«Questa provincia appartiene a Roma da secoli, eppure su quella pietra la distanza è espressa in leghe galliche».

Eracliano vuotò la fiaschetta e scrollò la testa come fanno i cani. «Ora è meglio che vada a controllare che i miei piccoli siriani non si stiano inculando troppo a vicenda. A tra poco per il rapporto della mattina».

Quando gli ufficiali si radunarono, Balista e gli altri erano di nuovo in uniforme. Le notizie non erano poi così cattive. Nella notte erano scappati alcuni animali, e in più due traci e due emeseni non avevano risposto all'appello. Come poteva saltare in mente a qualcuno di disertare durante una tempesta del genere? Erano rimasti quattrocentosessantré emeseni, tra soldati e ufficiali, e trecentouno traci. I cavalli di riserva erano scesi a trentasei. Grazie alle provviste requisite al campo dei minatori, restava cibo per tre giorni e foraggio per due. Lucio Proculo rassicurò tutti sulla possibilità di recuperare altre risorse nella vallata: pur non essendoci città vicine, non mancavano le tenute di campagna, con ville e fattorie dove poter riempire le borse di viveri.

Proprio mentre il rapporto mattutino degli ufficiali volgeva al termine, arrivò Fabio. Uno degli esploratori aveva avvistato un uomo a cavallo che li spiava dalle colline a sud. Purtroppo non era stato possibile catturarlo.

Forse non c'era da preoccuparsi: poteva essere un semplice proprietario terriero che controllava il perimetro dei suoi campi o voleva assicurarsi che la tempesta non avesse fatto troppi danni. Oppure un bandito che vagava lontano dalle città. Ma poiché non potevano averne la certezza, sarebbe stato meglio rimettersi in marcia. Balista diede subito l'ordine di prepararsi a ripartire.

Dopo aver assicurato i finimenti di Cavallo Pallido, si prese un attimo per osservare il cielo. Le nuvole nere erano ormai lontane a sud: la tempesta era passata, e l'azzurro intenso prometteva una bella giornata di sole.

Oltre ai quattro ufficiali, alle guardie del corpo di Balista e ai vessilliferi, c'erano ancora settecentosettantuno soldati. E non erano a corto di viveri. La colonna non sarebbe stata un avversario semplice, ma si trovava ancora in pieno territorio nemico. Restavano da attraversare il Rodano e le Alpi. La strada per la salvezza era ancora lunga.

CAPITOLO TRENTUNO

Valle del Rodano, Gallia Narbonensis
Dodici giorni prima delle calende di settembre

Cavalcarono giù dalle colline verso la pianura, lanciandosi spesso al piccolo galoppo e concedendosi poche pause. Prima di entrare nella prima delle due fattorie che incontrarono lungo il tragitto, la colonna si fermò e Balista ordinò che gli stendardi venissero arrotolati e fasciati con del materiale, come dovessero proteggerli dalla pioggia. Nelle fattorie pagarono generosamente per le provviste necessarie, dicendo agli abitanti di essere uomini di Postumo mandati sui monti a combattere i *bacaudae*. Ora erano diretti a sud per catturare una banda che infestava il massiccio del Louerion. Lucio Proculo si occupò di parlare con gli abitanti del luogo nella loro lingua e gestire gli scambi di denaro.

Lo stratagemma non avrebbe garantito che gli abitanti non capissero la vera natura di quella colonna di soldati e diffondessero la notizia della loro presenza, e in ogni caso l'uomo avvistato sulle colline poteva benissimo aver già dato l'allarme. Era una marcia forzata: dovevano essere al di là del Rodano prima che tutto il territorio gli si rivoltasse contro, prima che le truppe di Postumo che scendevano da Augustodunum li trovassero o quelle che li avevano inseguiti dai Pirenei marciassero contro di loro risalendo da Avennio.

Nel tardo pomeriggio si addentrarono in una valle riparata che aveva scoperto Fabio. Lì, protetti da sguardi indiscreti, riposarono per tre ore. Al calare del sole, poi, tornarono sulla strada e proseguirono al passo.

Uomini e cavalli erano molto stanchi. Era stata una campagna sfiancante. La notte prima avevano dormito pochissimo, e avevano dovuto cavalcare per tutto il giorno. Molti soldati si addormentavano in sella, svegliandosi solo quando i cavalli inciampavano su qualche pietra, per poi riappisolarsi di nuovo. La fatica rendeva impossibile mantenere l'ordine di marcia, e alcuni cavalieri si ritrovarono staccati dal gruppo. Non aveva senso costituire una retroguardia: non c'erano soldati o animali abbastanza in forze per quel compito.

Balista era ancora più stanco dei suoi uomini. I doveri di un comandante imponevano che si svegliasse prima di tutti e andasse a letto per ultimo, e non aveva nemmeno potuto recuperare tutto il sonno perso durante l'incursione notturna nell'accampamento nemico. Fu grato per i quattro corni della sella: più volte gli impedirono di rotolare a terra, sfinito.

Era una notte nuvolosa. Non c'era pericolo di pioggia, ma una coltre densa di nubi oscurava la luna e le stelle. La strada sterrata era una linea bianca appena visibile nel buio. Balista pensò a tutte le strade che aveva percorso nella sua vita: i sentieri del deserto in Oriente, quelli di montagna nel Caucaso. E poi le strade immateriali delle allegorie e dei racconti mitologici: la via della virtù, quella percorsa da Ercole, e la via del vizio, che portava al Tartaro e all'eterno castigo.

Balista si svegliò quando Cavallo Pallido chinò la testa per brucare l'erba. Si trovava in un boschetto di alberi, sotto le cui chiome l'oscurità era ancora più fitta. Era solo con il suo animale. Il mormorio delle foglie accarezzate da un vento leggero era l'unico rumore che riusciva a sentire.

Provando a non farsi sopraffare dal panico, Balista sollevò gentilmente la testa di Cavallo Pallido. Ma non avrebbe avuto senso ripartire prima di aver capito in che direzione andare, quindi lasciò che l'animale tornasse a brucare in pace e si guardò intorno. Eccola! Una pallida linea chiara indicava la presenza di un sentiero.

Ma da quale direzione era venuto? Trattenne il respiro per poter ascoltare meglio eventuali rumori, ma niente: sembrava che la notte avesse inghiottito i settecento uomini della sua colonna. Guardò verso l'alto sperando di potersi orientare con le stelle, ma le nuvole non si erano diradate.

Era assurdo che non riuscisse a distinguere l'est dall'ovest. Smontò di sella con un movimento rigido che tradiva tutta la sua stanchezza. Tenne strette le redini, anche se sapeva che Cavallo Pallido non si sarebbe allontanato: dover proseguire a piedi avrebbe complicato di molto le cose.

Si chinò su un ginocchio e cercò le impronte degli zoccoli tastando il terreno con la mano libera, ma erano tutte sovrapposte e impossibili da interpretare con certezza.

Avanzò lungo il sentiero sperando di trovare meno tracce, e finalmente le sue dita riuscirono a individuare un'impronta singola, poi un'altra ancora. Ora non c'era dubbio sulla direzione da prendere.

Risollevato, sentì tutti i dolori svanire come per un intervento del dio

Asclepio in persona. Saltò di nuovo in sella e spronò Cavallo Pallido al trotto, fidandosi che l'istinto dell'animale li avrebbe guidati lungo il sentiero.

Se ancora ci fossero stati dubbi sulla strada scelta, furono fugati quando l'animale si fermò e drizzò le orecchie. C'era un altro cavallo, al lato del sentiero, con accanto una figura accovacciata. Sia l'uomo che la bestia erano addormentati. Balista non si sarebbe mai accorto di loro, non fosse stato per Cavallo Pallido.

Il trace non si svegliò finché Balista non gli assestò un calcio. Si sollevò stancamente sulla sella e ripartì insieme al suo comandante, raccattando lungo il percorso altri traci ed emeseni che si erano addormentati lì dov'erano caduti. Tre di loro avevano perso i cavalli, e furono costretti a saltare in groppa agli animali dei loro compagni.

Quando raggiunsero la coda della colonna, nessuno li fermò né si accorse del loro arrivo. Alcuni soldati si erano legati alle selle e dormivano con la testa poggiata sulla criniera dei cavalli, indifesi come neonati.

Una fioca striscia di un grigio metallico illuminava l'orizzonte a est, annunciando l'arrivo del giorno. Poco lontano, un lungo nastro argenteo lanciava dei timidi riflessi: avevano raggiunto il Rodano.

Si presero un giorno di riposo, fermandosi in una foresta poco lontana dal fiume. Lucio Proculo illustrò la situazione: si trovavano tra Colonia Valentia, circa trenta miglia a nord, e Arausio, più distante a sud. Entrambe le città erano oltre il fiume. Durante il giorno era impossibile attraversarlo senza farsi notare: ci sarebbe stata troppa gente sulla strada che metteva in comunicazione le due città, e troppe barche sul fiume. Non c'erano ponti, ma a poco più di cinque miglia in direzione di Arausio c'era una chiatta.

I soldati diedero da mangiare ai cavalli e si addormentarono ognuno accanto al suo animale, senza accendere fuochi. Chi si svegliava non si allontanava mai dal riparo offerto dalla foresta. Balista dormì fino a mezzogiorno, poi restò seduto sotto un albero insieme a Massimo e Tarchon, a osservare il grande corso d'acqua e le barche che lo solcavano. Le nuvole si erano diradate, era una giornata calda e pacifica. Una volta Balista aveva sentito dire che in quel fiume viveva un pesce chiamato *clupaea*: con la luna crescente era bianco, ma diventava nerissimo quando la luna era in fase calante. Sulla testa aveva una pietruzza in grado di curare la febbre quartana.

«Ciò che ha detto Eracliano dopo la tempesta è stato piuttosto strano», disse Massimo. «Ero convinto che fosse lui il traditore».

«È un uomo arrabbiato, come una vecchia strega, ma è anche stupido come una capra», replicò Tarchon. «Il tradimento è una faccenda più subdola. Per me Acilio Glabrione o Lucio Proculo, due figli di puttana molto furbi».

«Difficile dire perché Grato dovrebbe parteggiare per Postumo», continuò Massimo.

«Per soldi», disse Tarchon. «Il denaro ruba l'anima, ti rende estraneo all'onore. Mio cugino...».

Massimo lo interruppe prima che potesse rievocare quel vecchio tradimento e si rivolse a Balista.

«Verrebbe da pensare che ci sia Volusiano alle spalle di Grato e del sicario».

«È probabile».

«In questo caso, ci aspetta un ritorno a casa movimentato. Sempre *se* torneremo a casa».

A metà pomeriggio svegliarono i soldati, e al crepuscolo la colonna si mosse.

Era una bella sera di tarda estate, il cielo era un manto di stelle e la luna una falce luminosa. Al loro passaggio decine di uccelli si alzarono in volo dalla vegetazione bassa, ma non c'era nessun altro a osservarli.

Dopo un'ampia curva, si ritrovarono davanti alle acque del fiume, piatte e scurissime, e alla piccola casa del traghettatore sulla riva opposta, buia e con le imposte chiuse.

La chiatta era ormeggiata accanto alla casetta.

Lucio Proculo si portò le mani a coppa intorno alla bocca e chiamò ad alta voce sperando di svegliare il traghettatore.

Nessuna risposta.

Fece altri tentativi, ma niente.

Balista ordinò quindi a un trombettiere di suonare la sveglia, e finalmente la porta si aprì, rivelando la luce di una lampada.

«Chi è che vuole attraversare?».

Il suo tono era sospettoso e timoroso: una casa isolata era l'obiettivo ideale di *bacaudae* in cerca di denaro. I viaggiatori pagavano con monete d'argento per passare al di là del fiume.

«La Seconda *ala gallica postumiana* e la Terza *ala emesenorum sagittariorum*, di ritorno dall'Hispania».

Se non aprivano la bocca, i traci potevano passare per i soldati galli dell'unità che aveva inseguito la loro colonna, ma sarebbe bastato uno sguardo per capire che gli emeseni erano orientali. Per questo era stato necessario mischiare verità e finzione, sperando di non destare sospetti. Era del tutto improbabile che un traghettatore del Rodano sapesse esattamente quali unità erano di stanza in Hispania.

«Siete un fiume di gente!».

Le risate dell'uomo per la sua stessa battuta stupida arrivarono fino all'altra riva.

Altre figure scure si mossero dalla casa alla sponda del fiume, e poco dopo si sentì l'imbarcazione avanzare sull'acqua, spinta dalle lunghe aste utilizzate dai barcaioli.

La chiatta emerse dall'ombra davanti ai loro occhi. Su un lato, una grande fune correva attraverso degli anelli di ferro, allungandosi dalla riva alla barca. Approdando alla piattaforma d'arrivo, i tre uomini assicurarono la corda a un paletto conficcato nel terreno.

«Dove siete diretti?», chiese il capo traghettatore.

«A sud. Sono arrivati dispacci che segnalano la presenza di banditi sul massiccio del Louerion». Lucio Proculo cambiò rapidamente argomento, assumendo un tono amichevole e informale. «Tra un po' svegliavo anche i morti, ma voi niente».

«Di solito nessuno passa di qui di notte, a meno che non si tratti di affari grossi. Non capita spesso di doversi svegliare per dei soldati come voi».

La chiatta era abbastanza spaziosa da ospitare trenta uomini per volta, con i rispettivi cavalli. Ma anche così sarebbero stati necessari almeno ventiquattro viaggi prima che tutta la colonna fosse sull'altra riva. Balista osservò la luna per calcolare il tempo: restavano circa dieci ore di buio.

«I miei uomini vi aiuteranno tirando la corda, seguendo le vostre istruzioni. Vi spetta una moneta d'oro a testa, oltre alla paga consueta, se riuscirete a portarci tutti dall'altra parte prima dell'alba».

«Meglio cominciare subito, allora», disse il capo dei tre. «Bisogna fare tutto prima che sorga il sole. Ai mercanti che salgono a Lugdunum farebbe schifo toccare quella fune. Se è per questo, anche a quelli che scendono!».

Balista sperò che la voglia di chiacchierare dell'uomo non durasse tutta la notte.

Salì per primo sulla chiatta, insieme a Cavallo Pallido, che non si spaventò quando i suoi zoccoli risuonarono sul legno delle tavole. Altri animali si inquietarono sentendo quel rumore insolito, e si agitarono ancora di più quando l'imbarcazione si mosse. I soldati, dal canto loro, cominciarono a imprecare contro i cavalli. Sarebbe stata una lunga notte.

Quando l'ultimo zoccolo toccò la riva opposta, il cielo aveva già cominciato a colorarsi di rosa.

Balista pagò il traghettatore, che soppesò la moneta d'oro nel palmo della mano.

«Roba da pisciarsi addosso dalle risate...». Fece una pausa sperando che qualcuno gli chiedesse cosa ci fosse da ridere tanto, ma nessuno aveva voglia di saperlo. Imperterrito, l'uomo proseguì.

«Postumo odia Gallieno, ha perfino fatto ammazzare il figlio, ma non ha mai provato a impedire ai suoi sudditi di accettare le monete che vantano le virtù del suo nemico».

Balista non aveva pensato alla testa dell'imperatore e alle parole impresse sulle monete.

«*Pietas, virtus, liberalitas*... Le solite stronzate. Di monete d'argento ne vediamo tante, ma quelle d'oro come questa sono una rarità».

Possibile che l'uomo stesse covando qualche sospetto?

«Ma comunque non ne vediamo quante ne vorremmo!».

No, la sua tirata era stata solo una lunga premessa per la sua battuta, che come tutte le altre fece ridere solo lui.

«E quante ne vorremmo! Non so se mi spiego!».

Balista sorrise, sperando così di metterlo a tacere, e nel frattempo rifletté sul da farsi. Meglio distruggere la chiatta, nel caso in cui la vera Seconda gallica, insieme all'unità di mori, avesse deciso di continuare a inseguirli invece di riparare ad Avennio.

«È vero quello che si dice su questi orientali, che si scopano le madri?».

Il traghettatore doveva tenere di più al suo umorismo che alla sua incolumità.

Se davvero avessero distrutto la chiatta, cosa avrebbero dovuto farne dei tre uomini?

«Certo che è vero. Se le scopano come conigli», rispose Massimo. «Sono tanti piccoli Edipo, anche se ci vedono benissimo e sanno riconoscere le proprie madri».

«Hai un accento strano».

«Facevo l'attore, prima di unirmi alla cavalleria».

«Ma davvero?»

«No».

Per quanto il traghettatore lo irritasse, Balista non se la sentiva di dare l'ordine di uccidere lui e i suoi aiutanti. E poi la loro improvvisa scomparsa, i corpi nel fiume e la chiatta distrutta avrebbero attirato attenzioni indesiderate.

Acilio Glabrione lo informò che la colonna era pronta, e Balista salutò il traghettatore con modi affabili.

Si mossero verso sud. Lucio Proculo conosceva un sentiero che si addentrava tra le montagne a nord-est, andando poi a congiungersi con la strada che saliva da Colonia Valentia. Da quel punto, con due giorni di viaggio si sarebbero ritrovati a un bivio della strada, e avrebbero potuto scegliere se dirigersi verso il valico a nord, nella catena della Matrona, o verso quello a sud, che attraversava le Alpi Marittime. Particolare non indifferente, quell'ultimo sentiero passava per le tenute di campagna di Lucio Proculo.

In un paio di giorni raggiunsero la strada. Il terzo giorno attraversarono un ponte sospeso su un burrone ai piedi del monte Gaura e si ritrovarono tra gli altipiani che portavano al monte Seleucus.

E in quel luogo remoto, la fortuna decise di abbandonarli di colpo.

Dall'altra parte della strada c'era il nemico. Almeno tremila uomini riempivano la vallata. Al centro della formazione spiccavano quattrocento guerrieri più alti degli altri soldati, coperti da una semplice cotta di maglia. Balista riconobbe a prima vista il vessillo che sventolava sulle loro teste. Un cavallo bianco in campo verde: lo stendardo degli Himling di Hedinsey.

CAPITOLO TRENTADUE

Monte Seleuco, Alpi
Sette giorni prima delle calende di settembre

«Sapevo che saresti arrivato».

«Che ci fai qui?», disse Balista al suo fratellastro.

«Da qualche parte dovevo pur essere».

Dopo il tramonto, Balista, Massimo e Tarchon si erano presentati al campo nemico, procedendo a testa alta verso le tende degli angli. Un guerriero li aveva fermati e interrogati, al che Balista aveva pronunciato il suo vero nome: Dernhelm, figlio di Isangrim. La sentinella li aveva condotti subito da Arkil.

«Cos'è successo ai tuoi capelli?»

«È una storia lunga, te la racconto la prossima volta», rispose Balista. «Come vi siete ritrovati quassù?»

«Stavamo combattendo i franchi sui Pirenei, quando è arrivato l'ordine di mettersi in marcia. Un ufficiale di nome Giuliano ha organizzato la spedizione attraverso la Gallia: noi siamo in quattrocento, poi ci sono mille uomini della Settima legione, altri mille di fanteria ausiliaria e altrettanti di cavalleria regolare, e infine circa quattromila mori».

Arkil assunse un'espressione pensosa.

«Fin dall'inizio c'è stato qualcosa di strano. Giuliano sapeva già dov'eravate prima ancora che scendessimo dai monti. Più di una volta ho visto arrivare messaggeri di notte. Tra di voi c'era qualcuno di cui non avreste dovuto fidarvi».

Arkil fece una pausa, come per pesare meglio le sue parole. Balista aveva dimenticato quanto fossero lente e faticose le conversazioni con il fratellastro.

«In ogni caso», riprese a dire Arkil, «Postumo ci ha dato la sua parola. Ha detto che non saremmo stati chiamati a combattere contro i nostri conterranei. Quando la maggior parte della cavalleria è tornata indietro per tendervi un'imboscata, noi abbiamo proseguito a est con il resto delle truppe. Avevamo l'ordine di aiutare Voconzio Primo, *dux* delle

Alpi, a mettere in sicurezza i valichi per l'Italia. È per questo che siamo qui con Giuliano e i legionari, e anche qualcuno dei mori rimasti. Gli ausiliari e il resto degli africani stanno proteggendo i valichi più a sud».

Arkil fece un sospiro profondo. «Qualcosa mi diceva che stavamo solo rimandando l'inevitabile».

«Dov'è Voconzio?»

«Da qualche parte tra le montagne. Un prefetto romano che non conoscevo è venuto qui a cercarlo, ieri».

«Ti ricordi il suo nome?»

«Ha parlato in privato con Giuliano». Arkil si strinse nelle spalle, cambiando argomento. «Le cose non si sono messe bene per Morcar, quando sei stato al Nord».

«È stato lui a tradire la tua banda e consegnarla a Postumo».

«E perché l'avrebbe fatto?»

«Io facevo parte dell'impero, ormai, quindi voleva allontanare anche te per poter prendere il posto di nostro padre più facilmente».

«Tra noi, Morcar è sempre stato il peggiore».

«Cosa succederà adesso?».

Prima che Arkil potesse rispondere, un giovane guerriero si fece avanti. «Abbiamo dato la nostra parola a Postumo».

Balista si voltò a guardarlo. Non doveva avere ancora trent'anni, e in lui c'era qualcosa di familiare. Durante la conversazione aveva tenuto gli occhi fissi sui nuovi arrivati, con uno sguardo a dir poco ostile.

«Ai miei tempi, un cucciolo non abbaiava in presenza dei cani più grossi di lui», disse Balista.

Arkil sembrava imbarazzato dalla situazione.

«Ti presento Starkad, il figlio di Kadlin».

Ecco perché aveva un'aria familiare: Balista riconobbe in lui i tratti della madre.

Il giovane continuava a guardarlo con rabbia, senza parlare.

«Mi è dispiaciuto sapere della morte di tuo padre», disse Balista. «Holen dei Wrosn era un brav'uomo. Eravamo amici».

Starkad reagì con un gesto furioso, come se avesse appena sentito un insulto o una bestemmia.

«Tu non c'eri, non puoi saperlo», lo ammonì Balista.

Il figlio di Kadlin sembrava posseduto da qualche *daemon* malvagio.

«Starkad ha ragione», intervenne Arkil. «Abbiamo dato la nostra parola a Postumo».

«Un giuramento strappato sotto costrizione non è un vero giuramento».

«Proprio quello che direbbe un *nithing*», sbottò Starkad. «Non siamo come te, che hai infranto un giuramento dopo l'altro per tutta la tua vita».

Balista aggredì il ragazzo. «Farò finta di non avere sentito, in nome del bene che volevo a tuo padre. E a tua madre».

«Non osare nominare mia madre!».

Arkil si affrettò a separarli.

«Starkad, va' a controllare le sentinelle».

Il giovane lo ignorò. «Qualcuno dovrebbe dire a Giuliano che lo *spergiuro* è nel nostro accampamento».

«Non insultare...». Arkil provò a darsi un tono. «Non insultare l'Atheling Dernhelm».

Le parole che seguirono furono severe, ma controllate.

«Giuliano non verrà a sapere che Dernhelm è qui tra noi. Non glielo dirai tu, non glielo diranno gli altri».

Balista riconobbe l'autorevolezza che il suo fratellastro aveva come dote naturale fin da quando era solo un ragazzo. Alcuni dicevano che scorresse nel sangue degli Himling, nati da Woden.

Starkad si voltò di scatto e si allontanò, furioso.

Arkil mise una mano sulla spalla di Balista, come per consolarlo.

«Dopo tutti questi anni dobbiamo incontrarci proprio sotto le armi. In ogni caso, non si dica che neghi una bevuta a mio fratello».

La valle era ampia e piatta, interamente coperta da pascoli verdi. Tutto intorno, c'erano ripidi pendii brulli con la cima coronata di foreste. Sui crinali, guglie isolate di roccia spuntavano qua e là dalla vegetazione. Tanti piccoli canali scendevano dalle montagne e si univano a formare un ruscello che costeggiava i rilievi sulla destra.

Il nemico era schierato in formazione di battaglia, con gli angli al centro, disposti su quattro file; ogni guerriero aveva intorno a sé uno spazio di un paio di passi, così da poter maneggiare la lunga spada. Su entrambi i lati degli angli erano schierati circa cinquecento legionari, talmente vicini tra loro che gli scudi quasi si toccavano. Ai circa duecento cavalieri africani disposti sui fianchi restava molto meno spazio di manovra rispetto a quello che avrebbero voluto.

Giuliano, il generale romano, stava prendendo gli auspici su una collinetta alle spalle dei suoi soldati. Il fegato della prima pecora non doveva averlo soddisfatto, perché un'altra vittima era stata portata sull'altare improvvisato.

Non c'erano sacerdoti fra i traci e gli emeseni della colonna di Balista. Il piano era stato condiviso con tutti loro, ora non restava che sperare che gli dèi fossero propizi anche in assenza di sacrifici.

La valle era esposta a sud. Quando il sole apparve al di sopra di un crinale alla loro sinistra, gli emeseni su entrambe le ali interruppero i preparativi e lanciarono baci al disco luminoso, prostrandosi al cospetto del loro dio: Emesa era la città della divinità solare El-Gabal. Nel frattempo i traci continuarono a controllare l'equipaggiamento e le bardature dei cavalli, ignorando le dimostrazioni di fede degli emeseni.

Balista osservò il grande stendardo che sventolava sopra le teste degli angli: il cavallo bianco di Hedinsey su campo verde. Gli tornò alla mente la prima volta che aveva combattuto sotto quel vessillo, durante l'assalto a un villaggio della tribù dei rugi. Aveva solo sedici anni, allora, e non era riuscito a nascondere la sua paura. Ora provava lo stesso timore: non avrebbe mai pensato che un giorno si sarebbe ritrovato a combattere contro quello stesso stendardo.

In silenzio, Balista si dedicò al suo rituale: come sempre prima di una battaglia, portò la mano destra al pugnale sul rispettivo fianco, lo sollevò appena e poi lo rinfoderò; con la sinistra afferrò il fodero della spada e con la destra la tirò su di un paio di dita, per poi rimetterla a posto; infine, toccò l'amuleto d'ambra che portava legato al fodero. Il coraggio non era non avere paura, ma essere capaci di gestirla.

In un certo senso, quella spedizione sarebbe finita lì. Vincitori e vinti avrebbero salutato il pubblico e sarebbero usciti di scena prima che facesse sera. Come in un poema epico, il loro viaggio era stato circolare: Alpi, Vesontio, Augustodunum, valle del Rodano, Aquitania, catena delle Cevenne e di nuovo pascoli del Rodano e Alpi.

Le interiora della seconda vittima dovevano aver dato un responso favorevole, perché ora Giuliano, avvolto in un mantello rosso, stava avanzando al trotto verso la prima fila dello schieramento per rivolgere ai suoi uomini qualche ultima parola di incoraggiamento.

Balista aveva già detto tutto ciò che aveva da dire. Controllò per l'ultima volta che le sue truppe fossero disposte correttamente. Il fianco sinistro degli emeseni era comandato da Eracliano, quello destro da Acilio Glabrione. Non avevano molto di che preoccuparsi, essendo di poco inferiori in numero rispetto ai cavalieri nemici e avendo ampio spazio di manovra. I loro archi compositi consentivano di attaccare da una distanza molto maggiore rispetto ai giavellotti dei mori. Se poi si fosse arrivati a combattere corpo a corpo, gli emeseni erano soldati disciplinati e dotati di cotte di maglia leggere, mentre gli africani non possedevano né disciplina né protezioni oltre alla tunica bianca.

Il centro dello schieramento sotto gli ordini di Balista era in una situazione ben diversa. Poco più di trecento cavalieri in armatura dovevano battersi contro oltre millequattrocento soldati di fanteria pesante. Quattro nemici per ogni uomo. La prima carica avrebbe deciso tutto e non ci sarebbero state altre possibilità. Il risultato finale era una mera questione di tempismo.

Dalle file nemiche giunsero squilli di tromba, subito imitati dai trombettieri di Balista. Traci ed emeseni montarono a cavallo. In battaglia c'era sempre una sorta di strana complicità: a meno che non si trattasse di un'imboscata, entrambe le parti erano d'accordo su quando dare il via ai combattimenti, anche nei casi in cui, come in quel momento, uno dei due avversari ne avrebbe fatto volentieri a meno.

Circa trecento passi separavano i due schieramenti. Era come se ognuno aspettasse che l'altro facesse la prima mossa, che compisse quel passo da cui non si poteva più tornare indietro.

Balista soppesò il suo *pilum*, poi fece segno al trombettiere di suonare il segnale convenuto.

Gli emeseni trottarono in avanti in silenzio.

I mori accettarono la sfida e si lanciarono al galoppo urlando.

La falange della fanteria nemica non mosse un solo muscolo. Giuliano non era uno stupido: la coesione delle truppe era più importante dell'impeto del momento. I soldati di fanteria dovevano stare fermi e compatti ad aspettare la carica dei cavalieri nemici. Meglio lasciare che fossero gli angli a subire il primo impatto, dopodiché i legionari avrebbero potuto attaccare i cavalieri e sopraffarli grazie ai numeri favorevoli. Li avrebbero tirati giù di sella e finiti a terra come cani.

Gli emeseni scoccarono la prima raffica di frecce, e Balista vide alcuni mori rotolare giù dai cavalli. Tutti gli altri spronarono gli animali per avvicinarsi più in fretta possibile agli arcieri; non c'era niente di peggio che restare a portata delle frecce nemiche mentre si era impossibilitati a rispondere. Balista lasciò che lo scontro proseguisse da sé: la battaglia non sarebbe stata decisa dalle scaramucce dell'unità di cavalleria leggera.

«Avanti, al passo!».

Si udirono i passi pesanti degli zoccoli sul sentiero secco, il tonfo di quelli che sprofondavano sull'erba.

Mai lanciarsi al galoppo a più di cinquanta passi dal nemico.

«Mantenere la formazione!».

Lucio Proculo era alla destra di Balista, nella punta del cuneo. Alle sue spalle procedeva il vessillifero della Terza, dietro Balista c'era Eprio. Massimo e Tarchon erano vicini. I soldati cavalcavano quasi sfiorandosi con le ginocchia, con il *pilum* nella mano destra e lo scudo nella sinistra. Avevano ricevuto ordini precisi, sapevano cosa ci si aspettava da loro.

Duecento passi.

Balista vide il cavallo bianco in campo verde sventolare nella brezza leggera. Ma non era l'unico vessillo tra gli angli: fra i tanti draghi rappresentati sulle insegne c'erano quello rosso di Arkil e quello bianco di Starkad, uguale a quello di Balista. Era davvero un peccato che alla fine di quella giornata, qualunque fosse l'esito della battaglia, ci sarebbero stati dei morti sotto quegli stendardi tanto fieri.

Cento passi.

«Al trotto!».

Ora la terra tremava sotto gli zoccoli dei cavalli e l'aria rimbombava per lo sferragliare delle armi.

Il bagliore degli elmi sugli scudi tondi di colori sgargianti. I lampi di luce riflessi dalle lame. Le facce barbute e feroci di guerrieri che raramente avevano conosciuto la sconfitta.

Cinquanta passi.

Gli angli continuavano a rimanere immobili come statue.

«Carica!».

Cavallo Pallido si lanciò al galoppo. Il vento fischiava tra le fauci metalliche del *draco* sulla testa di Balista. I cavalieri facevano del loro meglio per mantenere la formazione a quella velocità folle.

Quando erano a trenta passi dal nemico, un corno da guerra nordico risuonò in mezzo al frastuono.

Il muro di scudi si aprì e le insegne si inclinarono a destra e sinistra, creando un varco, come le acque di un mare diviso dall'unica parola di un dio senza nome.

Balista lo attraversò, seguito dai suoi uomini.

Quando furono oltre le file nemiche, Balista virò verso sinistra e Lucio Proculo verso destra. Le truppe si separarono a loro volta in due grandi gruppi, con una precisione degna di una parata.

Balista rallentò e guidò i suoi in un'ampia curva fino alle retrovie dell'unità di legionari posizionata a est rispetto agli angli.

«Fermi! Avvicinarsi, in formazione!».

La Settima legione non era tra quelle temprate dalle infinite campagne lungo il Reno o il Danubio. Gli appellativi *Gemina*, *Pia*, *Felix* non lasciavano intendere grandi onori ottenuti in battaglia. Ma negli ultimi anni i suoi soldati avevano combattuto i predoni franchi e mori che tormentavano l'Hispania, e non erano certo novellini impreparati di fronte a emergenze e problemi inattesi. Tra squilli di trombe e urla di centurioni, le ultime due file si voltarono per fronteggiare la minaccia improvvisa.

Balista lasciò che uomini e animali riprendessero fiato.

Un attimo di tregua, la calma nell'occhio del ciclone. Da lontano, sulle ali della formazione, arrivavano le urla dei mori e degli emeseni che si annientavano a vicenda.

«Prepararsi alla carica!».

Le parole di Balista si persero in un terribile boato: le file dei legionari si erano mosse di lato come spighe di grano sferzate dal vento. Sul fianco della formazione romana si erano abbattute le lunghe lame degli angli.

La fortuna aveva abbandonato la Settima, la disciplina no. I legionari esitarono ma non si diedero alla fuga. Al centro dei loro ranghi, la figura di Giuliano, avvolta nel mantello rosso, incitava i soldati a reggere l'urto.

«Carica!».

Balista guidò Cavallo Pallido dritto contro Giuliano.

Due file di legionari lo dividevano dalla sua preda.

A dieci passi dai nemici, Balista lanciò il suo giavellotto. Il legionario di fronte a lui lo parò con lo scudo, ma l'impatto lo fece barcollare all'indietro e l'uomo finì contro il compagno alle sue spalle. Balista tirò le redini e il suo cavallo si fermò di colpo e si sollevò sulle zampe posteriori, scalciando con gli zoccoli i due soldati finché non caddero a terra.

Balista sguainò Sole della Battaglia mentre Cavallo Pallido calpestava i nemici caduti.

Giuliano impugnò la sua spada e provò a colpirlo, ma Balista parò l'attacco e ruotò il polso, aprendo la guardia del generale nemico. Poi, con un unico gesto calmo e preciso, affondò la lama in avanti. Rafforzato dall'impeto di Cavallo Pallido, il colpo penetrò di netto l'armatura dorata che proteggeva il petto di Giuliano.

I corni della sella tennero dritto il generale per un istante. Poi il suo cavallo sentì l'odore del sangue e arretrò impaurito, gettando il suo cavaliere a terra in mezzo a una tempesta di zoccoli e suole chiodate.

Era troppo. Attaccati su due fianchi, senza più una guida, i legionari si diedero alla fuga.

«Lasciateli andare!».

Balista era stanco e disgustato da quegli uomini che si massacravano mentre avrebbero potuto essere suoi compagni.

Ma la battaglia era finita. La Vittoria, il volto coperto dalla maschera di una tragedia, volò a incoronare colui che l'aveva decisa.

CAPITOLO TRENTATRÉ

Valico del fiume Stura, Alpi Marittime
Calende di settembre

«Davvero non lo sapevi?»

«Non ne avevo idea». Balista non osava incontrare gli occhi di Starkad, come se uno sguardo potesse mandare in frantumi la fragile tregua che avevano raggiunto.

Cavalcavano l'uno di fianco all'altro, alla testa della colonna. Davanti a loro c'erano solo Fabio e gli altri esploratori.

«Dovevamo sposarci, poi il centurione ha richiesto un ostaggio e mio padre gli ha consegnato me. Andare via non è mai stata una mia scelta».

Balista tenne gli occhi bassi sulla strada. Non era semplice dire quelle parole.

«Ero a Roma già da un anno quando mi è arrivata notizia che Kadlin aveva sposato Holen e gli aveva dato un bambino. Che motivo avevo di sospettare qualcosa?»

«E quando sei stato al Nord l'anno scorso nessuno ti ha detto nulla?»

«La sera prima che io ripartissi, tua madre è venuta da me. Forse aveva intenzione di dirmi tutto, ma non l'ha fatto».

Finalmente Balista sollevò gli occhi su Starkad. Ecco spiegata quella prima impressione di familiarità: certo, il ragazzo assomigliava a Kadlin, ma per molti versi era come guardare una versione più giovane di sé stesso.

Starkad non ricambiò lo sguardo.

Balista tornò a fissare la strada, sentendo dentro di sé una terribile tristezza, per lui e per Kadlin, per quel figlio che non sapeva di avere, e anche per Holen, l'amico di gioventù che aveva cresciuto il bambino di un altro come se fosse il suo. Avrebbe voluto chiedere al ragazzo come lo aveva trattato Holen: si era comportato da bravo padre? E Oslac, il secondo marito di Kadlin, era stato un buon patrigno? Ma le parole si rifiutavano di uscire dalla sua bocca.

«Si è sempre parlato molto di te: l'anglo che aveva ucciso due imperatori e sconfitto il Re dei Re persiano». Starkad accarezzò il collo del suo cavallo con una mano. «Mi faceva male sentire quelle storie, perché conoscevo la verità».

«È stata Kadlin a dirtelo?»

«No. Da bambino sentivo la gente bisbigliare quando passavo. Ho dovuto convivere con il tuo fantasma. Arkil mi ha detto tutto solo quando gli ho giurato fedeltà».

«Arkil è un brav'uomo».

Proseguirono in silenzio per un po'. Balista provò a mettere in ordine i pensieri che affollavano la sua mente.

«Ti aspetta una decisione difficile».

«Scambiare un patrigno per una matrigna?», disse Starkad con un sorriso amaro.

«Sarai il benvenuto a casa mia, se vorrai».

«E il resto della famiglia mi accoglierà con la stessa benevolenza?».

Balista fece un respiro profondo. «Io sono ancora un ostaggio, così come lo sono i miei figli. Sarei contento di ospitarti, ma se l'imperatore scoprisse la verità su di te diventeresti anche tu il pegno della fedeltà della tua gente».

Starkad fulminò Balista con lo sguardo. «Persino adesso ti rifiuti di riconoscermi?»

«Niente mi renderebbe più felice, ma finché resterai nei confini dell'impero non potrò farlo. Devo proteggere la tua libertà e la tua sicurezza».

«Sono tre anni che sogno di poter tornare a casa».

Suo padre evitò di confessargli che aveva lo stesso sogno, e da molto più tempo di lui.

«Quindi non resterai?»

«Credo di voler partire».

Prima di replicare, Balista fu costretto a raccogliere tutte le sue forze.

«Quando tornerai nel Nord insieme ad Arkil, dovrai fare un'altra scelta. Mi riempirebbe d'orgoglio se tutti gli angli conoscessero la verità. Tuttavia, una volta che ti sarai dichiarato un Himling, diventerai una minaccia per chi aspira al trono».

«La vita è piena di pericoli, si sa».

Balista annuì. «Allora ti darò una lettera da presentare a tuo nonno. Quando tornerai a Hedinsey, potrai fare affidamento su Arkil e su Eadwulf».

«Eadwulf il "Figlio Malvagio"?»

«Un epiteto ingeneroso e immeritato. Fidati di Arkil e di Eadwulf, e meno degli altri Himling. Tutte le corti dei regnanti sono covi di vipere».

«E tuo padre?»

«Un sovrano deve pensare al bene dei sudditi, non a quello di un singolo».

Il ragazzo rifletté su queste parole.

«L'imperatore ti permetterà mai di tornare a casa?»

«È poco probabile». Balista sentì un nodo alla gola. «E io non sono più l'uomo di un tempo. Ho passato metà della mia vita in mezzo ai romani, e questo mi ha cambiato. Ciò che è successo l'anno scorso ha dimostrato che molti angli non vorrebbero che tornassi».

Padre e figlio sprofondarono nuovamente in un silenzio imbarazzato. Erano passati cinque giorni dalla battaglia, e quella era la prima volta che erano riusciti a parlarsi senza altri presenti. C'era ancora così tanto da dirsi...

Dopo che i legionari erano fuggiti, la colonna era rimasta sul monte Seleuco per un giorno ancora, per occuparsi dei feriti e seppellire i morti. Era arrivato un messaggero a richiedere che restituissero alla legione i corpi delle sue vittime, e loro avevano acconsentito.

La notte prima della battaglia, Balista aveva dovuto usare tutte le sue abilità retoriche per vincere le resistenze di Arkil: un giuramento prestato sotto costrizione non era vincolante; Postumo aveva giurato che gli angli non avrebbero dovuto combattere contro i loro conterranei; gli angli di Hedinsey erano alleati di Gallieno. E poi era più probabile che fosse il legittimo imperatore a rimandarli a casa, e non Postumo. Arkil era un uomo d'onore e odiava trovarsi in quella situazione, ma alla fine aveva accettato, in nome della sicurezza dei suoi uomini.

La colonna si stava avvicinando a una stretta gola. Fabio e gli esploratori si avviarono guardinghi. Dopo aver lasciato il monte Seleuco, la lunga fila di angli, traci ed emeseni si era diretta a est per quattro giorni consecutivi. Nel punto dove il sentiero si biforcava avevano scelto la strada a sud, quella che portava alle Alpi Marittime, superando i piccoli villaggi di Rigomagus e Mustiae Calmes. Il nemico aveva continuato a seguirli, ma a una certa distanza, e senza provare a interferire con la loro avanzata.

Secondo Lucio Proculo, in un paio di giorni avrebbero raggiunto un posto chiamato Pedona, dopodiché si sarebbero diretti a nord e nel giro di una giornata sarebbero stati ai piedi delle montagne. Da lì, sarebbero bastati due giorni per rivedere le pianure italiche.

Gallieno doveva essere stato trasportato a Mediolanum per le cure, quindi anche loro si sarebbero diretti lì. E magari, in quella città pacifica, Starkad e Balista avrebbero avuto modo di conoscersi meglio, prima che gli angli intraprendessero il lungo viaggio verso il Mare di Svevia. Quanto a sé stesso, Balista non sapeva dove sarebbe stato spedito. Gallieno gli avrebbe finalmente concesso di ritirarsi a vita privata nella sua villa in Sicilia, come aveva promesso? O si sarebbe ritrovato invischiato nelle macchinazioni di Volusiano? Il prefetto del pretorio aveva fatto di tutto affinché Balista non facesse ritorno: avrebbe trovato un altro modo per toglierselo dai piedi, magari assegnandogli un'altra missione suicida?

Il calpestio degli zoccoli riecheggiava contro le pareti della gola, larga appena trenta passi. Il sentiero si era ristretto, e un torrente di montagna scorreva alla loro destra.

Poco più avanti, Balista sentì delle pietre rotolare giù dall'alto.

Sollevò la testa. Pur non essendo molto alte, le pareti di roccia erano piuttosto ripide. Qua e là, arpionati a minuscole sporgenze, crescevano alberelli dall'aria rachitica. Qualcosa si mosse in cima alla parete. A sinistra si videro per un istante alcune figure stagliate contro il cielo.

«Indietro!».

Balista strattonò le redini di Cavallo Pallido.

«Uscite subito dalla gola!».

La colonna si mosse seguendo gli ordini, ma il giovane Eprio rimase immobile sotto il suo vessillo con la testa rivolta verso l'alto, finché Balista non afferrò le briglie del suo cavallo e lo costrinse a voltarsi.

Dall'alto, si udì un boato terribile.

«Muoversi!».

Come risvegliato da un sonno improvviso, Eprio spronò l'animale, che scattò in avanti e per poco non lo disarcionò.

Balista e Starkad erano vicinissimi, nelle orecchie sentivano il rombo della frana in arrivo.

La prima grande roccia precipitò dalla rupe più avanti e si abbatté tra le file dei traci. Lì dove fino a un momento prima c'erano stati tre uomini e i loro cavalli, ora c'era solo una massa indistinta di ossa e carne.

Altri massi stavano rotolando dall'alto, sollevando nuvole di polvere e terreno lì dove si schiantavano. Tra Balista e la salvezza c'era una valanga di pietre artificiale.

«Eprio, fermati!».

L'urlo di Balista si perse nel frastuono, mentre il giovane si avventurava nella coltre di terra con il *draco* bianco ancora alto sopra la testa.

Fabio e gli esploratori raggiunsero Balista e Starkad.

«Aspettiamo che la frana si plachi», disse Balista. «Qui siamo fuori traiettoria. Non avranno tanti altri massi simili a disposizione».

«Ma poi cominceranno a scagliarci contro tutto quello che hanno», replicò Fabio.

«Ora stanno cadendo pietre più piccole», osservò Balista.

Fabio ordinò ai suoi uomini di tenere alti gli scudi. «Non riusciranno a mirare con precisione, con tutta questa polvere».

«Passiamo per il torrente», disse Balista. «Rimanete il più vicino possibile alla parete opposta».

«Certi uomini attirano i pericoli come gli agnelli attirano i lupi», rifletté Starkad ad alta voce.

Balista non replicò. Guardando verso l'alto, riconobbe l'ufficiale che aveva fatto scattare la trappola.

«Pare che la frana sia finita», disse Fabio.

Cavalcando nel torrente, si infilarono nella coltre di terra faticando persino a respirare. L'acqua non arrivava neanche al garretto dei cavalli. Furono costretti ad avanzare al passo, perché i cavalli scivolavano sulle pietre bagnate.

Come se fossero comparsi dal nulla, sassi e giavellotti piovvero dall'alto penetrando la nuvola di polvere. Alcuni si infransero sui loro scudi, altri si spensero nelle acque del torrente o contro la parete di roccia.

Eprio era rimasto bloccato sotto il suo cavallo morto. Il *draco* bianco giaceva nell'acqua.

Balista affidò a Starkad le redini di Cavallo Pallido e saltò giù di sella. L'acqua era freddissima.

Fabio e gli esploratori crearono una tettoia con i loro scudi per proteggere i due uomini.

Il vessillifero era a malapena cosciente, e certo era meglio così. L'animale l'aveva schiacciato, spezzandogli la schiena.

«La polvere si sta diradando», avvisò Fabio. «Vuoi che lo faccia io?»

«Non guardare», disse Balista al figlio.

Il ragazzo sbottò di rimando: «Non sono un bambino».

Balista estrasse il pugnale dal fodero e, con un gesto che aveva un qualcosa di tenero e paterno, mise fine alle sofferenze di Eprio.

«Sei sicuro che fosse Grato?»

«Ne sono certo. Deve essersi ricongiunto al *dux* e agli ausiliari da qualche parte sulle montagne. Scommetto che aveva preparato un'imboscata anche sull'altro valico».

«Non ha segni particolari, come hai fatto a riconoscerlo in mezzo a tutto quel caos?»

«Ti dico che non ho dubbi».

Acilio Glabrione non poté fare altro che accettare la versione di Balista.

«Non si può non ammirare l'impegno con il quale ci perseguita».

Né gli ufficiali romani né i capi angli sembravano d'accordo con il giovane patrizio.

Il gruppetto di Balista era riuscito a uscire dalla gola senza subire ulteriori perdite, raggiungendo il resto della colonna su un ampio pascolo incolto.

Erano in trappola: la valanga aveva quasi ostruito la gola, e Fabio aveva avvistato una fortificazione che chiudeva lo stretto passaggio rimasto, costruita alla buona con pietre e massi da un centinaio di nemici scesi dalle montagne. Secondo gli esploratori, almeno altri cento erano ancora in cima alla gola. I legionari che avevano seguito come un'ombra la colonna, poi, erano riusciti ad avvicinarsi tanto da chiudere la strada a ogni possibile ritirata.

Per tre giorni restarono con le mani in mano, intrappolati. Il foraggio per i cavalli era quasi finito, e gli animali avevano già brucato tutta l'erba del pascolo. Quanto agli uomini, le provviste sarebbero durate al massimo altri due giorni. Il nemico non aveva bisogno di attaccare.

«Se volete sapere come la penso», disse Eracliano, «quel gallo maledetto è corso a salvarsi la pelle».

Lucio Proculo era sgattaiolato via dal campo circondato la prima notte.

«La sua famiglia vive tra queste montagne da generazioni», replicò Balista.

«Già, generazioni di ladri e banditi. Non sono certo celebri per la loro lealtà».

«Manterrà la parola, vedrai». Balista era il primo a dubitarne. «Saremo pronti».

Acilio Glabrione abbozzò un saluto militare con aria sarcastica. «Faremo ciò che ci viene ordinato e a ogni ordine saremo pronti».

«Alle prime luci, mi raccomando», disse Balista chiudendo il discorso.

Prima del sorgere del sole, i fuochi erano ormai ridotti a ceneri e braci. Gli uomini si prepararono in silenzio nella penombra, ma il nemico avrebbe comunque capito che stavano arrivando.

La frana nella gola rendeva impossibile un attacco a cavallo. Gli angli erano abituati a lottare con i loro animali, ma in questo caso dovettero adattarsi a combattere come un'unità di fanteria. Il loro compito era quello di provare a prendere d'assalto il valico e forzare la barriera di pietre. Sarebbero stati accompagnati da un centinaio di emeseni, anche loro senza cavalli, che avrebbero dovuto bersagliare di frecce i nemici sulla cima della gola, per impedirgli di sporgersi e scagliare proiettili verso il basso mentre gli angli si avvicinavano alla barriera. Eracliano e gli altri emeseni si sarebbero sparpagliati sul pascolo per proteggere la retroguardia dall'attacco dei legionari. I traci, comandati da Acilio Glabrione, avrebbero agito come truppe di riserva.

Non era un piano particolarmente astuto o elaborato, e nessun trattato lo avrebbe elogiato come un esempio di tattica sopraffina. Avrebbero puntato tutto sulla semplice forza bruta: arrivare al muro di pietre, uccidere abbastanza nemici da abbattere il morale dei loro compagni, mettere in fuga i difensori. Il nemico aveva diversi vantaggi: la ristrettezza del passaggio da difendere; le pietre sul sentiero che rendevano difficoltoso persino tenersi in piedi senza scivolare; lo stesso muro di pietre; gli uomini in cima alla parete di roccia; e soprattutto la consapevolezza che, presto o tardi, i legionari sarebbero arrivati alle spalle degli angli e ne avrebbero fatto carne da macello. E poi la gola era orientata a est: una volta sorto, il sole avrebbe accecato gli assalitori, rendendo ancora più arduo il loro tentativo disperato. Ormai dipendeva tutto da Lucio Proculo.

Padre di Tutti, pregò Balista, *fa' che mantenga la parola. Queste sono le sue montagne, la sua gente.*

Balista si schierò alla testa degli angli, al fianco di Arkil e Starkad. Ogni guerriero controllava l'equipaggiamento dei compagni; stando a quanto narravano gli storici, prima della battaglia delle Termopili, gli Spartani di Leonida si erano pettinati i capelli a vicenda. Immersa nella penombra, la scena era molto meno eroica: più che a guerrieri passati alla storia per il loro coraggio, somigliavano a tante scimmie intente a spulciarsi l'un l'altra.

«Non c'è un tempo migliore di quello presente», rifletté Arkil.

Gli angli si divisero in due gruppi, ognuno largo venti uomini e profondo dieci. Arkil avrebbe guidato l'avanguardia. Una volta esausti, i suoi uomini avrebbero ricevuto il cambio da quelli comandati da Starkad. Nel frattempo, gli arcieri orientali avrebbero protetto la retroguardia.

«Occhi aperti, mi raccomando», disse Balista.

Starkad sbuffò spazientito. «Non è la prima volta che combatto al fianco dei miei compagni». Sembrava proprio che il ragazzo fosse pronto a ribattere con fastidio e irritazione a qualunque cosa dicesse suo padre.

Un vecchio guerriero di nome Guthlaf ridacchiò. «Ci penso io a tenere d'occhio il tuo ragazzino».

Starkad era furioso.

Affiancato da Massimo e Tarchon, Balista avanzò fino alla postazione di Arkil. Come spettava di diritto a un Himling nato da Woden, prese il suo posto nella prima fila di guerrieri. Le due guardie del corpo gli si schierarono al fianco, senza prestare troppa attenzione ai codici d'onore dei guerrieri angli.

«È ora di avviarci», disse Arkil.

Il buio era meno fitto, adesso.

Percorrere il sentiero fu facile, all'inizio, ma una volta entrati nell'ombra della gola anche gli uomini più coraggiosi provarono un brivido. Ben presto persero la formazione, provando solo a non scivolare sui massi caduti.

Arkil li fece fermare a una cinquantina di passi dal muro, fuori della portata dei giavellotti e dei sassi lanciati dall'alto o dalla barricata. Provarono a rimettersi in formazione, con il cavallo bianco di Hedinsey che sventolava sulle loro teste.

In quel punto il passaggio si restringeva a circa trenta passi di larghezza. La barriera ne occupava i due terzi, il torrente la parte restante. Il nemico attendeva dietro il muro, nell'acqua bassa, schierato su tre o quattro file. Si trattava di ausiliari ben equipaggiati, con elmo, cotta di maglia, scudo ovale, giavellotti e spade.

In cima alla parete di sinistra c'erano ancora più uomini, figure indistinte nella luce ancora debole.

Con gli scudi sollevati fino alla bocca, gli angli cominciarono a mormorare, un lamento basso che pian piano si trasformò in un tremendo *barritus* di guerra.

«Pronti a combattere?», gridò un ufficiale nemico ai suoi uomini.

«Pronti!», risposero in coro gli ausiliari.

La scena si ripeté per tre volte, ma l'ultima risposta dei soldati fu sovrastata dal *barritus* degli angli, che nel frattempo aveva raggiunto il suo culmine.

Nell'animo di Balista si risvegliò un istinto atavico. Il ruggito del *barritus*; il cavallo bianco in campo verde; la vicinanza della sua gente: era nato per quello, era nato per combattere. Gli spiriti dei suoi antenati, i grandi condottieri del Nord, erano lì con lui: Hjar, Himling, la lunga stirpe di sangue che risaliva fino allo stesso Woden, il Padre di Tutti.

«Fuori! Fuori! Fuori!», urlò Arkil.

Gli angli si mossero come un corpo solo.

Il sentiero era scivoloso per via delle pietre cadute, e alcuni di loro caddero, trascinandosi dietro altri compagni. Una roccia si schiantò a terra a pochi passi da Balista, sollevando una raffica di schegge e pietre più piccole. Balista guardò verso l'alto. Gli emeseni erano passati all'azione, e il primo nemico precipitò dalla cima con una freccia conficcata nel petto. Ma i suoi compagni non sembravano intimoriti dal pericolo: affrontando con coraggio la raffica di frecce, continuarono a lanciare proiettili sulle teste degli angli.

Balista mise il piede su una pietra instabile e si ritrovò a barcollare in avanti per qualche passo, prima di recuperare l'equilibrio.

Manca poco. Se riusciamo a raggiungere il muro, i nemici dovranno smettere di bersagliarci per non rischiare di colpire i loro compagni.

Un soldato al di là della barricata afferrò il suo *pilum* e mirò verso Balista, che se ne accorse e sollevò lo scudo, tenendolo inclinato per deviare il colpo. Ma non ce ne fu bisogno, perché il giavellotto volò troppo alto, superando il suo elmo.

Non furono tutti così fortunati. Diverse punte di metallo si conficcarono nel legno degli scudi e nelle armature, scatenando un coro di urla laceranti.

La barriera era alta quattro piedi: troppo, per essere scavalcata con tutta l'armatura addosso.

Balista si trovò di fronte un uomo barbuto, gli occhi selvaggi appena sopra l'orlo dello scudo. Affondò un primo colpo e la punta della spada penetrò il legno. L'altro rispose con un fendente dall'alto, ma Balista lo parò e usò l'umbone dello scudo per colpire al volto il nemico, che arretrò d'istinto. Facendo leva col braccio destro sulla barricata, Balista provò a saltare, ma un attacco nemico diretto al polso lo costrinse a ritirare la mano un attimo prima che gli venisse mozzata. La lama andò a infrangersi con forza contro la pietra, creando una piccola valanga di schegge.

Il muro rendeva difficile per i difensori sferrare attacchi mortali, ma era servito allo scopo: gli angli non riuscivano ad avanzare. Balista provò ad aprire un varco nella guardia del nemico con finte e movimenti improvvisi, ma l'ausiliario era ben addestrato e non si lasciava trarre in inganno. Ormai si limitava a difendersi, stando attento a non lasciare mai scoperto il braccio o il resto del corpo. Tutto ciò che doveva fare era mantenere la posizione, restare vivo.

In battaglia, il tempo non esisteva più: Balista era immerso in uno stato di trascendenza, quasi una versione militare delle tradizioni mistiche orientali. Affondo, finta, attacco; affondo, finta, attacco. Una serie dopo l'altra, e tutte inefficaci.

Qualcuno gli poggiò una mano sulla spalla e lo tirò indietro.
«Dobbiamo andarcene!», gridò Massimo. «Tuo fratello ha ordinato la ritirata».
Corsero di nuovo sotto la pioggia di proiettili che pioveva dall'alto, rinfoderando le spade per tenere alti gli scudi e avere una mano libera per trascinare i feriti.
Gli uomini di Arkil si diedero il cambio con quelli di Starkad. Balista incrociò suo figlio e lo fermò.
«È dura», disse il ragazzo.
Balista non aveva abbastanza fiato per rispondere e si limitò a grugnire in tono affermativo. Vide che un ufficiale stava radunando gli ausiliari lungo la barricata, e non fu sorpreso di riconoscere la figura di Grato. In cima alla parete, i nemici stavano raccogliendo cumuli di pietre per sferrare l'attacco successivo. Gli emeseni, intanto, avevano smesso di scagliare frecce, e i difensori si muovevano con fare impunito.
Lucio Proculo aveva detto che sarebbe tornato alle prime luci della terza mattina dalla sua partenza. Forse Eracliano ci aveva visto giusto, forse il gallo aveva davvero pensato solo a mettersi in salvo, come avrebbero fatto quei selvaggi dei suoi antenati.
Le file degli angli si aprirono per lasciare un varco da cui spuntò Acilio Glabrione, che si avvicinò a Balista e gli parlò a bassa voce, con una certa urgenza. Gli emeseni schierati sul pascolo erano stati costretti ad arretrare, e ora i traci stavano lottando contro i legionari, ma erano troppo pochi per fronteggiare le truppe nemiche. Lo scontro non sarebbe durato a lungo.
«E allora dobbiamo sbrigarci!», disse Starkad a pieni polmoni per farsi sentire dai suoi uomini. «Avete visto quanto erano esausti i guerrieri di Arkil. Quei romani laggiù saranno messi molto peggio di loro! Ora spetta a noi finirli».
Dagli angli si levò un coro di approvazione.
Balista strinse il braccio del figlio.
«Puntate al torrente».
Starkad non disse nulla, ma si spostò sulla destra della fila. Balista lo seguì.
«Fuori! Fuori! Fuori!», urlò il ragazzo.
«Fuori! Fuori! Fuori!», ripeterono i suoi uomini.
L'acqua gli arrivava appena agli stinchi, ma era gelida. In più, le pietre bagnate erano scivolose e rallentavano i loro movimenti.
Sotto il *draco* bianco di Starkad avanzarono tutti insieme: Balista, Massimo, Tarchon, Acilio Glabrione, il vecchio Guthlaf e gli altri.

Stavolta le rocce scagliate dall'alto rimbalzarono contro la parete destra e piombarono nel torrente sollevando fontane d'acqua, oppure si schiantarono sugli scudi alzati come enormi chicchi di grandine.

I guerrieri procedevano con un'andatura goffa, costretti a sollevare i piedi dall'acqua a ogni passo, mentre i nemici aspettavano stoicamente dietro gli scudi.

Gli angli che si trovavano sul sentiero asciutto caricarono contro il muro.

Il boato riempì la stretta gola.

Quelli che guadavano il torrente erano rimasti indietro e affrettarono il passo.

Un'altra faccia barbuta dietro un altro scudo blu. Balista si diresse verso il nemico sollevando schizzi d'acqua. Affondo, finta, attacco: il ciclo infinito ricominciò inutilmente come poco prima. Balista era sfinito. Un soldato non può combattere per sempre.

Con la coda dell'occhio notò che uno degli ausiliari era caduto. Prima che un compagno potesse sostituirlo, Acilio Glabrione si fece avanti a riempire il posto vuoto. Il giovane patrizio combatteva come un ossesso, come un semidio dei miti italici. Un altro ausiliario cadde sotto la sua lama.

«Seguitemi!».

Acilio Glabrione si spinse ancora più in là tra le linee nemiche.

Balista raccolse le forze per un ultimo tentativo e si lanciò contro il suo avversario.

Acilio Glabrione ora era accerchiato, e cercava di tenere lontani i nemici con la spada.

Poggiando la spalla sulla superficie interna dello scudo, Balista caricò con forza contro l'ausiliario nemico, riuscendo infine a fargli perdere l'equilibrio. Ruotò la presa sul manico della spada e spinse con tutto il peso verso il basso: Sole della Battaglia lacerò gli anelli della cotta di maglia dell'avversario, penetrando tra costole e organi vitali.

Un altro ausiliario aggredì Balista, che deviò l'attacco di lato con lo scudo. Massimo falciò l'aggressore con un taglio netto alla coscia, e Tarchon lo finì.

Acilio Glabrione barcollava. Il suo elmo portava i segni di un colpo violento, e del sangue gli scorreva sulle guance.

Puntando un piede contro il petto dell'uomo che aveva appena ucciso, Balista estrasse la spada dal cadavere. L'acqua del torrente era rossa, ormai. Non c'era nulla di poetico in quell'immagine, solo la terribile realtà.

Acilio Glabrione non si vedeva più.

I nemici arretravano, e quelli più indietro lanciavano sguardi preoccupati verso l'alto. Ad un tratto si udì uno squillo di trombe.

E poi, come un gregge di pecore in presenza di un predatore, di colpo gli ausiliari nemici si voltarono e cominciarono a correre per mettersi in salvo.

In alto sulla parete, dove fino a poco prima c'erano stati i soldati che lanciavano pietre, si stagliò la figura di Lucio Proculo. Al suo seguito, c'era un gruppo eterogeneo di montanari irsuti. Bandito o meno, l'ufficiale gallo aveva mantenuto la promessa.

Balista si guardò intorno con un vuoto improvviso nel petto. Ma infine lo vide. Ecco il *draco* bianco! Sotto le insegne c'era il figlio, senza nemmeno un graffio addosso.

Quasi si sentì mancare per il sollievo e la stanchezza, ma non poteva permettersi di riposare sulla riva del torrente: c'era ancora del lavoro da fare.

Si voltò verso Massimo, ma l'ibernico non era più al suo fianco.

Concentrati sull'obiettivo.

«Tarchon, va' da Eracliano e digli di far avanzare gli emeseni lungo il torrente, portando i cavalli per le redini. Una volta che avranno attraversato la gola, ordinerà ai traci di fare lo stesso. Se i legionari proveranno a inseguirli, gli angli li bloccheranno qui».

Tarchon si avviò per il sentiero senza dire una parola.

Balista osservò il figlio che impartiva ordini ai suoi uomini. Aveva tutto sotto controllo.

Troppo stanco per ripulire Sole della Battaglia dal sangue nemico, Balista camminò fino al punto in cui giaceva Acilio Glabrione.

Il giovane patrizio non aveva più l'elmo, e l'acqua del torrente scorreva tra i suoi capelli biondi. Nelle poesie c'era sempre qualche ultima parola da pronunciare, ma nella vita vera non andava così. Acilio Glabrione era morto.

Con le gambe pesanti come il piombo, Balista tornò sul sentiero. Quasi senza pensarci ripulì la spada sulla tunica di un nemico morto, poi la ripose nel fodero.

«Guarda chi è venuto a trovarci», gli disse Massimo.

Distratto dal sollievo per aver ritrovato il suo amico, Balista non riconobbe immediatamente il prigioniero.

Grato era disarmato e si torceva le mani.

«Dimmi solo perché».

L'uomo si rigirava un anello sul dito, come se stesse raccogliendo il coraggio per fare o dire qualcosa.

«Perché ci hai tradito?».

Grato sorrise. «Se ti rispondessi vanificherei tutti gli sforzi che ho fatto».

Si portò l'anello alla bocca e inclinò la testa all'indietro.

Balista gli afferrò il polso, ma era troppo tardi. Un odore come di mandorla ma più intenso.

Il primo spasmo contrasse il corpo di Grato in maniera così violenta che Balista fu quasi costretto a mollare la presa.

Lo adagiò al suolo e gli prese la testa fra le mani, mentre Massimo lo teneva fermo a terra.

Il veleno fece effetto in pochi istanti. Prima di esalare l'ultimo respiro, Grato sussurrò alcune deboli parole.

«La mia… famiglia…».

EPILOGO

Città di Mediolanum, Italia
Idi di settembre

L'imperatore era sopravvissuto alle ferite, ma il processo di guarigione sarebbe stato lungo. Sotto l'abside della basilica, Gallieno sedeva rigido sul trono. Era chiaro che anche il più minimo movimento continuava a provocargli dolore.

Balista terminò il racconto: dopo aver forzato il valico del fiume Stura, la loro discesa dalle montagne non era stata interrotta da altri imprevisti. I legionari avevano ormai rinunciato a inseguirli. Solo i morsi della fame avevano turbato la loro cavalcata verso casa.

Sotto gli occhi di Volusiano e degli altri membri della corte imperiale, Balista era stato molto attento nella scelta delle parole. Aveva imputato il tradimento di Grato alle macchinazioni di Postumo, e nessuno aveva messo in dubbio che il sicario fosse stato inviato da Grato sotto istigazione dell'usurpatore.

«Ti sei comportato bene», disse Gallieno. «Gli dèi ti tengono nel palmo della mano. Sei sempre stato un uomo difficile da ammazzare».

«Imperatore». Balista guardò Gallieno dritto negli occhi. «Ho promesso agli angli che sarebbero stati liberi di tornare a casa. Gli ho dato la mia parola».

«E così sarà». Gallieno fece una smorfia di dolore quando si spostò leggermente sul trono. «Tuo padre è un alleato fedele».

Balista distolse lo sguardo, osservando il fuoco che bruciava su un piccolo altare. Raccolse nella mente le parole che aspettava da tempo di poter pronunciare al cospetto dell'imperatore. Il resto della sua vita dipendeva dalla risposta di Gallieno.

«La campagna è stata dura. Ti ho servito fedelmente, così come ho fatto con tuo padre. Non sono più un ragazzo, purtroppo. Con il tuo permesso, vorrei ritirarmi a vita privata nei miei possedimenti in Sicilia».

Gallieno non rispose subito, limitandosi a osservare il soffitto come se la risposta si nascondesse tra le volte della basilica.

Il silenzio era rotto solo dallo scoppiettio della legna bruciata.

«Abbiamo deciso di accettare la proposta di tregua avanzata da Postumo».

Gallieno continuò a guardare verso l'alto mentre parlava; c'era qualcosa di sacro in quella posa, una sorta di distacco dal mondo materiale.

I consiglieri erano immobili, e i loro volti non tradivano alcuna emozione. Sapevano già di quell'accordo, ed erano consapevoli di quanto sarebbe costato all'imperatore.

Balista pensò a tutti gli uomini che avevano perso la vita in quella guerra inutile. Acilio Glabrione ed Eprio erano morti sul campo, e non era servito a niente.

«Ma in ogni caso non è altro che una tregua temporanea», disse infine l'imperatore, abbassando lo sguardo sui suoi consiglieri. «Una semplice tregua, non un trattato di pace. Non è un segreto, non perdonerò mai l'uomo che ha massacrato mio figlio Salonino. Quando mi sarò ripreso del tutto, riattraverseremo le Alpi».

Dai consiglieri si levò un mormorio di approvazione, così poco rumoroso che i *silentiarii* non furono costretti a intervenire per richiamare l'ordine.

«Gli dèi con una mano danno, con l'altra tolgono. Non mi hanno protetto da una freccia in Gallia, ma hanno concesso la vittoria alle nostre truppe in Oriente. Il generale Odenato ha sconfitto i persiani».

La notizia imprevista colse di sorpresa i consiglieri. Molti esultarono e commentarono ad alta voce con quelli che avevano accanto, senza osare rivolgersi direttamente all'imperatore. Stavolta i *silentiarii* batterono con forza i bastoni sul pavimento.

«Odenato mi scrive che ha intenzione di marciare sulla capitale persiana l'anno prossimo, per liberare mio padre Valeriano dalla prigionia. Se gli dèi non gli concederanno un'altra vittoria, dopo che avremo sconfitto il ribelle Postumo marceremo in Oriente per completare l'opera».

Le parole di Gallieno provocarono applausi sentiti da parte dei consiglieri, che questa volta ignorarono del tutto l'intervento dei *silentiarii*. Volusiano faceva il possibile per mostrarsi più entusiasta di tutti, applaudendo come se fosse al circo.

Gallieno aspettò che tornasse il silenzio, poi si rivolse di nuovo a Balista.

«Come avrai capito, non ripartiremo prima della prossima primavera». L'imperatore sorrise, ma aveva l'aria molto stanca. «Quanto alla tua richiesta di tornare in Sicilia, dipende tutto dal prefetto del pretorio. Volusiano vuole farti alcune domande».

«Seguimi», disse Volusiano.

Il consiglio imperiale era finito. Volusiano guidò Balista fuori dalla basilica, con due pretoriani che li seguivano a poca distanza.

Il foro era un caos di questuanti e querelanti, venditori e imbonitori. Volusiano si arrestò sul gradino più alto della basilica. Gli piaceva osservare il modo in cui la gente si fermava per guardare passare il prefetto del pretorio, la riverenza con cui tutti si spostavano per fargli strada. Era una cosa che lo esaltava nel profondo. Il figlio di due contadini dell'Etruria era diventato un uomo potente, uno a cui rivolgersi con il dovuto rispetto, se non con manifesto timore.

Volusiano posò la mano sull'elsa della spada e scese i gradini a passi lenti.

Balista camminava al suo fianco, mentre le due guardie si tenevano abbastanza distanti da non poter origliare la conversazione.

A volte il silenzio era un'arma. Volusiano non aprì bocca mentre scendeva gli ampi gradini di marmo.

Balista si fermò.

Le guardie lo osservarono con sospetto, ma si tennero qualche gradino più indietro.

Se Volusiano non avesse voluto proseguire da solo, sarebbe stato costretto a fermarsi anche lui. E così fece. Il barbaro aveva riportato una piccola vittoria.

Volusiano attese.

Il primo a parlare fu Balista. Stavolta era stato il prefetto del pretorio ad aggiudicarsi la stoccata.

«Avresti preferito che non facessi ritorno dalla spedizione».

Volusiano guardò oltre le spalle di Balista, dove le statue di divinità minori ornavano l'ingresso della basilica. Ignorava chi fossero quegli dèi così poco potenti.

«Acilio Glabrione era un traditore, uno dei cospiratori che tramavano alle spalle di Gallieno».

Volusiano era abituato a dire quanta più verità possibile, in modo da dare a tutto il resto una parvenza di verosimiglianza.

Balista fece un passo avanti.

L'altro non si scompose, né tantomeno distolse lo sguardo dalle statue lontane.

«Non so se quello che dici è vero, ma in ogni caso era un uomo valoroso». Nel tono di Balista si percepiva una rabbia pronta a deflagrare come un tuono. «Anche tu facevi parte della congiura. Ho riconosciuto la tua voce nel mausoleo».

Ora gli occhi di Volusiano fissarono quelli di Balista. «Era un espediente necessario a guadagnarmi la loro fiducia, per scoprire quanto si fosse allargato il complotto».

Le sue parole servirono solo a far infuriare ulteriormente Balista. «Perché non arrestare Acilio Glabrione? Non sei un uomo che si farebbe problemi a torturare un patrizio per estorcergli informazioni. Perché non giustiziarlo durante la campagna militare?»

«Tu dovresti sapere bene quanto conta il potere di una famiglia come la sua», rispose Volusiano. «In questo modo, lui è un eroe caduto sul campo, e gli Acilii Glabriones restano fedeli a Gallieno, se non altro a parole».

«E il sicario? Perché è venuto nella mia tenda?».

Volusiano agitò una mano in aria come per scacciare un insetto o un pensiero insignificante.

«Un errore di Grato».

«Allora Grato era uno dei tuoi?»

«Grato era uno dei miei». Un altro pezzetto di verità.

«E si è consegnato a Postumo?»

«I *frumentarii* vivono in un mondo fatto di ombre e slealtà, e spesso un tradimento chiama l'altro». Anche quella non era una bugia.

Volusiano colse un lampo di incertezza sul viso di Balista. Era il momento di colpire.

«L'impero dev'essere riunito: bisogna schiacciare Postumo, vincere definitivamente i persiani e liberare l'imperatore Valeriano. Odenato, poi, va tenuto al guinzaglio. "Se governerò bene, usa questa spada per difendermi. Se governerò male, rivolgila contro di me". Sono queste le parole con cui Gallieno mi ha nominato prefetto del pretorio».

Balista non commentò.

«Ora desideri ritirarti dalla vita pubblica, vivere in pace con la tua famiglia in Sicilia. Ho il potere di concedertelo. E posso fare in modo che tuo figlio lasci la scuola sul Palatino e venga con te».

«"Se governerò male"?», disse Balista.

«Tutti noi facciamo delle scelte. Se tu farai la tua parte, io farò la mia».

«Le ultime parole di Grato sono state "la mia famiglia"».

«Allora abbiamo un patto?».

Balista distolse lo sguardo. «Abbiamo un patto».

Volusiano gli mise una mano sulla spalla. «L'anno volge al termine, ma sei ancora in tempo per prendere una delle ultime navi dirette in Sicilia, prima che si chiuda la stagione della navigazione».

Il prefetto del pretorio strinse la spalla del barbaro del Nord. «L'inverno è mite, in Sicilia. Gli abitanti dell'isola la chiamano "la dimora del sole"».

POSTFAZIONE

Il terzo secolo d.C.

La migliore ricostruzione narrativa del periodo è quella fatta da John Drinkwater in *The Cambridge Ancient History, vol. XII: The Crisis of the Empire, AD 193-337*, a cura di A. Bowman, P. Garnsey e A. Cameron, (Cambridge 2005), pp. 28-66. Un altro punto di partenza utile è D.S. Potter, *The Roman Empire at Bay, AD 180-395,* (Londra-New York 2004), pp. 217-262. Indagini più tematiche sono reperibili in O. Hekster, N. Zair, *Rome and its Empire, AD 193-284,* (Edimburgo 2008), e C. Ando, *Imperial Rome AD 193 to 284,* (Edimburgo 2012).

L'impero gallico

L'opera fondamentale su Postumo e i suoi successori resta quella di J.F. Drinkwater, *The Gallic Empire: Separatism and Continuity in the North-Western Provinces of the Roman Empire AD 260-274,* (Stoccardo, 1987). Vedi anche I. König, *Die gallischen Usperpatoren von Postumus bis Tetricius,* (Monaco 1981), e R. J. Bourne, *Aspects of the Relationship between the Central and Gallic Empires in the Mid to Late Third Century ad with Special Reference to Coinage Studies,* (Oxford 2001).

La campagna del 265 d.C.

Anche nel già scarno quadro delle fonti del terzo secolo, le notizie sulla seconda campagna di Gallieno contro Postumo, avvenuta probabilmente nel 265 d.C., sono pochissime. Vedi Giovanni Zonara XII.24; *Historia Augusta. Gallieni duo* 4.4; 7.1-2; *Tyranni triginta* 3.8-11; Pietro Patrizio, Fr.182.

L'assedio portato da Gallieno a Postumo «in una certa città della Gallia», per usare le parole di Giovanni Zonara, è stato situato dagli studiosi moderni ad Augustodunum (l'attuale Autun), perché a quel tempo era una delle pochissime città galliche dotate di fortificazioni.

La cavalleria romana

È possibile ritrovare una magnifica introduzione a tutti gli aspetti legati al tema in K.R. Dixon, P. Southern, *The Roman Cavalry From the First to the Third Century AD,* (Londra 1992).

Il raid di Grierson

L'ispirazione per questo libro risale a quando, da bambino, ho visto il film di John Ford *Soldati a cavallo* (1959). Per scoprire di più sugli eventi reali su cui è basata la pellicola, ho letto D.A. Brown, *Grierson's Raid,* (Dayton 1981), N.L. York, *Fiction as Fact: The Horse Soldiers and Popular Memory,* (Kent e Londra 2001), e M. Lardas, *Roughshod Through Dixie: Grierson's Raid 1863,* (Oxford 2010).

L'alto livello di scolarizzazione raggiunto al tempo della Guerra Civile americana, unito alla possibilità che ora abbiamo di stampare "on demand" libri fuori diritti, ha reso di nuovo disponibili molte memorie dell'epoca. Tra queste devo citare S.A. Forbes, *Grierson's Cavalry Raid,* (Springfield, Ill. 1907), R.W. Surby, *The Horse Soldiers' Raid: Grierson's Raid and Hatch's March during the American Civil War,* (2012), e B.J. Dingles, S.A. Leckie (a cura di), *A Just and Righteous Cause: Benjamin H. Grierson's Civil War Memoirs,* (Carbondale 2016).

I cavalli

Le singolari pratiche utilizzate dai romani nella cura dei cavalli sono tratte da antichi scritti di veterinaria e da *I Cesti* di Sestio Giulio Africano. Per quanto riguarda i primi, si veda la voce "veterinary medicine" dell'Oxford Classical Dictionary, (Oxford 2012), pp.1545-6, curata da Liliane Bodson.

Per immaginare come Balista avrebbe curato il suo cavallo, ho tratto ispirazione da "Stonehenge" (pseudonimo di J.H. Walsh), *The Horse in the Stable and the Field,* (Londra 1880), e F. Fitzwagram, *Horses and Stables,* (Londra, New York, Bombay e Calcutta 1911).

Le informazioni sulla vita quotidiana di una colonna di cavalleria provengono da D. Rickey, Jr., *Forty Miles a Day on Beans and Hay,* (Norman, Oklahoma 1963) e J. Boniface, *The Cavalry Horse and his Pack: Being the World's Most Comprehensive Military Study of Equestrian Travel*, (2005 prima edizione 1903).

Altri romanzi

Tutti i miei romanzi contengono un paio di omaggi ad altri scrittori che mi hanno ispirato. In questo caso, si tratta di Cormac McCarthy, *Cavalli selvaggi,* (Einaudi, Torino 1992), e D. Alexander Brown, *Grierson's Raid,* (Dayton 1981). Quest'ultimo non è un vero romanzo, ma più un libro di storia che mutua dalla fiction alcune tecniche narrative.

INDICE